# SAS
## 统计分析实用教程

主　编　贾建磊
副主编　侯生珍
参　编　陈倩　桂林生

重庆大学出版社

## 内容提要

本书以动物科学专业为切入点,介绍了关于动物科学专业相关的描述统计学、推断统计学及非参数检验的相关内容,主要分为 11 章,分别为 SAS 系统简介、资料的整理及统计描述、两个样本的假设检验、方差分析、$\chi^2$ 检验、回归与相关分析、协方差分析、非参数检验、聚类分析、主成分分析和因子分析,以及动物科学常用模型分析。

**图书在版编目(CIP)数据**

SAS 统计分析实用教程／贾建磊主编. -- 重庆:重庆大学出版社,2019.12
本科公共课系列教材
ISBN 978-7-5689-1954-8

Ⅰ. ①S… Ⅱ. ①贾… Ⅲ. ①统计分析—应用软件—高等学校—教材 Ⅳ. ①C819

中国版本图书馆 CIP 数据核字(2020)第 005871 号

### SAS 统计分析实用教程

主　编　贾建磊
副主编　侯生珍
参　编　陈 倩 桂林生
策划编辑:鲁 黎

责任编辑:陈 力　　版式设计:鲁 黎
责任校对:王 倩　　责任印制:张 策

＊

重庆大学出版社出版发行
出版人:饶帮华
社址:重庆市沙坪坝区大学城西路 21 号
邮编:401331
电话:(023)88617190　88617185(中小学)
传真:(023)88617186　88617166
网址:http://www.cqup.com.cn
邮箱:fxk@ cqup.com.cn(营销中心)
全国新华书店经销
重庆市国丰印务有限责任公司印刷

＊

开本:787mm×1092mm　1/16　印张:13.5　字数:339 千
2019 年 12 月第 1 版　2019 年 12 月第 1 次印刷
ISBN 978-7-5689-1954-8　定价:38.00 元

# 前　言

　　为了提高动物生产水平和生产效率，推动动物科学的发展，人们需要进行动物科学试验研究。例如，畜禽、水产品种资源研究，畜禽、水产新品种选育，新的饲养、管理技术方法的研究，某种畜禽疾病在某地区发病情况研究，兽药疗效研究等，这些研究都离不开试验或调查。进行试验或调查，首先必须解决的问题就是如何合理地进行试验或调查设计，如何科学地整理、分析所收集到的具有变异的资料，揭示隐藏在内部的规律性是生物统计的基本任务。

　　生物统计是指应用数理统计的原理和方法分析、理解、推导和探究蕴含在生命科学领域中的各种纷繁复杂现象背后的生命科学规律、生命本质的科学，属应用数学范畴。生物统计的研究内容主要包括实验设计、统计分析方法及其基本原理。动物科学实验中常用的实验设计方法有：完全随机设计、随机单位组设计、拉丁方设计、正交设计等；常用的统计方法主要包括描述性统计、假设检验、相关与回归、协方差分析等。生物统计的主要目的是对试验资料进行科学的整理、分析数据、判断试验结果的可靠性、确定事物之间的相互关系、提供实验设计的基本原则，为学习相关学科和科学研究奠定基础。随着统计分析软件的开发和快速发展，SAS统计分析软件已广泛应用于各领域，同时在动物科学研究中也具有十分重要的作用。

　　本书与其他统计类相关书籍的最大不同在于，它不是简单枯燥地介绍SAS的操作方法，而是以动物科学专业为例，将统计方法基本原理、统计手段与SAS软件的操作结合起来加以介绍，便于读者有效地掌握SAS的理论与操作。

　　本书由贾建磊担任主编，侯生珍担任副主编，陈倩、桂林生参与编写。

　　书中难免存在不当之处，望各位专家、同行及广大读者批评指正。

编　者

2019 年 5 月

# 目　录

# 第一章

## SAS 系统简介

随着计算机科学与生物科学的交叉发展,在生物统计学领域先后出现了数百种各具特色的统计软件,其中 SAS 统计分析系统(Statistical Analysis System)是由美国南卡罗来纳州立大学于 1966 年开发的统计分析软件,并于 1976 年成立了 SAS 研究所(SAS Institute Inc.)进行系统的维护、开发等工作。经过多年的发展,SAS 已被世界上的许多国家所采用,其应用领域遍及经济、金融、医学、生物、通信、教育、地理、商业、心理学等;在资料处理和统计分析方面,SAS 系统始终处于领先地位,被誉为国际标准软件系统。

SAS 是一个模块化、集成化的大型应用软件系统,由数十个专用模块构成,功能包括数据访问、数据储存及管理、应用开发、图形处理、数据分析、报告编制、运筹学方法、计量经济学与预测等。SAS 系统通常分为四大部分:SAS 数据库部分、SAS 分析核心、SAS 开发呈现工具、SAS 对分布处理模式的支持及其数据仓库设计。SAS 系统主要完成以数据为中心的四大任务:数据访问、数据管理、数据呈现、数据分析。

SAS 系统是一个组合软件系统,由多个功能模块组合而成,使用者可根据需要进行选择使用。其主要模块包括:

Base SAS® 是 SAS 系统的核心,承担着主要的数据管理任务,并管理用户使用环境,进行用户语言的处理,调用其他 SAS 模块和产品。

SAS/Stat® 是 SAS 系统基础包的补充,包含了除基本程序之外的其他程序。

SAS/Graph® 是 SAS 系统绘制图形的软件包,同时 SAS/Graph 增加了高清照相制版的图表绘制功能。注意"线形图"(用正态分布特征图形来做的图表)是在基础包和 SAS/Stat 软件包里面的。

SAS/FSP® 是全屏产品(Full Screen Product)的简称。这个软件包可用于直接从一个 SAS 数据文件中搜索、修改或删除记录。它提供数据录入中复杂数据的检查功能。FSP 包含的过程有 FSBROWSE、FSEDSIT、SFERINT、FSLIST 以及 FSLETTER。

SAS/AF® 表示的是 SAS 应用工具(SAS Applications Facility),专业的数据处理员用这个产品来为他们的用户创建"转换键"或菜单系统,同时它也可以用于创建与 SAS 系统相关的说明模块。

SAS/ETS®是计量经济学与实践序列软件包(Econometric and Time Series Package),这个软件包是分析实践序列和计量经济学数据的特殊程序,是研究复杂系统和进行预测的有力工具,可提供方便的模型设定手段和多样化的参数估计方法。

SAS/OR®是 SAS 系统中运筹学程序系列,该系列提供全面的运筹学方法,是一个强有力的决策支持工具,包含用于项目管理、时间安排和资源分配等问题的一整套方法,辅助人们视线对人力、时间及其他资源的最佳利用,同时包含通用的线性规划、混合整数规划和非线性规划的求解,也为专门的规划问题提供更为直接的解决办法。

SAS/QC®是 SAS 系统中质量控制程序系列,该系列提供 3 个过程 SHEWHART、CUSUM 和 MACONTRAL 对生产过程记录的数据进行质量监控,根据模拟现实数据,判断生产过程中是否处于或保持在所要求的统计控制状态之内。

SAS/IML®是互动矩阵语言模块(Interactive Matrix Language Module)。这个特殊的软件包用于高级统计中的矩阵操作。

无论是在美国还是在其他国家,SAS、SAS/STAT、SAS/GRAPH、SAS/FSP、SAS/AF、SAS/EST、SAS/OR、SAS/QC 以及 SAS/IML 都是以美国 SAS 公司的商标注册的。

# 第一节 SAS 系统的安装、启动与退出

## 一、SAS 系统的安装

SAS 系统可以在多种操作系统(及平台)上运行,如 Windows(Windows XP、Windows 7、Windows 10 等)、Unix 或 Linux 等,下面以 Windows 7 为例进行讲解。

SAS 9.2 版的安装及运行对计算机配置要求不高,仅需 30 G 以上的硬盘空间,256 MB 以上运行内存,Windows XP 以上的操作系统。安装时,将 SAS 安装光盘置入光驱或者将压缩软件解压,计算机会自动识别安装程序,同时单击安装程序中 setup. exe 程序,然后按照提示依次完成各步骤安装即可(注:安装在系统默认目录下,不可自定义目录)。

## 二、SAS 系统的启动

### (一)SAS 系统的启动

如果计算机上已经成功安装了 SAS 9.2 系统,则当用户单击屏幕左下角的"开始"图标时,"程序"栏内会有如图 1.1(a)所示的 SAS 启动项,此启动项中包含了 7 个子项目,用户常用的是第一个 SAS 9.2(简体中文)和第三个 SAS 9.2(英文)选项,下面以简体中文模式进行讲解。单击 SAS 9.2(简体中文),即可启动 SAS 系统。如果已经将 SAS 9.2 软件的启动程序放置在了桌面上,则直接双击 SAS 图标即可[图 1.1(b)]。SAS 系统启动后,会出现如图 1.2 所示的界面。

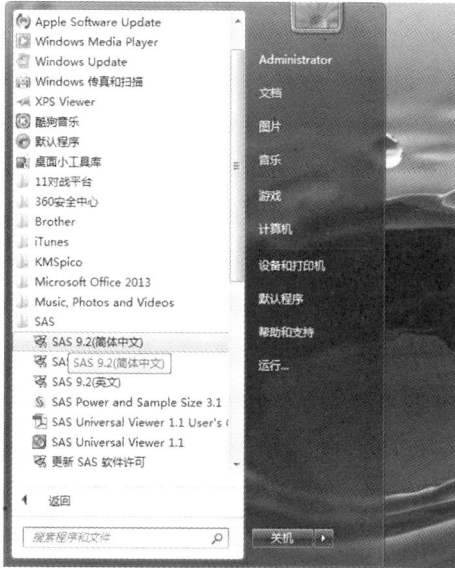

(a)SAS系统的启动方式一　　　(b)SAS系统的启动方式二

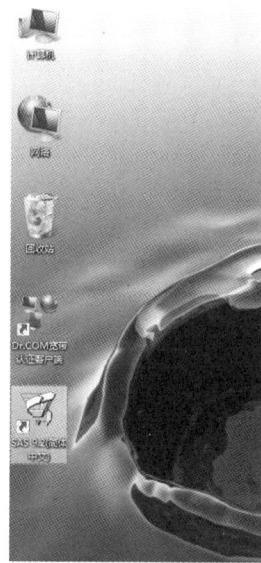

图 1.1　SAS 系统的启动

(二)SAS for Windows 7 的主界面

如图 1.2 所示,SAS 的主画面由 5 个区组成,分别为标题区、视窗大小控制区、主菜单区、命令区和工具行。同时还有两个窗口,即日志窗口和程序编辑窗口。

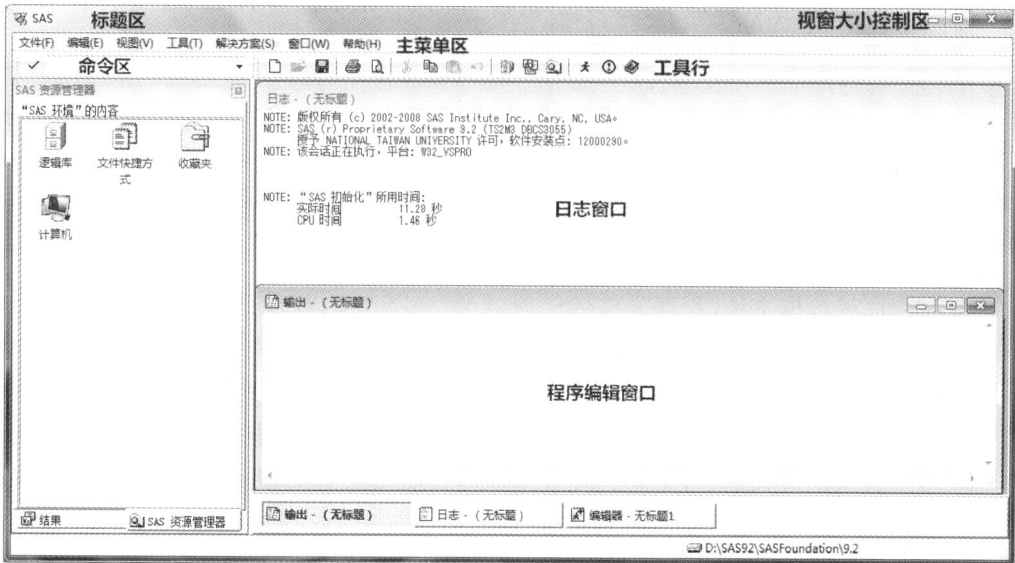

图 1.2　SAS 启动后的主画面

## 三、SAS 系统的退出

当完成了统计任务需要退出 SAS 系统时,可直接单击视窗大小控制区的"×"按钮或从文件(File)菜单中单击退出(Exit)。然后会出现如图 1.3 所示的提示对话框,单击"确定"即可退出 SAS 系统,如单击"取消"则继续运行 SAS 系统。

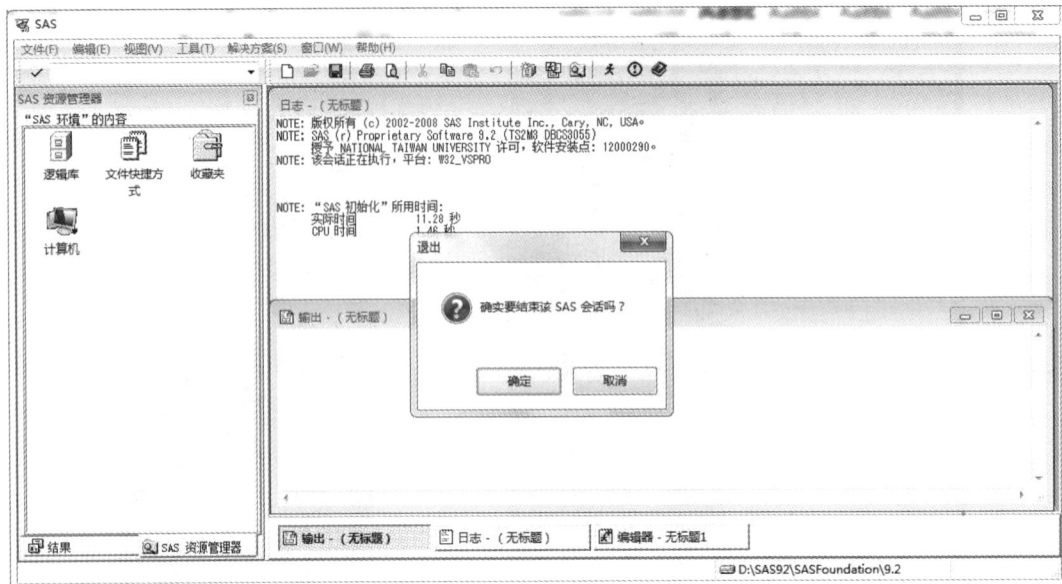

图 1.3　退出 SAS 窗口

# 第二节　SAS 的基本窗口

SAS 系统的 3 个基本窗口为：程序编辑窗口（PROGRAM、EDITOR、PGM）、日志窗口（LOG）和结果输出窗口（OUTPUT）。

1. 程序编辑窗口

SAS 系统启动后系统默认的窗口，即光标所在的窗口为程序编辑窗口（图 1.2），可根据用户的使用目的在该窗口进行以下操作：

①键入数据、编写（或编辑）程序命令，或读入某些文字资料或文件。

②执行 SAS 程序命令或执行部分程序语句。

③保存程序或数据文件，程序文件的扩展名为"＊.SAS"，或调回已执行的 SAS 程序命令，输入或修改操作过程中的程序。

2. 日志窗口

SAS 系统启动后主界面上的另一个窗口为日志窗口（图 1.2），其功能为：

①记录用户曾经提交执行的 SAS 语句及其执行后的有关详细说明，如过程所用的时间等。

②当程序运行过程中发现语法错误或者其他使用不当的错误操作时，显示并记录错误（ERROR），并指出错误原因，或显示警告（WARNING）等信息。

③保存扩展名为"＊.LOG"的记录文件，但日志窗口的内容是不可以进行修改和编辑的。

3. 结果输出窗口

结果输出窗口是一个背景隐含的工作区，只有当 SAS 程序命令成功执行后，才会自动显示出来。其主要功能是：

①显示各过程的分析结果。

②可将分析结果进行保存。

由于 SAS 系统的操作较为简单和直观,同时考虑到 SAS 程序的编写并不复杂,且可以根据个人需求灵活地进行各种数据的处理和分析。事实上,掌握 SAS 程序的编写与生物统计试验设计的基本原理,就等于掌握了 SAS 系统的应用。因此,本书主要根据生物统计在动物科学专业的应用从程序编写的角度来介绍 SAS 软件的应用。

# 第三节　SAS 系统应用初步

## 一、SAS 的功能键介绍

SAS for Windows 7 具有十分齐全的功能键。在命令区中键入"Keys",再单击"√";或单击"Helps"中的"Keys";或按下功能键"F9",即可立即打开"Keys"窗口。SAS 系统预设的基本功能键定义见表1.1,但用户可根据自己的需要进行重新定义和设置。

表1.1　SAS for Windows 7 预设的常用功能键及快捷键

| 功能键 | 定　义 | 作用和功能 |
|---|---|---|
| F1 | Help | 提供联机帮助,打开"helps"窗口 |
| F2 | Reshow | 再显示 |
| F3 | End;/ * gsubmit buffer = default * / | 结束该窗口 |
| F4 | Recall | 调回上一次已运行的程序 |
| F5 | Pgm | 显示程序编辑窗口 |
| F6 | Log | 显示日志窗口 |
| F7 | Output | 显示结果输出窗口 |
| F8 | Zoom off; submit | 放大或缩小窗口;提交 SAS 执行 |
| F9 | Keys | 打开功能键窗口 |
| F11 | Command bar | 打开命令行 |
| CTL + B | Libname | 打开库名窗口 |
| CTL + D | Dir | 打开目录窗口 |
| CTL + E | Clear | 清除当前使用的窗口内容 |
| CTL + H | Help | 提供联机帮助,打开"helps"窗口 |
| CTL + K | Cut | 剪切 |
| CTL + L | Log | 显示日志窗口 |
| CTL + N | New | 新建,可清除当前窗口中的内容 |
| CTL + Q | filename | 打开文件名窗口 |

注:表中 SHF = Shift;CTL = Ctrl;ALT = Alt(下同)。

## 二、SAS 程序初步

从本质上讲,SAS 是一种较为完善的第四代计算机语言。因此,人们对 SAS 统计系统的学习,首先应从其核心内容——SAS 程序开始。然而,SAS 语言又与一般的计算机语言不同,它提供了大量的统计分析过程(模块),在进行数据的处理和分析时,用户无须知道某一统计分析方法的具体计算过程,只需在计算机中输入用户想进行分析的程序(如根据实验要求进行 t 检验或是方差分析),计算机就可以根据用户的要求进行计算并输出计算结果。

(一)SAS 系统对数据的管理

在 SAS 系统中,只有 SAS 数据集才能被 SAS 过程直接分析。SAS 数据集的结构和 DBF 数据库是完全一致的。SAS 数据集存储在被称为 SAS 数据库的文件集中。在 Windows 7 系统中,SAS 数据库与某一个文件夹相对应。因此,用户要为每一个数据库指定一个库名来识别该库。在 SAS 系统中,指定库名用 LIBNAME 命令来实现。其格式一般为:

LIBNAME 库标记'文件夹位置';

例如,要指定目录"D:\TEMPUSER"为库名 A,则可用如下语句来实现:

LIBNAMEA 'D:\TEMPUSER';

数据库可分为永久性数据库和临时性数据库。临时性数据库只有 1 个,名为 WORK,它每次启动 SAS 系统后自动生成,关闭 SAS 时数据库中的数据集将被自动删除。永久性数据库可以有很多个,用户可以用 LIBNAME 语句指定永久性的库名,永久库中的文件被保留。但库名仍是临时的,每次启动 SAS 系统后都要重新指定。

(二)SAS 程序的结构及书写要求

现以一个数据集例子来简述 SAS 程序,见表 1.2。

表 1.2　某班级考试测试数据表

| 被试编号 | 性别(M 或 F) | 测试 1 | 测试 2 | 作业等级 |
|---|---|---|---|---|
| 10 | M | 80 | 84 | A |
| 7 | M | 85 | 89 | A |
| 4 | F | 90 | 86 | B |
| 20 | M | 82 | 85 | B |
| 25 | F | 94 | 94 | A |
| 14 | F | 88 | 84 | C |

现有 5 个变量(被试编号、性别、测试 1、测试 2 和作业等级),共搜集了 6 个被试的数据。分析单位(本例中为被试编号)在 SAS 术语中被称为"观测值"。SAS 采用"变量"表示每个观测值的信息,在 SQL 术语中称为变量"列"(columns)或"域"(fields)。在编写 SAS 程序之前,需要对每个变量赋予变量名,以便在计算或统计时将其区分开。SAS 变量名必须遵从以下规则:以字母或下画线"_"开头,不超过 32 个字符长度(字母、下画线或数字),不能使用空格或特殊字符(如逗号、分号等)。表 1.2 中 5 个变量有效的命名为:

SUBJECT　　GENDER　　EXAM1　　EXAM2　　HW_GRADE

变量名最好便于记忆,易于区分。例如以上 5 个变量,也可以命名为 VAR1、VAR2、VAR3、VAR4 和 VAR5,但是此时就需要记住 VAR1 代表"被试编号",VAR2 代表"性别",以此类推,这就太过于烦琐,而且很容易混淆!

下面将上述例题进行 SAS 程序编写,如图 1.4 所示。

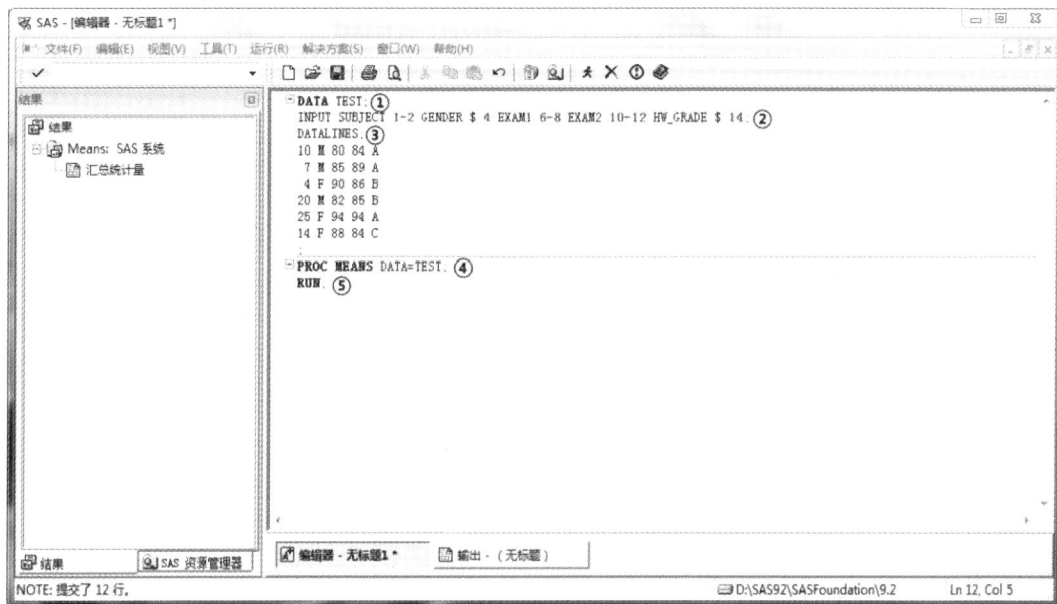

图 1.4　SAS 程序编写

这是一个完整的 SAS 程序,其功能是读入 5 个变量,计算除变量 GENDER 外各自的平均数、标准差、最大值、最小值等基本统计量。

1.SAS 程序书写

从上面程序还可以看出,SAS 功能的实现是通过由 SAS 语句组成的程序来完成的,每一条语句指定 SAS 完成特定的操作。

①SAS 程序的语句从上一个语句结束处开始,必须以一个分号结束。程序的末尾用"RUN;"语句结束。

②SAS 语句的第一个词一般为 SAS 关键字,指定系统执行某一操作。语句的其他部分说明如何执行这一操作以及描述操作所需的信息。

③SAS 语句的输入格式相当自由。一个 SAS 语句可以从一行的任何一列开始输入。一行中可以输入任意多条语句,一条语句也可以占用多行。语句中间可以空行。SAS 语句对字母的大小写不加区分,输入语句时可以用大写字母,也可以用小写字母,或大小写字母混用,但要求语句中的各项之间至少用一个空格分隔。

尽管如此,为了便于阅读和检查,建议开始学习时每行只写一个语句。

2.SAS 程序的结构

从上面的程序中可以看出,该程序包括了数据准备部分,以及 DATA 步骤和 PROC 步骤。一个完整的 SAS 程序必须至少包括一个 DATA 步骤和一个 PROC 步骤。

**3. SAS 程序步骤含义**

前 3 行组成了 DATA 步骤。在本例中,DATA 步骤以单词 DATA 开头,以 DATALINES 结束。对于 SAS 8.0 版之前版本采用的是 CARDS 而不是 DATALINES,新版本中 CARDS 一样可行。行①告诉程序创建一个名为"TEST"的 SAS 数据集。行②是一个 INPUT 语句,给程序提交两方面信息:变量的名称和它们在数列中的位置。第一个变量 SUBJECT,可以从数据列的第 1 栏和第 2 栏中找到;第二个变量是 GENDER,这是一个字符变量,这种变量可以用字母或数字作为数据的值,当变量为字符变量时,就不能计算平均数;第三个变量是 EXAM1,在第 6~8 栏,以此类推。DATALINES 语句③表示 DATA 语句的结束,程序接下来该查找数据了。

下面 6 行为真实数据,本例中,真实数据直接呈现在程序中。SAS 程序中,数据输入方式主要有直接输入(如本例)和外部文件读入两种方式。其中外部(纯文本)文件读入数据时,首先必须将数据建立纯文本的数据文件,然后运用 INFILE 语句读入。纯文本一般采用"记事本文档"(扩展名为. TXT),例如在 D:\USER 中已保存了名为 DATA. TXT 的文件,其内容为图 1.4 所示内容,则 SAS 程序 DATA 步骤可以改为:

DATA TEST;

INFILE ' D:\USER\DATA. TEST ';

INPUT SUBJECT 1-2 GENDER $ 4 EXAM1 6-8 EXAM2 10-12 HW_GRADE $ 14;

该程序与上一个程序运行的结果是完全相同的。所不同之处在于该程序是从已经准备好的数据文件(DATA. TXT)中读入数据,而上一个程序则需要直接在程序书写时输入数据。之后将学习如何从外部文件读取数据,以及如何从外部程序,如 Excel 或 Access 中导入数据。

SAS 程序中变量数据一般采用的对齐方式为右对齐,虽然采用何种对齐方式并不影响 SAS 的运行,但是可能影响数据在其他软件中的操作。

SAS 语句④是 PROC 语句。PROC 表示"运行程序",紧接其后指定运行哪一个过程。此处运行的是 MEANS 过程。在过程 MEANS 之后是选项 DATA = ,如果省略掉 DATA = TEST,程序会自动运行最近创建的 SAS 数据集,本例中只有一个 TEST 数据集,因此可以省略。若用户所书写的 SAS 程序等级越高,需要处理的数据集就越多,为了保证程序总能运行正确的数据集,建议将 DATA = 选项写在每一个 PROC 过程中。

MEANS 过程能够计算指定变量的平均数。SAS 在显示管理系统运行时,语句⑤"RUN;"非常重要,它将告诉系统后面没有其他语句可以进行计算。如果一行有多个 PROC 语句,只需要在程序末尾加上一个"RUN;"语句,不过建议在每一个 PROC 过程后都加上"RUN;"语句,因为这是一种标准的格式。

PROC MEANS 可以计算一些其他的统计量,如方差和标准误,同时用户也可以指定需要的统计量。如:

PROC MEANS DATA = TEST N MEAN STD STDERR MAXDEC = 1;

VAR EXAM 1 EXAM2;

RUN;

该程序可以得到 EXAM1 和 EXAM2 这两个变量的样本容量(N)、平均数(MEAN)、标准差(STD)和标准误(STDERR)。另外,统计值会自动取舍到小数点后一位(MAXDEC = 1)。

**4. SAS 程序扩展**

上述 SAS 程序提供了一些简单有用的信息,在此基础上,用户可以进一步根据试验目的进行程序编辑。深度挖掘的数据包括:用两次测验(EXAM1 和 EXAM2)的平均值来计算期末成绩;将期末成绩赋予字符等级作为期末等级;将学生按照 ID 排序,显示其测验成绩、期末等级和家庭作业等级;计算测验和期末成绩的班级平均分,并计算性别和家庭作业等级的频数。处理完这些数据后,用户对 SAS 程序的理解就可以达到处理动物科学试验中数据的水平。

　　如图 1.5 所示,从 DATA EXAMPLE 到 DATALINES 的语句组成了 DATA 步骤,语句(1)是创建名为"EXAMPLE"的数据集的指令,语句(2)是 INPUT 语句,此语句与之前有所不同:变量名后面没有栏位数了,不影响计算结果,但字符变量名后面仍需要加"$"符号。资料中,某些观察值缺失,则在 SAS 系统中,一般用符号"."来表示缺失数据,这里需要注意的是,缺失数据(.)与观察值为"0"的意义是完全不同的。假设本例中被试 10(第一个被试单位)没有参加第一次测试,如果这样呈列数据:10 M 84 A。EXAM1 成绩学时,系统就会将 84 读取成 EXAM1 的成绩,然后将字母 A 读取成 EXAM2 的成绩,由于 EXAM2 是数字变量,这样子就会造成程序错误,因此需要加入(.)来填补缺失数据,正确呈现这一行数据的方法是:10 M . 84 A。

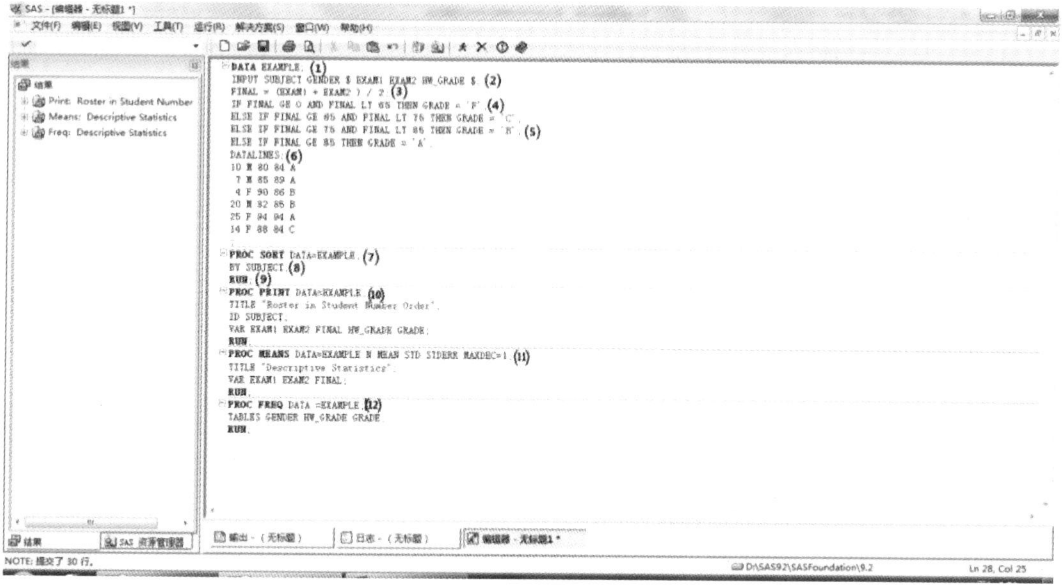

图 1.5　SAS 扩展程序编辑

　　语句(3)是将 EXAM1 和 EXAM2 的平均值赋予一个新变量"FINAL"的语句。本例中 FINAL 通过将两次测验分数相加,再除以 2 得到。用符号"+"表示加法,符号"−"表示减法,符号"*"表示乘法,符号"/"表示除法,符号"**"表示平方。与手写代数式一样,SAS 的计算也遵循数学运算法则的等级顺序。

　　IF 语句(4)和 ELSE IF 语句(5)是用来将期末成绩转换为字母等级的逻辑语句。当 IF 语句的情况为真,则执行 THEN 语句的指令。本例使用的逻辑比较运算符号 GE(大于或等于)和 LT(小于)。因此,如果 FINAL 的分数大于或等于 0 并且小于 65 时,字母等级为"F"。ELSE 语句只有在 IF 语句不为真时执行。例如,如果 FINAL 的分数为"66",则 IF 语句不为真,因此检验 ELSE IF 语句(5),指导某一个语句为真,GRADE 被赋予相应的字母等级,其余的 ELSE IF 语句将被跳过。程序编写参照计算机程序 VB 或 C 语言进行。

　　SAS 程序逻辑运算符号及其意义见表 1.3。

**表 1.3　SAS 程序逻辑运算符号及其意义**

| 程序表达式 | 符　号 | 意　义 |
|---|---|---|
| EQ | = | 等于 |
| LT | < | 小于 |
| LE | < = | 小于或等于 |
| GT | > | 大于 |
| GE | > = | 大于或等于 |
| NE | ^= | 不等于 |
| AND | & | 与/和(逻辑关系) |
| OR | \| | 或(逻辑关系) |
| NOT | ^ | 非/否 |

DATALINES 语句(6)表明 DATA 步骤完成,接下来的几行是真实数据,真实数据以“;”符号结束。紧接着数据的是一系列有着各种功能的 PROC 过程,它们将基于 SAS 数据集进行计算。①按被试成绩排序的成绩列表,首先进行的 SORT PROCEDURE 过程(7)、(8)、(9)。行(7)表示将对数据集进行排序,行(8)表示此次排序将基于 SUBJECT 的被试标号。PRINT 语句(10)要求列出数据,该语句用于列出 SAS 数据集中的所有数据,在 PROC PRINT 语句之后有 3 个补充语句:TITLE、ID、VAR(补充语句出现顺序不影响结果),TITLE 之后的文字放在双引号(或单引号)内,将在每个 SAS 结果输出页的顶端呈现,ID 变量的作用是让程序把变量 SUBJECT 打印在结果输出报告的第一栏,VAR 的作用是指明除了 ID 变量外,用户还想在结果中输出报告中呈现哪些变量。

MEANS 语句(11)与之前例子相同,最后,FREQ 语句(12)对变量 GENDER、HW_GRADE 和 GRADE 进行频数计算,即男性和女性的数量,A、B、C 等级的数量,以及每种类别的百分比。图 1.5 中 SAS 程序运行结果如图 1.6 所示。

```
          Roster in Student Number Order   2017年10月31日 星期二 下午07时08分39秒   1

 SUBJECT   EXAM1   EXAM2   FINAL   HW_GRADE   GRADE

     4       90      86     88.0       B         A
     7       85      89     87.0       A         A
    10       80      84     82.0       A         B
    14       88      84     86.0       C         A
    20       82      85     83.5       B         B
    25       94      94     94.0       A         A


               MEANS PROCEDURE

变量     N          均值          标准差        标准误差
--------------------------------------------------------
EXAM1    6          86.5           5.2             2.1
EXAM2    6          87.0           3.9             1.6
FINAL    6          86.8           4.2             1.7
--------------------------------------------------------


             Descriptive Statistics      2017年10月31日 星期二 下午07时08分39秒   3

               FREQ PROCEDURE

 GENDER      频数     百分比     累积频数     累积百分比
 -------------------------------------------------------
 F              3      50.00          3          50.00
 M              3      50.00          6         100.00

HW_GRADE      频数     百分比     累积频数     累积百分比
--------------------------------------------------------
A               3      50.00          3          50.00
B               2      33.33          5          83.33
C               1      16.67          6         100.00

 GRADE       频数     百分比     累积频数     累积百分比
 -------------------------------------------------------
 A              4      66.67          4          66.67
 B              2      33.33          6         100.00
```

图 1.6　SAS 程序运行结果

结果输出的第一页(页码在每页最右边)是将数据集排序后的 PROC 结果输出。每一栏都标记了变量名。采用 ID 语句将 SUBJECT 作为 ID 变量,因此最左边一栏显示的是 SUBJECT 的数字,如果不指定 ID 变量,将显示 OBS 变量栏。

第二页列出了 VAR 语句中的变量,并进行了指定的统计分析(N、平均数、标准差、标准误),所有的结果保留一位小数。

第三页是 PROC FREQ 的结果。本页的顶端都呈现了 PROC MEANS 过程中指定的标题"Descriptive Statistics"。这部分提供了频数以及百分比。

5. SAS 程序运算结果及程序的保存

当编写的程序获得正确的运行结果后,可将其保存起来供下一步分析。保存的方法为:在结果输出窗口,单击"文件"下的"保存"或"另存为"选项,然后根据系统提示给定相应的文件夹及文件名即可实现输出结果的保存。这与其他文档编辑软件的操作完全一致。与此类似,也可以将所编写的程序保存起来,供下次调用或者修改。保存方法与结果保存方法相同,只需要将光标移至程序编辑窗口将程序按前面的方法调回即可。

6. 常用的 SAS 程序运行函数

(1) 算术函数

绝对值函数:ABS(x),表示对 x 取绝对值

平方根函数:SQRT(x),表示对 x 取平方根

余数函数:MOD(x,y),表示 x/y 的余数

符号函数:SIGN(x),表示 x 的正负,SIGN(x) = 1,表示 x > 0;SIGE(x) = −1,表示 x < 0;SIGN(x) = 0,表示 x = 0。

(2) 数学函数

幂函数:EXP(x),表示求 $e^x$ 的值

自然对数函数:LOG(x),表示求 $\ln^x$ 的值

常用对数函数:LOG8(x),表示求 $\text{Log}_8^x$ 的值

(3) 三角函数

正弦函数:SIN(x),表示求 x 的正弦值

余弦函数:COS(x),表示求 x 的余弦值

正切函数:TAN(x),表示求 x 的正切值

反正弦函数:ARSIN(x),表示求 x 的反正弦函数值

反余弦函数:ARCOS(x),表示求 x 的反余弦函数值

反正切函数:ATAN(x),表示求 x 的反正切函数值

(4) 截取函数

取整函数:INT(x),表示对 x 取整数部分

舍入函数:ROUND(x,n),按舍入单位 $n(n > 0)$ 对 x 进行四舍五入计算,如 ROUND(123.127,0.01) = 123.13;ROUND(123.127,10) = 120。

(5) 样本统计函数

在 SAS 系统中,常用的样本统计函数主要有:MEAN(平均数)、SUM(求和)、VAR(方差)、STD(标准差)、CV(变异系数)、RANGR(极差)、MAX(最大值)、MIN(最小值)、STDERR(标准误)、N(非缺省值的个数)、NMISS(缺省值的个数)、CSS(矫正平方和)、USS(未矫正平方和)。

# 第二章

## 资料的整理及统计描述

在动物科学试验中,试验或调查所获得的资料,往往是零乱且无规律可循的,只有通过对所得结果的整理,才能发现其内部联系及规律性,从而揭示事物的本质。资料整理是进一步分析数据的基础,将资料整理成统计表或统计图的形式,可以简明、形象地显示研究对象的特征构成、相互关系,同时对资料进行统计分析,定量地对其特征做统计描述,如计算出某一样本的平均数、标准差、变异系数以及最大值、最小值等基本统计量,进而得出规律性的结论。

### 第一节 资料的整理

#### 一、原始资料整理的内容

原始资料是指统计调查和试验结果,如畜禽的生产性能测定结果(产奶量、产蛋数、产仔数、称重等);屠宰试验结果;实验结果包括基因型、特异条带的有无、强弱;饲料成分的含量等。原始资料的特点是数量大、"杂乱无章",不能直接用于统计分析,必须经过统整理和加工。因此,对于原始资料必须经过整理才能够进行统计分析。

对原始资料进行审核、分组、汇总、描述和归纳,使之条理化和便于统计分析和推断,称为资料的整理。原始资料整理的主要内容为:审核与订正(人为错误、小数点等);分组与汇总(内部结构、类型和特征);计算各种综合数字特征(如样本容量、平均数、标准差、变异系数等);统计表或统计图(显示资料的基本特征和内在规律)。

#### 二、资料的分类

资料按性质的不同分为数量性状资料、质量性状资料和等级资料 3 类。

(一)数量性状资料

数量性状是指能够以量测或计数的结果表示其数量特征的性状;数量性状资料是指能够以量测或计数的结果表示其数量特征的性状,根据采用方法的不同,数量性状资料又分为计量资料和计数资料,见表 2.1。

表2.1　计量资料和计数资料的区别

| 计量资料<br>（连续性变异资料） | 计数资料<br>（不连续性变异或间断性变异资料） |
|---|---|
| 用测量手段 | 用计数方式 |
| 各观察值不一定是整数 | 各观察值只能是整数 |
| 两个相邻的整数间可以有带小数的任何数值出现 | 两个相邻整数不得有任何带小数的数值出现 |
| 变异是连续性的 | 变异不连续性 |
| 体重、体尺、剪毛量、产蛋量等 | 产仔数、产蛋数、鱼的尾数等 |

（二）质量性状资料

质量性状是指能观察到而不能直接测量或计数的性状。质量性状（如颜色、性别、生死等）本身不能直接用数值表示，要获得这类性状的数据资料，须对其观察结果作数量化处理。数量化处理方法主要有统计次数法和评分法。统计次数法是指对于一定的总体或样本，根据某一质量性状的类别统计其次数，以各类别次数作为质量性状各类别的数量，从而将质量性状数量化，利用统计次数将质量性状数量化得来的数量资料称为次数资料，如家畜的毛色遗传、绵羊的有角和无角、精子的运动形式等。评分法是指对某一质量性状按其类别不同，分别给予评分，如肉品质、体况评分等。

（三）等级资料

等级资料（半定量资料）是指将观察单位按所考察的指标或性状的等级顺序分组，然后清点各组观察单位的次数而得到的资料。等级资料既有次数资料的特点，又有程度或量的不同。等级资料实际上是一种次数资料，在兽医研究中常见。如用某种药物治疗畜禽某种疾病，疗效分为"无效""好转""显效""控制"4个等级，分别统计各级别出现的供试畜禽数而得到的资料。

## 三、随机抽样

生物统计的最大特点是用样本特征值推测总体参数，因此对于一个试验或调查首先是从若干单位组成的总体中，用随机抽样的方法，抽取部分样本来进行调查、试验，从而用所得到的数据来推断总体数据。动物科学中常用的随机抽样分为单纯随机抽样、系统抽样、分层抽样、整群抽样和多阶段抽样5种。

随机抽样的SAS程序语句说明如下：

OUT：指定输出结果的SAS数据集名，用来保存抽样输出的结果；

METHOD：指定抽样方法，其中SRS为单纯随机抽样、SYS为系统抽样等；

SAMPSIZE：指定需要抽取的样本容量；

REP：指定可以重复抽样的次数；

SAMPRATE：指定抽样的比例；

SEED：指定产生随机数字的初始数，缺省是0或负值；

NOPRINT：指定不对输出结果进行打印；

ID:指定数据集中所需要包含的变量指标。

(一) 单纯随机抽样

按照等概率、随机的原则,直接从含有 $N$ 个个体的总体中抽取样本量为 $n$ 的个体组成的样本($N > n$)。单纯随机抽样分为置返抽样和非置返抽样两种。

例 2.1 某种羊场的 30 只无角陶赛特种羊的基本情况(编号、性别、圈号、羊只评分)见表 2.2,从该总体中随机抽取 6 只种羊作为研究对象进行科学试验。其单纯随机抽样的 SAS 程序如图 2.1 所示。

表 2.2 30 只种羊基本情况表

| 编 号 | 性 别 | 圈 号 | 羊只评分 |
|---|---|---|---|
| 147 | F | 3 | 62 |
| 108 | M | 2 | 33 |
| 18 | M | 2 | 33 |
| 153 | M | 2 | 31 |
| 50 | M | 2 | 59 |
| 102 | F | 1 | 36 |
| 57 | M | 1 | 41 |
| 160 | F | 2 | 65 |
| 136 | F | 2 | 59 |
| 88 | M | 2 | 60 |
| 177 | F | 1 | 59 |
| 95 | M | 2 | 60 |
| 144 | M | 1 | 65 |
| 139 | M | 1 | 68 |
| 135 | F | 2 | 55 |
| 191 | F | 3 | 73 |
| 171 | F | 1 | 60 |
| 22 | M | 2 | 58 |
| 47 | M | 2 | 63 |
| 56 | F | 3 | 68 |
| 128 | M | 2 | 63 |
| 36 | M | 1 | 52 |
| 53 | F | 3 | 60 |
| 26 | M | 2 | 61 |
| 121 | F | 1 | 52 |

续表

| 编　号 | 性　别 | 圈　号 | 羊只评分 |
|---|---|---|---|
| 112 | M | 2 | 66 |
| 156 | F | 2 | 71 |
| 103 | M | 2 | 55 |
| 182 | F | 2 | 68 |
| 110 | M | 3 | 71 |

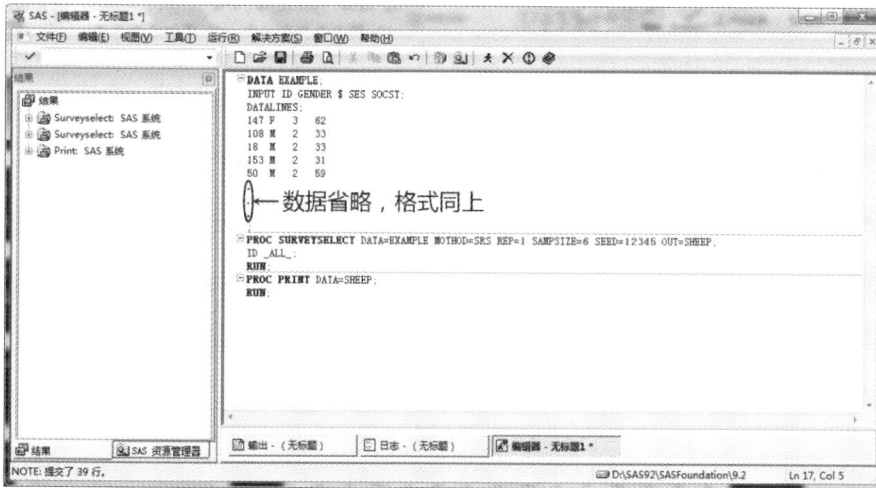

图 2.1　单纯随机抽样 SAS 程序

SAS 输出结果如下：

结果显示分为两部分，①抽样基本信息总结：抽样方法为单纯随机抽样，抽样的原始数据库为 EXAMPLE，所需抽取的样本量为 6，抽样概率为 0.2。

②随机抽取的样本所组成的数据集：采用非重复简单随机抽样，抽取的样本 ID 为 102、160、88、56、36、53。若试验需要对一个样本进行多次重复抽样（置返抽样），只需要将 METH-OD 选项设定为 METHOD＝URS 即可，具体如图 2.2 所示。

图 2.2　单纯随机抽样 SAS 程序运行结果

## (二)系统抽样

系统抽样又称为机械抽样或等距抽样,是指对总体的单位进行排序,然后计算出抽样距离,再按照这一固定的抽样距离抽取样本。以例 2.1 数据为例,采用系统抽样在 SURVEYSE-LECT 过程步骤中,只需将 METHOD 选项设定为 SYS 即可,通过 CONTROL 语句设定某个变量作为抽样距离参考变量,即抽样之前按照 CONTROL 变量对原始样本进行排序,然后按照规定的样本量确定抽样距离,随机选取第 1 个样本并进行系统抽样。其系统抽样的 SAS 程序如如图 2.3 所示。

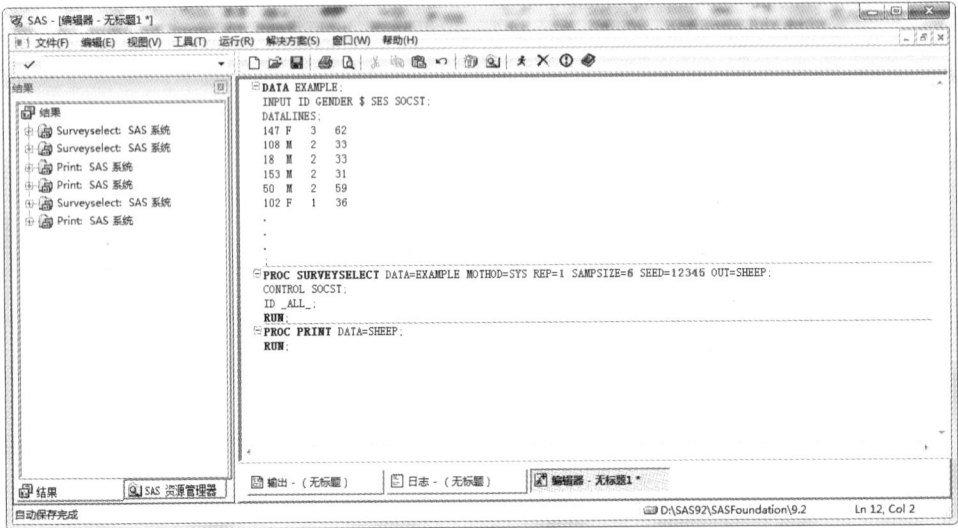

图 2.3　系统抽样 SAS 程序

SAS 输出结果如下:

结果显示分为两部分,①样本基本信息总结:抽样方法为系统抽样,抽样的原始数据库为 EXAMPLE,控制变量 socst(以羊只评分作为系统分类的依据,同时这里可以将 ID 等不同的指标作为控制变量,即系统分类依据),所需抽取的样本量为 6,抽样概率为 0.2。

②随机抽取的样本所组成的数据集:先对样本按照羊只评分进行排序,然后按照固定的间隔取样,组成新的样本。抽取的样本 ID 为 108、121、136、53、160、182,如图 2.4 所示。

图 2.4　系统抽样 SAS 程序运行结果

## （三）分层抽样

将总体划分为若干个同质层,再在各层内随机抽样或机械抽样,分层抽样的特点是将科学分组法与抽样法结合在一起,分组减小了各抽样层变异性的影响,抽样保证了所抽取的样本具有足够的代表性。分层抽样尽量利用事先掌握的信息,并充分考虑了保持样本结构和总体结构的一致性,这对提高样本的代表性是很重要的。当总体是由差异明显的几部分组成时,往往选择分层抽样的方法。

分层抽样,实际上就是先对总体进行分层,然后在各层中进行简单随机抽样或系统抽样,从而得到所需样本。此抽样方法的 SAS 程序,在 SURVEYSELECT 过程步骤中只需加上 STRATA 选项(指定分层变量)即可。以例 2.1 进行讲解,按照羊只性别进行分层,采用分层抽样法从该总体中随机抽样,每层随机抽取 50% 的羊作为研究对象进行试验。其分层抽样的 SAS 程序如图 2.5 所示。

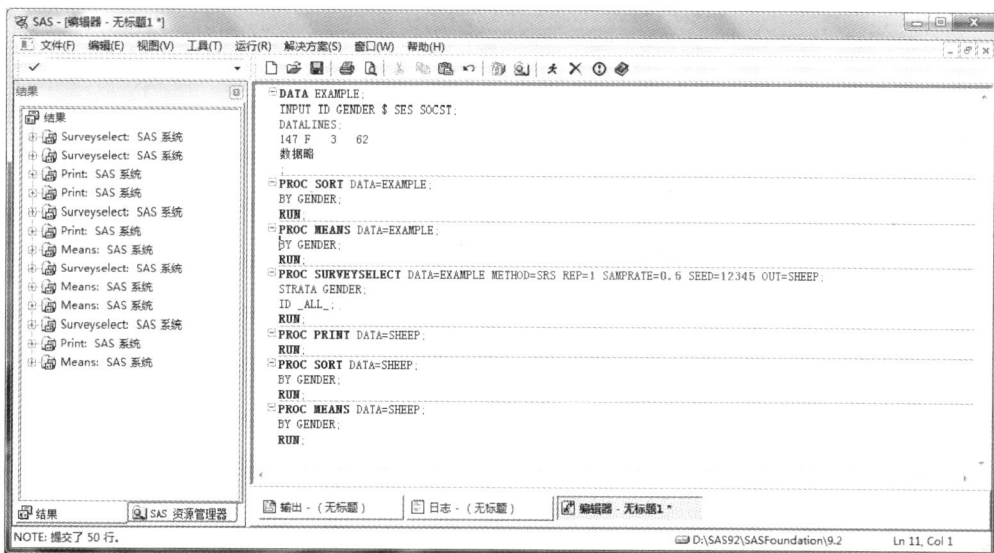

图 2.5　分层抽样 SAS 程序

SAS 输出结果如下:

结果显示分为 5 部分,①按性别进行分组的样本统计量:样本数、均数、标准差、最小值和最大值。母羊有 13 只,公羊有 17 只。

②抽样基本信息总结,层内抽样方法为简单随机抽样,抽样的演示数据库为 EXAMPLE,分层变量为 GENDER,所需要抽取的样本量为 16,抽样概率为 0.50。

③由随机抽取的样本所组成的数据集,先对样本按照 GENDER 变量进行分层,然后各层分别抽取 50% 的样本组成新的数据集。此题中,母羊抽取 7 只,ID 号分别为 147、102、177、135、171、121、132;公羊抽取 9 只,ID 号分别为 18、50、57、88、144、47、36、26、112。

④母羊组的样本统计量:样本量、均数、标准差、最小值和最大值,随机抽取了 7 只母羊作为新样本。

⑤公羊组的样本统计量:样本量、均数、标准差、最小值和最大值,随机抽取了 9 只公羊作为新样本。根据试验研究需要,有时不一定是等比例地抽取各层的样本,本例中,用户只需要在 PRCO SURVEYSELECT 过程中编写为"PRCO SURVEYSELECT DATA = EXAMPLE METH-

OD = SRS REP = 1 n = (4 8) SEED = 12345 OUT = SHEEP;"的 SAS 程序即可,即要抽取样本容量为 12 的样本,其中母羊 4 只,公羊 8 只(根据字母排列顺序系统自动默认分组时母羊 F 和公羊 M 的顺序)。

分层抽样 SAS 程序运行结果如图 2.6 所示。

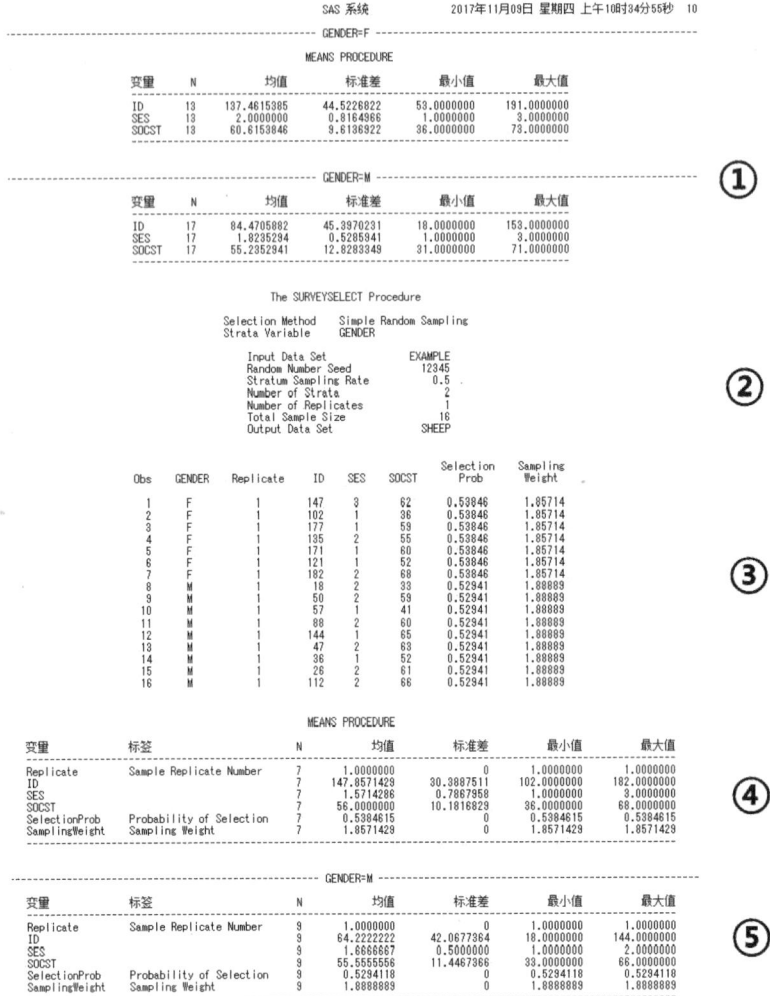

图 2.6　分层抽样 SAS 程序运行结果

(四)整群抽样

整群抽样是指先将总体按照某种标准分群,每个群为一个抽样单位,用随机的方法从中抽取若干群,抽中的样本群中的所有单位都要进行调查。整群抽样的单位不是单个的个体,而是成群的个体。整群抽样是减小群间异质性,增大群内异质性;分层抽样是增加层内的同质性和层间的异质性。整群抽样与简单随机抽样的原理相同,因此 SAS 程序与简单随机抽样基本一致。

例 2.2　互助八眉猪原种育繁场共有育成猪圈舍 50 个,随机抽取其中的 8 个,对 8 个育成猪舍中的所有个体进行蓝耳病检查,将这 50 个猪舍随机给予 1~50 编号,编写 SAS 程序进行整群抽样,程序如图 2.7 所示。

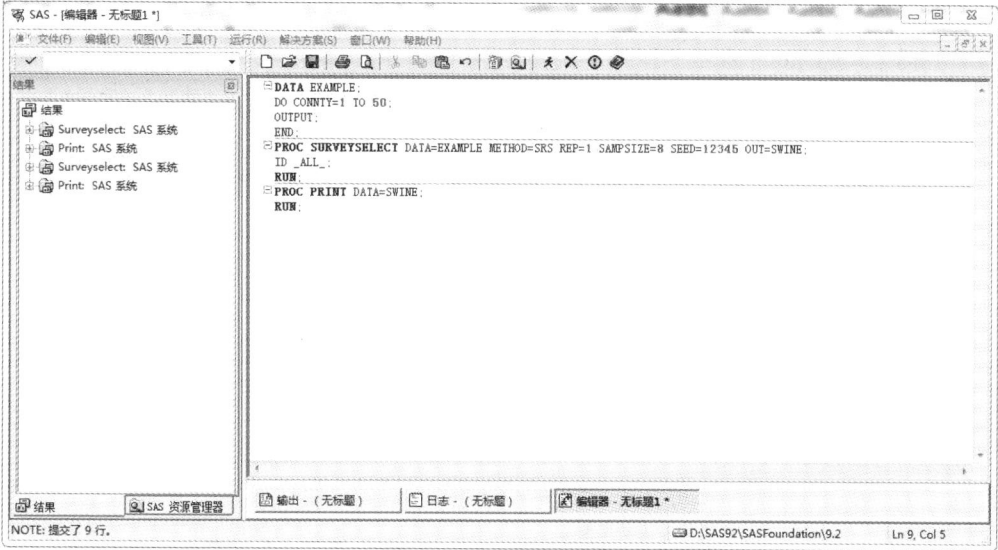

图 2.7 整群抽样 SAS 程序

SAS 输出结果如下:

结果显示分为两部分,①抽样基本信息总结,抽样方法为非重复简单随机抽样,抽样的原始数据库为 EXAMPLE,所需要抽样的样本容量为 8,抽样概率为 0.16。

②由随机抽取的样本所组成的数据集。随机抽取了 4、9、13、16、33、35、37、38 号猪圈中的所有育成猪作为试验研究的对象。

整群抽样 SAS 程序运行结果如图 2.8 所示。

```
                        SAS 系统          2017年11月09日 星期四 下午10时55分59秒    3

                            The SURVEYSELECT Procedure

            Selection Method      Simple Random Sampling

                    Input Data Set            EXAMPLE
                    Random Number Seed        12345
                    Sample Size               8
                    Selection Probability     0.16
                    Sampling Weight           6.25
                    Number of Replicates      1
                    Total Sample Size         8
                    Output Data Set           SWINE

                        SAS 系统          2017年11月09日 星期四 下午10时55分59秒    4

                    Obs     Replicate     CONNTY

                     1          1            4
                     2          1            9
                     3          1           13
                     4          1           16
                     5          1           33
                     6          1           35
                     7          1           37
                     8          1           38
```

图 2.8 整群抽样 SAS 程序运行结果

(五)多阶段抽样

将总体分成若干个小的群体,但并不在每一个小的群体中抽取一个样本,而是将这些小群称为第 1 性抽样单元,将它们看成个体进行抽样,然后再对抽中的第 1 阶抽样单元中的个体抽样,这样的抽样当然可以不止二阶而是多阶的,先抽第 1 阶样单元,再在第 1 阶样单元中抽第 2 阶样单元,再在第 2 阶样单元中抽第 3 阶样单元,如此直至最基层的个体。当总体中的个体数太大,或其他技术上的原因无法直接对个体进行编号时,可以采用多阶段抽样。

先按第 1 阶样单元编号,抽取若干个,再在抽得的第 1 阶单元内编号,抽取下一级单元。多阶抽样可以使现场观测的样本单元比较集中,有利于节省试验费用。

多阶段抽样的 SAS 程序也是以单纯随机抽样和系统抽样为基础,只是每一次抽样过程需编写一个 SAS 程序而已,即需要编写多个 SAS 程序已进行多次抽样。

例 2.3  青海省海东市有 63 个规模化猪场,每个猪场平均有 450 头八眉育成猪,随机抽取部分八眉猪进行蓝耳病检测,考虑样本量较大,计划进行多次抽样,首先随机抽取其中的 5 个猪场,接着分别从确定的 5 个猪场中各随机抽取 10 头八眉育成猪进行蓝耳病检测。此次抽样需要分两步,先随机抽取猪场,编写 SAS 程序如图 2.9 所示。

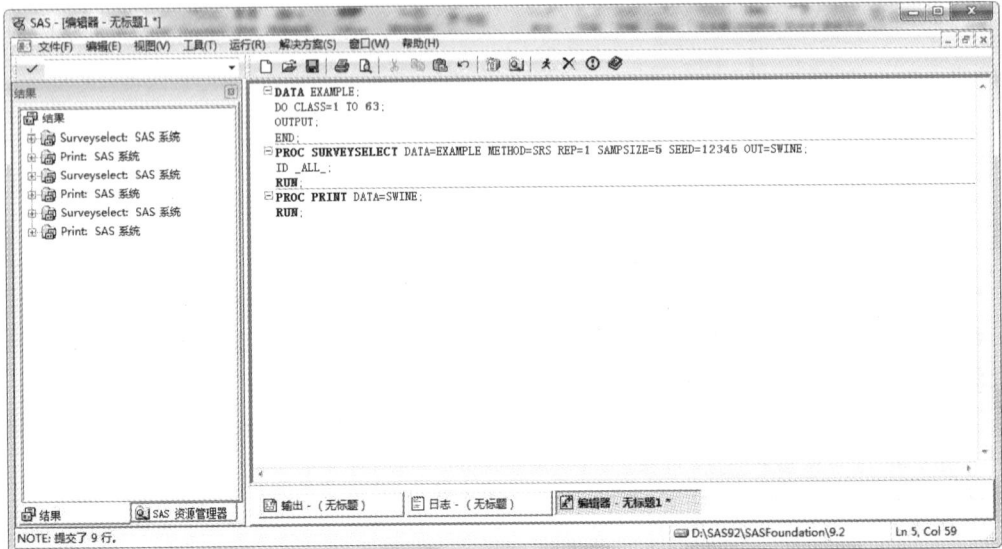

图 2.9  多阶段抽样 SAS 程序Ⅰ

SAS 输出结果如下:

结果显示分为两部分,①抽样基本信息总结,抽样方法为非重复简单随机抽样,抽样的原始数据库为 EXAMPLE,所需抽样的样本容量为 5,抽样概率为 0.079。

②由随机取样的样本所组成的数据集,随机抽取了 12、18、22、45、51 猪圈作为一级抽样单元。

多阶段抽样 SAS 程序Ⅰ运行结果如图 2.10 所示。

图 2.10  多阶段抽样 SAS 程序Ⅰ运行结果

第二步:需要在上述一级抽样单元中分别选取 10 个八眉育成猪进行蓝耳病检测。编写 SAS 程序如图 2.11 所示。

```
DATA CLASS12;
  DO STUDENT =1 TO 450;
  OUTPUT;
  END;
PROC SURVEYSELECT DATA=CLASS12 METHOD=SRS REP=1 SAMPSIZE=10 SEED=12 OUT=SWINE;
  ID _ALL_;
RUN;
PROC PRINT DATA=SWINE;
RUN;

DATA CLASS18;
  DO STUDENT=1 TO 450;
  OUTPUT;
  END;
PROC SURVEYSELECT DATA=CLASS18 METHOD=SRS REP=1 SAMPSIZE=10 SEED=18 OUT=SWINE;
  ID _ALL_;
RUN;
PROC PRINT DATA=SWINE;
RUN;

DATA CLASS22;
  DO STUDENT=1 TO 450;
  OUTPUT;
  END;
PROC SURVEYSELECT DATA=CLASS22 METHOD=SRS REP=1 SAMPSIZE=10 SEED=22 OUT=SWINE;
  ID _ALL_;
RUN;
PROC PRINT DATA=SWINE;
RUN;

DATA CLASS45;
  DO STUDENT=1 TO 450;
  OUTPUT;
  END;
PROC SURVEYSELECT DATA=CLASS45 METHOD=SRS REP=1 SAMPSIZE=10 SEED=45 OUT=SWINE;
  ID _ALL_;
RUN;
PROC PRINT DATA=SWINE;
RUN;

DATA CLASS51;
  DO STUDENT=1 TO 450
  OUTPUT;
  END;
PROC SURVEYSELECT DATA=CLASS51 METHOD=SRS REP=1 SAMPSIZE=10 SEED=51 OUT=SWINE;
  ID _ALL_;
RUN;
PROC PRINT DATA=SWINE;
RUN;
```

图 2.11　多阶段抽样 SAS 程序 Ⅱ

SAS 输出结果如下:

①猪场 12 抽样基本信息以及所抽取的八眉育成猪编号。

②猪场 18 抽样基本信息以及所抽取的八眉育成猪编号。

③猪场 22 抽样基本信息以及所抽取的八眉育成猪编号。

④猪场 45 抽样基本信息以及所抽取的八眉育成猪编号。

⑤猪场 51 抽样基本信息以及所抽取的八眉育成猪编号。

本例通过多阶段抽样,随机抽取了 5 个猪场,接着在每个猪场又随机抽取了 10 头八眉育成猪作为试验对象进行蓝耳病检测。

多阶段抽样 SAS 程序 Ⅱ 运行结果如图 2.12 所示。

```
                    SAS 系统          2017年11月09日 星期四 下午10时55分59秒   26
              The SURVEYSELECT Procedure

       Selection Method     Simple Random Sampling

          Input Data Set              CLASS12
          Random Number Seed               12
          Sample Size                      10
          Selection Probability      0.022222
          Sampling Weight                  45
          Number of Replicates              1
          Total Sample Size                10
          Output Data Set               SWINE

                    SAS 系统          2017年11月09日 星期四 下午10时55分59秒   27

          Obs     Replicate    STUDENT

           1          1           27
           2          1           51
           3          1           97
           4          1          171
           5          1          231
           6          1          269
           7          1          282
           8          1          284
           9          1          354
          10          1          360

                    SAS 系统          2017年11月09日 星期四 下午10时55分59秒   28
              The SURVEYSELECT Procedure

       Selection Method     Simple Random Sampling

          Input Data Set              CLASS18
          Random Number Seed               18
          Sample Size                      10
          Selection Probability      0.022222
          Sampling Weight                  45
          Number of Replicates              1
          Total Sample Size                10
          Output Data Set               SWINE

                    SAS 系统          2017年11月09日 星期四 下午10时55分59秒   29

          Obs     Replicate    STUDENT

           1          1           88
           2          1           90
           3          1          146
           4          1          200
           5          1          205
           6          1          256
           7          1          263
           8          1          298
           9          1          346
          10          1          403

                    SAS 系统          2017年11月09日 星期四 下午10时55分59秒   30
              The SURVEYSELECT Procedure

       Selection Method     Simple Random Sampling

          Input Data Set              CLASS22
          Random Number Seed               22
          Sample Size                      10
          Selection Probability      0.022222
          Sampling Weight                  45
          Number of Replicates              1
          Total Sample Size                10
          Output Data Set               SWINE

                    SAS 系统          2017年11月09日 星期四 下午10时55分59秒   31

          Obs     Replicate    STUDENT

           1          1           31
           2          1           43
           3          1          123
           4          1          145
           5          1          152
           6          1          210
           7          1          313
           8          1          314
           9          1          353
          10          1          423

                    SAS 系统          2017年11月09日 星期四 下午10时55分59秒   32
              The SURVEYSELECT Procedure

       Selection Method     Simple Random Sampling

          Input Data Set              CLASS45
          Random Number Seed               45
          Sample Size                      10
          Selection Probability      0.022222
          Sampling Weight                  45
          Number of Replicates              1
          Total Sample Size                10
          Output Data Set               SWINE

                    SAS 系统          2017年11月09日 星期四 下午10时55分59秒   33

          Obs     Replicate    STUDENT

           1          1          109
           2          1          143
           3          1          195
           4          1          211
           5          1          276
           6          1          290
           7          1          299
           8          1          415
           9          1          440
          10          1          448

                    SAS 系统          2017年11月09日 星期四 下午10时55分59秒   34
              The SURVEYSELECT Procedure

       Selection Method     Simple Random Sampling

          Input Data Set              CLASS51
          Random Number Seed               51
          Sample Size                      10
          Selection Probability      0.022222
          Sampling Weight                  45
          Number of Replicates              1
          Total Sample Size                10
          Output Data Set               SWINE

                    SAS 系统          2017年11月09日 星期四 下午10时55分59秒   35

          Obs     Replicate    STUDENT

           1          1            1
           2          1           53
           3          1          102
           4          1          174
           5          1          178
           6          1          191
           7          1          194
           8          1          210
           9          1          243
          10          1          310
```

图 2.12　多阶段抽样 SAS 程序 Ⅱ 运行结果

# 第二节　资料统计描述

无论数据多么复杂,都必须先从直观、易于理解的角度来描述。一般的描述统计和图形绘制都可以达到描述数据的目的。

为了精确描述一组统计资料的特征,需要使用一些统计指标来描述。数据的统计特征通常包括以下 4 个方面:

①集中趋势:表示一组数据集中分布的位置。

②离散趋势:一组数据的分散程度。

③偏度:通过曲线最高点的垂线把曲线分为两半,是左右对称还是偏倚。

④峰度:根据两组数据所描绘的曲线具有相同的中心位置和离散程度,其曲线顶部是尖峰还是扁平。本章主要介绍集中趋势和离散趋势两个特征统计量。

最常用的描述集中趋势和离散趋势统计量有:

①样本容量(样本所包含的个体数目,通常用 $n$ 表示)。

②平均数(生物统计学中讲述了 5 种平均数)。

③标准差(标准差是对数据变异的测量,如果数据服从正态分布,则有 68.26% 的数据在平均数左右 1 倍标准差之内,95.43% 的数据在平均数左右 2 倍标准差之内,99.73% 的数据在平均数左右 3 倍标准差之内)。

④变异系数(标准差相对于平均数的百分数)。

在 SAS 系统中,进行资料的统计描述最常用的两个过程是 PROC MEANS 和 PROC UNIVARIATE。

## 一、PROC MEANS 过程

MEANS 过程提供单个或多个变量的简单描述。它和 UNIVARIATE 过程相比,更倾向于描述已经明确样本所在总体符合正态分布的变量,因此不提供百分位数,但可以提供 95% 置信区间,同时在多个变量输出时,输出结构更加紧凑,便于阅读。

MEANS 过程语法说明如下所述。

DATA:指定要分析的数据集名以及一些选项,它必须是原 SAS 数据集。

CLASS:指出分组变量,按变量名列分组统计,不要求数据集排序。

VAR:指出要分析的变量名称。

BY:指出分组变量,按变量名称分组统计,要求数据集已按变量名称排序。

FREQ:表明该变量为分析变量的频数。

WEIGHT:表明分析变量在统计时要按该变量权重。

ID:指出输出时加上该变量作为索引。

OUTPUT:指定统计的输出数集名(OUT = ),并指定统计量对应的新变量名(关键字 = )。

## 二、PROC UNIVARIATE 过程

UNIVARIATE 过程对数值变量给出了比较详细的变量分布描述,其中包括变量的极端

值、常用得百分位数(包括四分位数和中位数)、用几个散点图描绘变量的分布、频数表和正态分布的检验等。

　　UNIVARIATE 过程语句说明如下所述。

　　DATA:指定要分析的数据集名以及一些选项,它必须是原 SAS 数据集。

　　VAR:指出要分析的变量名称。

　　BY:指出分组变量,按变量名称分组统计,要求数据集已按变量名称排序。

　　FREQ:表明该变量为分析变量的频数。

　　WEIGHT:表明分析变量在统计时要按该变量权重。

　　ID:指出输出时加上该变量作为索引。

　　OUTPUT:指定统计的输出数集名(OUT =),并指定统计量对应的新变量名(关键字 =),需要的百分位数(PCTLPTS =)和所需百分位数对应的输出变量名(PCTLPRE =)等。

　　例 2.4　现有 126 头基础母羊体重资料(图 2.13),将其体重进行平均数、标准差、标准误、最大值、最小值、保留一位小数等基本统计量进行描述。

| 53.0 | 50.0 | 51.0 | 57.0 | 56.0 | 51.0 | 48.0 | 46.0 | 62.0 | 51.0 | 61.0 | 56.0 | 62.0 | 58.0 | 46.5 |
| 48.0 | 46.0 | 50.0 | 54.5 | 56.0 | 40.0 | 53.0 | 51.0 | 57.0 | 54.0 | 59.0 | 52.0 | 47.0 | 57.0 | 59.0 |
| 54.0 | 50.0 | 52.0 | 54.0 | 62.5 | 50.0 | 50.0 | 53.0 | 51.0 | 54.0 | 56.0 | 50.0 | 52.0 | 50.0 | 52.0 |
| 43.0 | 53.0 | 48.0 | 50.0 | 60.0 | 58.0 | 52.0 | 64.0 | 50.0 | 47.0 | **37.0** | 52.0 | 46.0 | 45.0 | 42.0 |
| 53.0 | 58.0 | 47.0 | 50.0 | 50.0 | 45.0 | 62.0 | 51.0 | 50.0 | 43.0 | 53.0 | 42.0 | 56.0 | 54.5 |
| 45.0 | 56.0 | 54.0 | **65.0** | 61.0 | 47.0 | 52.0 | 49.0 | 49.0 | 51.0 | 45.0 | 52.0 | 54.0 | 48.0 | 57.0 |
| 45.0 | 53.0 | 54.0 | 57.0 | 54.0 | 54.0 | 45.0 | 44.0 | 52.0 | 50.0 | 52.0 | 52.0 | 55.0 | 50.0 | 54.0 |
| 43.0 | 57.0 | 56.0 | 54.0 | 49.0 | 55.0 | 46.0 | 48.0 | 46.0 | 56.0 | 45.0 | 45.0 | 51.0 | 46.0 | 49.0 |
| 48.5 | 49.0 | 55.0 | 52.0 | 58.0 | 54.5 | | | | | | | | | |

图 2.13　126 头基础母羊体重资料

　　根据资料进行设计 SAS 程序:为了熟悉一下数据读入程序的 SAS 编写程序模式,首先在桌面上建立一个名为"1"的 TXT 文档(1. TXT),在文档中输入表 2.2 中的数据资料,书写格式如图 2.14 所示,然后进行 SAS 程序编写(图 2.15)。

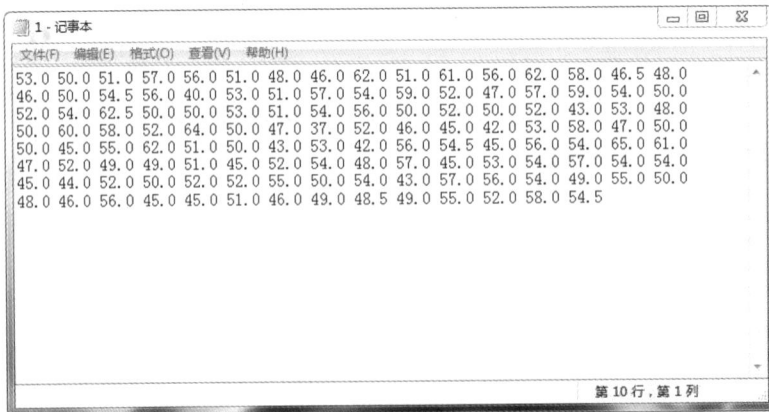

```
1 - 记事本
文件(F)  编辑(E)  格式(O)  查看(V)  帮助(H)
53.0 50.0 51.0 57.0 56.0 51.0 48.0 46.0 62.0 51.0 61.0 56.0 62.0 58.0 46.5 48.0
46.0 50.0 54.5 56.0 40.0 53.0 51.0 57.0 54.0 59.0 52.0 47.0 57.0 59.0 54.0 48.0
52.0 54.0 62.5 50.0 50.0 53.0 51.0 54.0 56.0 50.0 52.0 50.0 52.0 43.0 53.0 48.0
50.0 60.0 58.0 52.0 64.0 50.0 47.0 37.0 52.0 46.0 45.0 42.0 53.0 58.0 47.0 50.0
50.0 45.0 55.0 62.0 51.0 50.0 43.0 53.0 42.0 56.0 54.5 45.0 56.0 54.0 65.0 61.0
47.0 52.0 49.0 49.0 51.0 45.0 52.0 54.0 48.0 57.0 45.0 53.0 54.0 57.0 54.0 54.0
45.0 44.0 52.0 50.0 52.0 52.0 55.0 50.0 54.0 43.0 57.0 56.0 54.0 49.0 55.0 50.0
48.0 46.0 56.0 45.0 45.0 51.0 46.0 49.0 48.5 49.0 55.0 52.0 58.0 54.5

第 10 行,第 1 列
```

图 2.14　外部文本文档数据读取模板

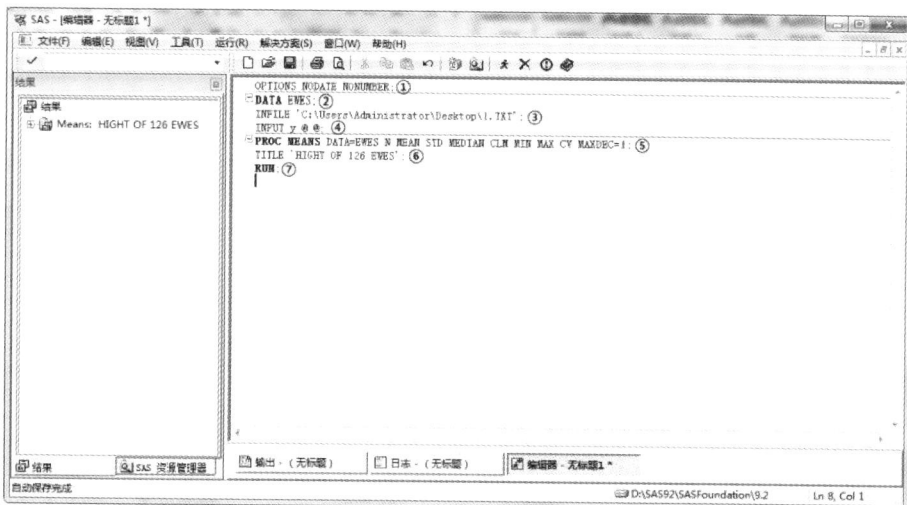

图 2.15　126 头基础母羊体重资料统计的 SAS 程序

在本例中,数据资料从外部读取,图 2.14 所示为 SAS 程序编写步骤:

①表示结果输出时不显示系统日期和页数。

②表示创建一个称为 EWES 的数据集。

③表示数据文件从外部读取的位置。

④表示 INPUT 语句,代表读入观察值 y,@@ 代表数据可以在一行里连续读入,即在一行内连续读入 y,直到本行结束,再转到下一行继续读入,直到数据块结束(分号为止),若去掉 @@ 则每行只能读入一个 y,然后再继续转到下一行继续读。

⑤要求系统进行统计描述(计算基本统计量),表 2.3 为 SAS 统计中 PROC MEANS 中常用选项。

⑥表示将结果的题目命名,将在 SAS 结果输出页的顶端呈现出来。

⑦表示运行此程序。

表 2.3　SAS 程序 PROC MEANS 过程中常用选项

| 选项名 | 意　义 |
| --- | --- |
| N | 样本容量,即计算统计量时所使用的观测值数量 |
| NMISS | 缺失统计值的观测值数量 |
| MEAN | 算术平均数 |
| MEDIAN | 中位数 |
| STD | 样本标准差 |
| STDERR | 标准误 |
| CLM | 平均数以下 95% 的双侧置信区间 |
| LCLM | 平均数以下 95% 的单侧置信区间 |
| UCLM | 平均数以上 95% 的单侧置信区间 |
| MIN | 最小值 |

25

续表

| 选项名 | 意　义 |
|---|---|
| MAX | 最大值 |
| SUM | 求和 |
| VAR | 方差 |
| Q1 | 第一四分位数(第 25 百分位数) |
| Q3 | 第三四分位数(第 75 百分位数) |
| QRANGE | 全距范围 |
| CV | 变异系数 |
| SKEWNESS | 偏系数 |
| KURTOSIS | 峭度系数 |
| T | $t$ 检验统计量,检验总体平均数为 0 的零假设 |
| PRT | 在零假设下,获得一个更大的 $t$ 的绝对值的概率 |
| MAXDEC = n | 保留小数点后 $n$ 位 |

SAS 9.2 简体中文版直观地呈现出用户想要的结果,降低用户在结果读取时的难度(图 2.16)。126 头基础母羊体重的平均数为 51.8,标准差为 5.2,此数据的中位数为 52.0,均值的 95% 置信区间下限为 50.8,置信区间上限为 52.7,数据最小值为 37.0,最大值为 65.0,变异系数为 10.0,同时结果保留 1 位小数。

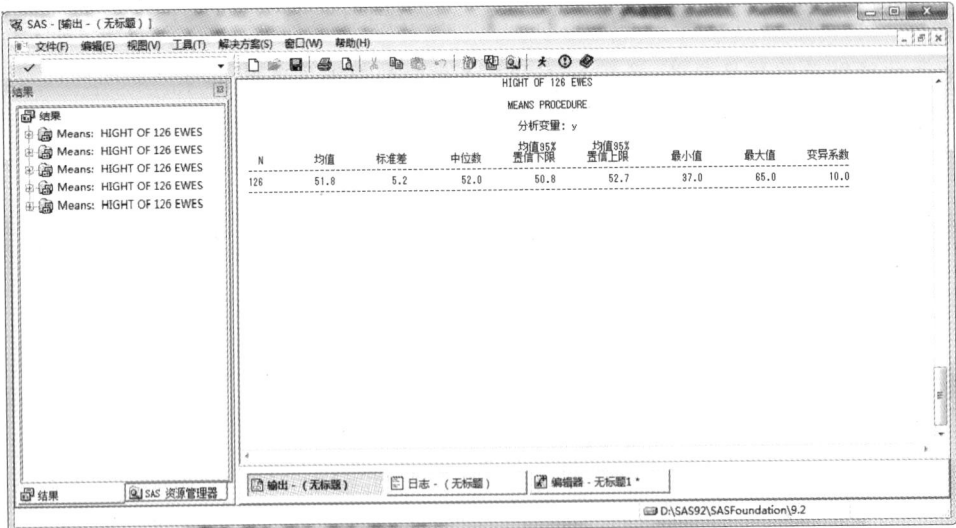

图 2.16　126 头基础母羊体重资料的统计分析结果

动物科学试验中,常常会遇到不同组别的样本进行统计量的描述,下面以动物科学实验中常见的例子进行讲解。

**例 2.5**　现有 A、B、C 3 个品种羊的 6 月龄体重和育肥期日增重数据(表 2.4),计算 3 个品种羊 6 月龄体重和日增的平均数、标准差、变异系数。

表 2.4　3 个品种羊 6 月龄体重及育肥期日增重数据表

| 项　目 | A | B | C |
|---|---|---|---|
| 6 月龄体重/kg | 105,112,109,123,118 | 98,91,93,95 | 112,109,121,122,115 |
| 育肥期日增重/g | 600,610,605,640,608 | 520,500,510,500 | 610,602,623,618,607 |

　　根据题目要求编写 SAS 程序,由于数据较少,故采用在程序中添加数据块的形式,SAS 程序如图 2.17 所示,运行结果如图 2.18 所示。

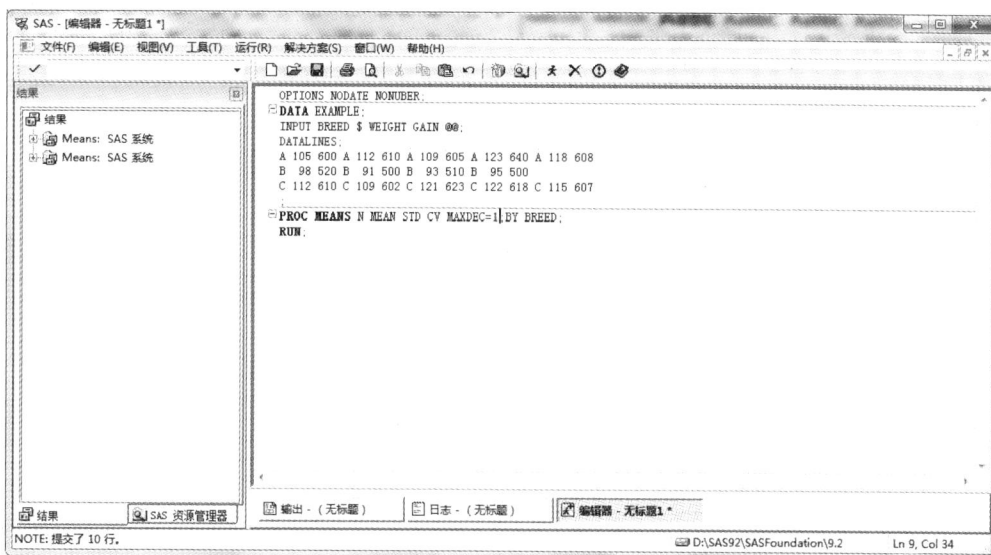

图 2.17　3 个品种羊 6 月龄体重及育肥期日增重 SAS 程序

图 2.18　3 个品种羊 6 月龄体重及育肥期日增重 SAS 程序运行结果

　　由图 2.18 可知,A 品种羊 6 月龄体重的平均值为 113.4,标准差为 7.2,变异系数为 6.3,育肥期平均日增重为 612.0,标准差为 15.0,变异系数为 2.0。B 品种和 C 品种以此类推,在此不再赘述。

在动物科学实验的实际资料处理中,尤其是在动物遗传育种基因频率等的计算中,往往通过加权的方法计算样本的平均数,即加权平均数(Weighted mean),下面通过两个例子来了解如何运用 PROC MEANS 过程来进行加权平均数的计算。

例 2.6　现有两个基因频率不同的群体混合,第一个群体有 10 000 个个体,A 基因的基因频率为 0.6,另一个群体有 4 000 个个体,A 基因的基因频率为 0.4,试计算混合群体中 A 基因的基因频率。

在这个例题中,求混合群体中 A 基因的基因频率实际上就是求这两个群体中各自 A 基因的基因频率以其各自群体样本量大小的加权平均数,相应的 SAS 程序如图 2.19 所示,其中"VAR FREQ;"步骤为指明分析变量为 FREQ(计算频数),"FREQUENCY NUM;"以 NUM 为加权系数。

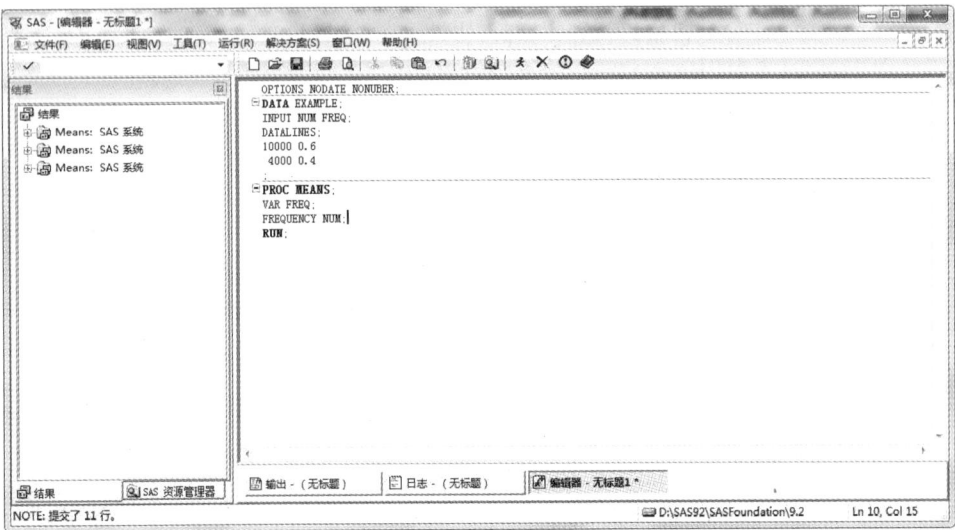

图 2.19　两个群体 A 基因的基因频率加权计算 SAS 程序

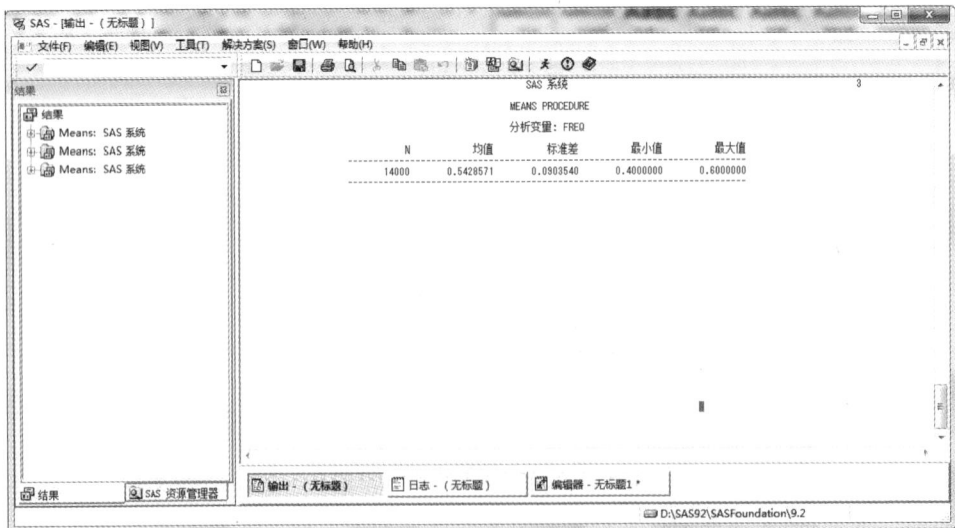

图 2.20　两个群体 A 基因的基因频率加权计算 SAS 程序运行结果

由运行结果(图 2.20)可知,混合群体中 A 基因的基因频率为 0.542 9。

**例** 2.7　现用玉米、麸皮、豆粕、鱼粉、高粱、叶粉、骨粉和食盐 8 种原料为某阶段的生长白羽肉鸡配制一种基础日粮,各原料在日粮中所占的比例(RATE)以及消化能(ENERGY)和粗蛋白(CP)含量见表 2.5,计算所配饲料中 ENERGY 和 CP 的含量。

表 2.5　白羽肉鸡日粮配方

| 指　标 | 玉米 | 麸皮 | 豆粕 | 鱼粉 | 高粱 | 叶粉 | 骨粉 | 食盐 |
|---|---|---|---|---|---|---|---|---|
| 比　例 | 61.5 | 12.5 | 12.0 | 3.0 | 8.0 | 2.0 | 0.7 | 0.3 |
| ENERGY | 3 505 | 2 466 | 3 253 | 3 123 | 2 13 | 1 300 | — | — |
| CP | 7.79 | 13.7 | 40.2 | 61.3 | 7.24 | 17.0 | — | — |

例 2.7 实际是加权平均数的应用,日粮中消化能和粗蛋白的含量实际上就是各种原料消化能和粗蛋白含量以其各自在日粮中所占比例为加权系数的加权平均数,SAS 程序如图 2.21 所示。

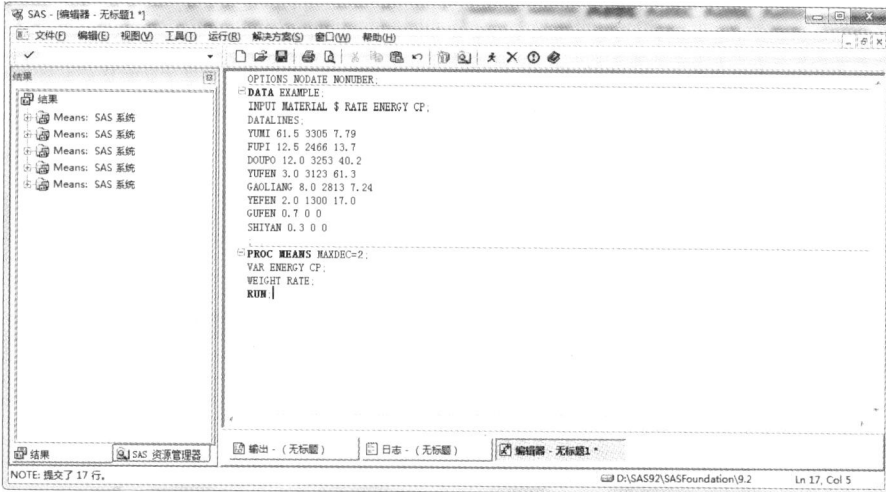

图 2.21　白羽肉鸡日粮配方消化能和粗蛋白含量 SAS 程序

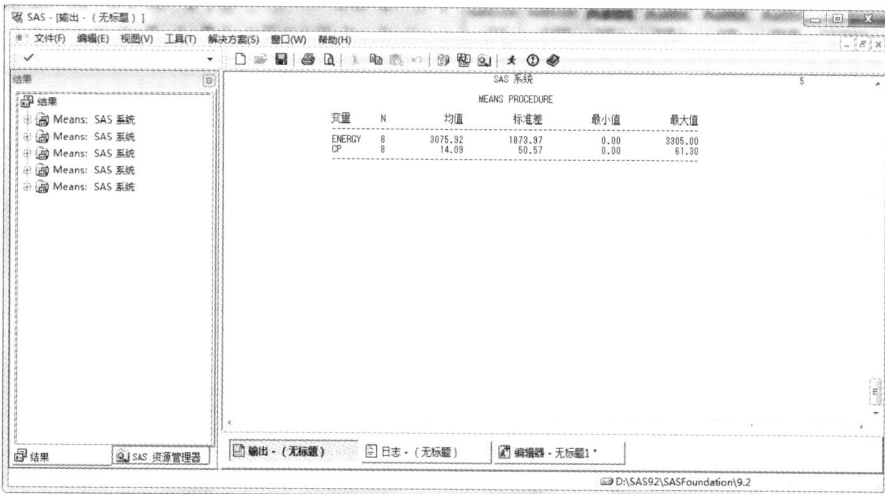

图 2.22　白羽肉鸡日粮配方消化能和粗蛋白含量 SAS 程序运行结果

如图 2.22 所示,所配制白羽肉鸡日粮中,消化能(ENERGY)含量为 3 075.92 kcal/kg,粗蛋白(CP)含量为 14.09%。

# 第三节　样本正态性检测

在数据资料的整理中,最基本的是将数据整理成统计图的形式,便于运用者能够显而易见地看清其资料分布的内在规律和特征;同时样本能否进行下一步检验(如假设检验),是在样本服从正态分布的前提下,因此,对于样本的正态性检测是生物统计分析的必要环节。在此环节中,运用的是 PROC UNIVARIATE 过程,SAS 统计分析中,UNIVARIATE 过程又称为单变量分析过程,可提供单个变量的详细描述及其分布类型检验。此过程可以提供的统计量如下:

①观测值(未缺失的);②平均数;③标准差;④方差;⑤偏系数;⑥峭度系数;⑦未矫正和矫正后的平方和;⑧变异系数;⑨平均数的标准误;⑩比较变量值是否等于 0 的 $t$ 检验;⑪最大值;⑫最小值;⑬全距范围;⑭中数,第 3 和第 2 四分位数;⑮四分位数;⑯众数;⑰第 1、5、10、90、95 和 99 百分位数;⑱5 个最大的值和 5 个最小的值(便于数据检查);⑲W 或 D 统计量,检验数据是否正态分布;⑳茎叶图;㉑箱式图;㉒正态概率图,将累加频数分布和理想正态分布相比较。

以例题 2.4 为模型进行 PROC UNIVARIATE 应用讲解。126 头基础母羊体重,(1)检测母羊体重数据资料是否服从正态分布,同时取最小值为 36.0,最大值为 66.0,组距为 3,将资料整理成直方图。

图 2.23 中,DATA 步骤与 PROC MEANS 过程一致,此处不再赘述。"PROC NUIVARIATE NORMAL;"过程为检测资料正态性 SAS 程序。

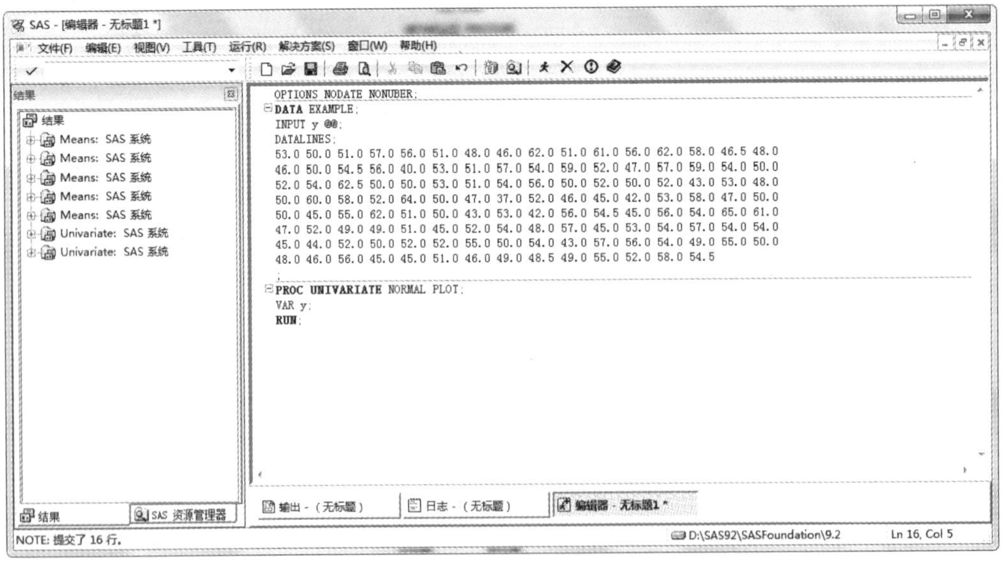

图 2.23　126 头基础母羊体重资料正态性检测 SAS 程序

检测结果如图 2.24 所示,结果分为 7 个部分,第一部分中文命名为矩(Moments),也称为基本统计数,第 2 部分为基本检测度(Basic Statistical Measures),第三部分为位置检验(Tests for Location：Mu0 = 0），第四部分为正态性检测（Tests for Normality），第五部分为分位数（Quantiles），第六部分为极值观测（Extreme Observations），第七部分为图形部分，分为茎叶图（Stem-Leaf Plot）、盒形图（Box Plot）、正态概率图（Normal Probability Plot）。本题中，用户仅仅需要第四部分正态性检测，其他部分含义在此不作为讲述内容，若感兴趣可以参照 *APPLIED STATISTICS AND THE SAS PROGRAMMING LANGUAGE*（Ronald P. Cody 主编）进行学习。

本题中，在进行资料正态性检测试验中，样本数 $n \leqslant 2\ 000$ 时，正态性检测统计量（$W$）的值为 0 ~ 1，$W$ 的值越接近于 1（或 $Pr < W$ 的值大于 0.05），则表示该数据资料服从正态分布，反之则不服从正态分布。本题中，$W = 0.992\ 533$，$P(Pr < W) = 0.742\ 0 > 0.05$，说明 126 头基础母羊体重资料的数据分布服从正态分布，本数据可以作为实验的原始数据以便进一步进行统计分析。

SAS 系统

UNIVARIATE PROCEDURE
变量：　y

矩

| | | | |
|---|---|---|---|
| N | 126 | 权重总和 | 126 |
| 均值 | 51.7619048 | 观测总和 | 6522 |
| 标准差 | 5.17792016 | 方差 | 26.8108571 |
| 偏度 | 0.03465222 | 峰度 | 0.08897621 |
| 未校平方和 | 340942.5 | 校正平方和 | 3351.35714 |
| 变异系数 | 10.0033416 | 标准误差均值 | 0.46128579 |

基本统计测度

| 位置 | | 变异性 | |
|---|---|---|---|
| 均值 | 51.76190 | 标准差 | 5.17792 |
| 中位数 | 52.00000 | 方差 | 26.81086 |
| 众数 | 50.00000 | 极差 | 28.00000 |
| | | 四分位极差 | 6.50000 |

位置检验：Mu0=0

| 检验 | --统计量--- | | -------P 值------- | |
|---|---|---|---|---|
| Student t | t | 112.2122 | Pr > \|t\| | <.0001 |
| 符号 | M | 63 | Pr >= \|M\| | <.0001 |
| 符号秩 | S | 4000.5 | Pr >= \|S\| | <.0001 |

正态性检验

| 检验 | ----统计量---- | | -------P 值------- | |
|---|---|---|---|---|
| Shapiro-Wilk | W | 0.992533 | Pr < W | 0.7420 |
| Kolmogorov-Smirnov | D | 0.073175 | Pr > D | 0.0953 |
| Cramer-von Mises | W-Sq | 0.063562 | Pr > W-Sq | >0.2500 |
| Anderson-Darling | A-Sq | 0.375587 | Pr > A-Sq | >0.2500 |

分位数（定义 5）

| 分位数 | 估计值 |
|---|---|
| 100% 最大值 | 65.0 |
| 99% | 64.0 |
| 95% | 61.0 |
| 90% | 58.0 |
| 75% Q3 | 55.0 |
| 50% 中位数 | 52.0 |
| 25% Q1 | 48.5 |
| 10% | 45.0 |
| 5% | 43.0 |
| 1% | 40.0 |
| 0% 最小值 | 37.0 |

UNIVARIATE PROCEDURE
变量：　y

极值观测

| ---最小值--- | | ----最大值---- | |
|---|---|---|---|
| 值 | 观测 | 值 | 观测 |
| 37 | 56 | 62.0 | 13 |
| 40 | 21 | 62.0 | 68 |
| 42 | 73 | 62.5 | 35 |
| 42 | 60 | 64.0 | 53 |
| 43 | 106 | 65.0 | 79 |

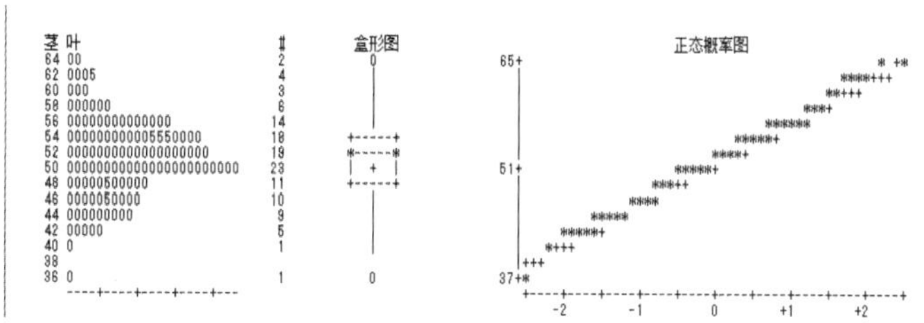


图 2.24　126 头基础母羊体重资料正态性检测 SAS 程序运行结果

# 第四节　抽样调查样本量估计

## 一、样本量估算的影响因素

在动物科学试验研究中越来越强调样本量的估算,样本量不宜太大,也不宜太小,确定适当的样本含量,可以节约资源,并可以防止因样本含量过少而引起试验研究精确性偏低,出现非真实的阴性结果。样本量的估算方法很多,不同的统计检验方法使用的计算公式也不同,以下因素影响样本量的估算:

①研究事件的发生率:研究事件预期出现的结果(患病或死亡等),疾病发生率越高,所需要的样本量越小,反之越大。

②研究因素的有效率:有效率越高,即试验组和对照组比较数值差异越大,样本量就可以越小,使用小样本就可以达到统计显著性,反之则越大。

③设定检验的第 I 类错误概率 $\alpha$,即检验水平或显著性。即假设检验第 I 类错误出现的概率,为假阳性错误出现的概率。$\alpha$ 越小,所需要的样本量越大,反之就越小。

④设定检验的第 II 类错误概率 $\beta$,或检验效能 $1-\beta$。检验效能又称把握度,为 $1-\beta$,即假设检验第 II 类错误出现的概率,为假阴性错误出现的概率,即在特定的 $\alpha$ 水平下,若总体参数之间确实存在差异,那么该次试验能发现此差别的概率。检验效能即避免假阴性的能力,$\beta$ 越小,检验效能越高,所需的样本量越大,反之就越小。

⑤了解由样本推断总体的一些信息。总体标准差一般未知,可用样本标准差 $s$ 代替。

⑥处理组间差别 $\sigma$ 的估计,即确定允许误差。如果调查均数,则应先确定样本的均数和总体均数之间最大的误差为多少。允许误差越小,所需要的样本量越大。

⑦采用统计学检验时,当研究结果高于和低于效应指标的界限均有意义时,应选择双侧检验,所需要的样本量就大,当研究结果仅高于或低于效应指标的界限才有意义时,则应选择单侧检验,所需要的样本量就小。当进行单侧或双侧检验时,其 $\alpha$ 或 $\beta$ 的 $U_\alpha$ 临界值通过查标准正态分布的分位表即可得到。

上述所有的影响因素中,确定样本容量最重要的 4 个因素为:$\alpha$ 错误、$\beta$ 错误、推断总体的一些信息和允许误差 $\sigma$。

## 二、抽样调查样本容量的确定

目前对抽样调查所需要样本容量,还没有一个精确的确定方法。根据以往的研究,一般要求样本容量占抽样总体的 5% 为最小量,对变异较小的总体,则可低于 5%。抽样调查样本容量的确定包括平均数抽样和样本百分数抽样调查用量的确定,现逐一进行介绍。

(一)平均数抽样调查样本容量的确定

**例 2.8**　进行南阳黄牛体高调查,已测得南阳黄牛体高的标准差 $s = 4.07$ cm,若置信度为 $1 - \alpha = 0.95$,允许误差为 0.5 cm,确定至少需要调查多少头南阳黄牛?

已知,$s = 4.07, d = 0.5, 1 - \alpha = 0.95, U_\alpha = 1.96$

$n = (1.96 \times 4.07)^2 \div 0.5^2 = 254.54 \approx 255$

至少需要调查 255 头南阳黄牛才能以 95% 的置信度使抽样所调查的南阳黄牛体高平均

数的允许误差不超过 0.5 cm。

SAS 程序编写如图 2.25 所示。

结果输出:$N = 254.543$,与计算结果一致。

```
DATA EXAMPLE;
 INPUT DEL U S;
 N=(U*S/DEL)**2;
 DATALINES;
 0.5 1.96 4.07

PROC PRINT;
 RUN;
```

| | | SAS 系统 | | 2017年11月10日 星期五 上午10时24分27秒 | 1 |
|---|---|---|---|---|---|

| Obs | DEL | U | S | N |
|---|---|---|---|---|
| 1 | 0.5 | 1.96 | 4.07 | 254.543 |

图 2.25　平均数抽样调查样本容量的确定 SAS 程序及其运行结果

（二）百分数抽样调查样本容量的确定

**例 2.9**　欲了解某地区鸡新城疫感染率,已知鸡新城疫感染率通常为 60%,若容许误差为 3%,置信度为 $1 - \alpha = 0.95$,现确定至少需要调查多少只鸡?

已知:$\delta = 0.03, p = 0.6, q = 1 - p = 0.4, \alpha = 0.05, 1 - \alpha = 0.95, U_{0.95} = 1.96$

$n = (1.962 \times 0.6 \times 0.4) \div 0.032 = 1\ 024.426\ 7 \approx 1\ 025$

即至少需要调查 1 025 只鸡,才能以 95% 的置信度使调查所得的某地区鸡新城疫感染率容许误差不超过 3%。

结果输出:$N = 1\ 024.43$,与计算结果一致。

SAS 程序编写如图 2.26 所示。

```
DATA EXAMPLE;
 INPUT DEL U P;
 N=(U/DEL)**2*P*(1-P);
 DATALINES;
 0.03 1.96 0.6

PROC PRINT;
 RUN;
```

| | | SAS 系统 | | 2017年11月10日 星期五 上午10时24分27秒 | 2 |
|---|---|---|---|---|---|

| Obs | DEL | U | P | N |
|---|---|---|---|---|
| 1 | 0.03 | 1.96 | 0.6 | 1024.43 |

图 2.26　百分数抽样调查样本容量的确定 SAS 程序及其运行结果

## 三、控制试验重复数的确定

（一）处理数 $k = 2$ 配对设计实验重复数的确定

**例 2.10**　比较两种配合饲料对猪增重的影响,配对设计,希望以 95% 的置信度在平均数差值达到 1.5 kg 时检验出两种配合饲料的平均增重有差异,根据以往经验增重差数标准差 $S_d = 2$ kg。确定至少需要多少对试验猪才能满足要求。

已知:$t_{0.05(\infty)} = 1.96, S_d = 2, \bar{d} = 1.5$,带入 $n = (t_{0.05}^2 \times S_d^2) / \bar{d}^2$,得,$n \approx 7$;

再将 df $= 7 - 1 = 6$,两尾概率 $\alpha = 0.05$ 的临界 $t$ 值为 2.477 带入上式得,$n \approx 11$;

再将 df $= 11 - 1 = 10$,两尾概率 $\alpha = 0.05$ 的临界 $t$ 值为 2.228 带入上式得,$n \approx 9$;

再将 df $=9-1=8$,两尾概率 $\alpha=0.05$ 的临界 $t$ 值为 2.306 带入上式得,$n\approx9$。

$N$ 已稳定于 9,即该配对试验至少需要 9 对试验猪才能以 95% 的置信度在平均数差值达到 1.5 kg 时检验出两种配合饲料的平均增重有差异,或者说该配对试验至少需要 9 对试验猪才能在平均数差值到 1.5 kg 时检验出两种配合饲料的平均增重差异显著。

结果输出:$N=9$,与计算结果一致。

SAS 程序编写如图 2.27 所示。

```
OPTIONS NODATE NONUMBER;
DATA EXAMPLE;
 INPUT T S D;
 N=((T*S)**2)/(D**2);
 CARDS;
 1.96 2 1.5

PROC PRINT;
 RUN;
DATA EXAMPLE;
 INPUT T S D;
 N=((T*S)**2)/(D**2);
 CARDS;
 2.477 2 1.5

PROC PRINT;
 RUN;
DATA EXAMPLE;
 INPUT T S D;
 N=((T*S)**2)/(D**2);
 CARDS;
 2.228 2 1.5

PROC PRINT;
 RUN;
DATA EXAMPLE;
 INPUT T S D;
 N=((T*S)**2)/(D**2);
 CARDS;
 2.306 2 1.5

PROC PRINT;
 RUN;
```

SAS 系统

| Obs | T | S | D | N |
|---|---|---|---|---|
| 1 | 1.96 | 2 | 1.5 | 6.82951 |

SAS 系统

| Obs | T | S | D | N |
|---|---|---|---|---|
| 1 | 2.477 | 2 | 1.5 | 10.9076 |

SAS 系统

| Obs | T | S | D | N |
|---|---|---|---|---|
| 1 | 2.228 | 2 | 1.5 | 8.82486 |

SAS 系统

| Obs | T | S | D | N |
|---|---|---|---|---|
| 1 | 2.306 | 2 | 1.5 | 9.45358 |

图 2.27 处理数 $k=2$ 配对设计实验重复数的确定 SAS 程序及其运行结果

**(二)处理数 $k=2$ 非配对设计实验重复数的确定**

**例 2.11** 比较两种配合饲料对猪增重的影响,采用非配对设计,希望以 95% 的置信度在平均数差值达到 1.5 kg 时检验出两种配合饲料的平均增重有差异,根据以往经验增重差数标准差 $S_d=2$ kg。确定至少需要多少对试验猪才能满足要求。

$t_{0.05(\infty)}=1.96$,$S_d=2$,$\bar{x}_1-\bar{x}_2=1.5$,带入 $n=(2\times t_{0.05}^2\times S_d^2)/(\bar{x}_1-\bar{x}_2)^2$,得,$n\approx14$;

再将 df $=2\times(14-1)=26$,两尾概率 $\alpha=0.05$ 的临界 $t$ 值为 2.056 带入上式得,$n\approx16$;

再将 df $=2\times(16-1)=30$,两尾概率 $\alpha=0.05$ 的临界 $t$ 值为 2.042 带入上式得,$n\approx15$;

再将 $df = 2 \times (15-1) = 28$，两尾概率 $\alpha = 0.05$ 的临界 $t$ 值为 2.048 带入上式得，$n \approx 15$。

$N$ 已稳定于 15，即该配对试验至少需要 15 对试验猪才能以 95% 的置信度在平均数差值达到 1.5 kg 时检验出两种配合饲料的平均增重有差异，或者说该配对试验至少需要 15 对试验猪才能在平均数差值达到 1.5 kg 时检验出两种配合饲料的平均增重差异显著。

结果输出：$N = 15$，与计算结果一致。

SAS 程序编写如图 2.28 所示。

```
OPTIONS NODATE NONUMBER;
DATA EXAMPLE;
INPUT T S D;
N=(2*(T*S)**2)/(D**2);
CARDS;
1.96 2 1.5
;
PROC PRINT;
RUN;
DATA EXAMPLE;
INPUT T S D;
N=(2*(T*S)**2)/(D**2);
CARDS;
2.056 2 1.5
;
PROC PRINT;
RUN;
DATA EXAMPLE;
INPUT T S D;
N=(2*(T*S)**2)/(D**2);
CARDS;
2.042 2 1.5
;
PROC PRINT;
RUN;
DATA EXAMPLE;
INPUT T S D;
N=(2*(T*S)**2)/(D**2);
CARDS;
2.048 2 1.5
;
PROC PRINT;
RUN;
```

```
                        SAS 系统

          Obs     T      S      D        N

           1    1.96     2     1.5    13.6590
```

```
                        SAS 系统

          Obs     T      S      D        N

           1    2.056    2     1.5    15.0298
```

```
                        SAS 系统

          Obs     T      S      D        N

           1    2.042    2     1.5    14.8258
```

```
                        SAS 系统

          Obs     T      S      D        N

           1    2.048    2     1.5    14.9131
```

图 2.28　处理数 $K = 2$ 非配对设计实验重复数的确定 SAS 程序及其运行结果

# 第五节　统计图的制作

统计图的种类很多，应根据资料的类型和目的选用合适的统计图。动物科学试验中常用的统计图有直方图、折线图、线图、长条图和圆图等。通常选用直方图和折线图表示计量资料的次数分布，选用线图表示计量资料随另一个变量而变化的情况，选用长条图表示次数资料、等级资料的次数或频率分布,选用原图表示计量资料、次数资料、等级资料的构成比。

制作统计图的一般原则:

①标题简明扼要,列于图的下方。

②纵、横两轴应有刻度,注明单位。

③横轴由左至右、纵轴由下而上,数值由小到大;图形长宽比例约5:4或6:5。

④图中需用不同颜色或线条代表不同事物时,应有图例说明。

## 一、直方图

对计量资料,可根据次数分布表作出直方图以表示资料的分布情况。其做法是:在横轴上标记组限,纵轴标记次数($f$),在各组上作出其高等于次数的矩形,即得次数分布直方图。直方图是以直方面积描述各组频数的多少,面积的总和相当于频数之和,适合表示数值变量的频数分布。直方图的各组组距不等时,要折合成等距后再绘制,即将频数除以组距得到单位组距的频数作为直方的高度,组距为直方的宽度。

SAS 程序提供了一种可以对资料进行分组后生成直方图的模块,在 PROC UNIVARIATE 过程中加入合适的语句就可以生成直方图(用 HISTOGRAM 语句生成直方图),若再加入 NORMAL 选项,则可在直方图上进一步生成一条正态曲线,以便将数据分布与标准的正态分布进行直观比较。PROC UNIVARIATE 过程会自动把 VAR 语句中的每个变量都生成一个直方图,用户可以根据需要,在 HISTOGRAM 语句中选择变量。在例2.4中,将126头基础母羊体重,整理成第一组组中值为37.5,组距为3的直方图。SAS 程序如图2.29所示,本题中,"HISTOGRAM y/MIDPOINTS=37.5 TO 67.5 BY 3.0 NORMAL"表示将变量 y 的资料绘制成第一组组中值为37.5,最后一组组中值为67.5,组距为3的直方图,同时在直方图上生成一条标准的正态分布曲线。

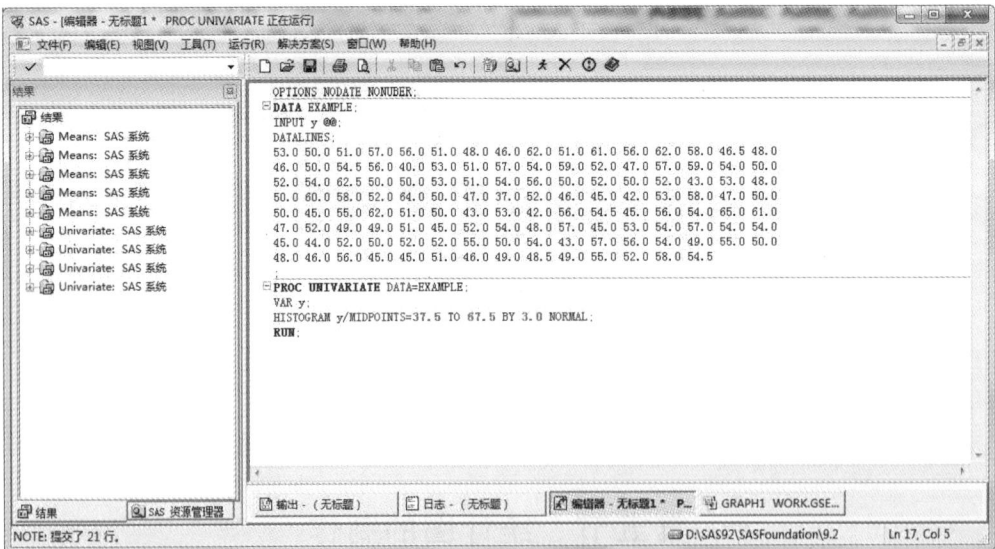

图2.29　126头基础母羊体重资料绘制直方图 SAS 程序

单击运行程序后,SAS 程序会给定两个输出界面(图2.30),一个是输出栏,主要给出的是该组资料正态分布参数、正态分布的拟合优度检验、正态分布的分位数;另外一个是 GRAPH1

输出栏,此部分给定的是按照用户设定要求的 SAS 程序绘制的直方图。

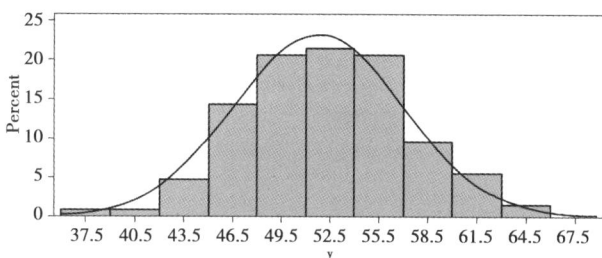

图2.30 126 头基础母羊体重资料绘制直方图 SAS 程序运行结果

## 二、线 图

用来表示试验或调查所获得的试验单位或调查对象的某一试验指标或调查项目的观测值随另一个变量的变化情况,线图有单式线图和复式线图两种:

①单式线图:表示某一事物或现象的动态。

②复式线图:在同一图上表示两种或两种以上事物或现象的动态。画图时,纵、横轴上的尺度一律用算数尺度。

在 SAS 系统中,可采用 PROC GPLOT 过程绘制线图。SAS 程序中各语句选项的说明如下:

PLOT2:系统在原图基础上重叠绘制第二幅散点图。

SYMBOLn:定义符号,添加趋势线、定义点和线的颜色。

BY:系统按该变量取值分层绘制,要求数据集已按该变量排序。

UNIFORM:要求用 BY 语句分组打印的散点图的坐标刻度相同,便于比较。

VTOH = 数值:指定纵横坐标的比例。

OVERLAY:同一语句做的图重叠在同一个坐标系中显示。

HAXIS = 数值:定义横坐标的刻度。

VAXIS = 数值:定义纵坐标的刻度。

CAXIS = 颜色:定义坐标轴的颜色。

CTEXT = 颜色:定义坐标轴文本的颜色。

I = 连线方式:JOIN 用直线连接,SPLINE 用光滑的曲线连接,NEEDLE 向横坐标画垂线,

RL 添加回归直线。

WIDTH = 宽度:定义数据点和连线的宽度。

COLOR = 颜色:定义数据点和连线的颜色。

**例** 2.12 某猪场长白猪从出生到 6 月龄出栏平均体重随月龄的变化情况列于表 2.6,根据该资料绘制线图。

表 2.6 例 2.12 图

| 月 龄 | 0(出生) | 1 | 2 | 3 | 4 | 5 | 6 |
|---|---|---|---|---|---|---|---|
| 体 重 | 2.0 | 13.5 | 27.5 | 43.0 | 61.2 | 83.8 | 118.5 |

SAS 程序如图 2.31 所示。

图 2.31 线图 SAS 程序

SAS 程序输出结果为:由结果可知,点为绿颜色,线为红颜色,连线方式为直线,X 轴为月龄,Y 轴为体重,绘制出体重随月龄变化而变化的线图,如图 2.32 所示。

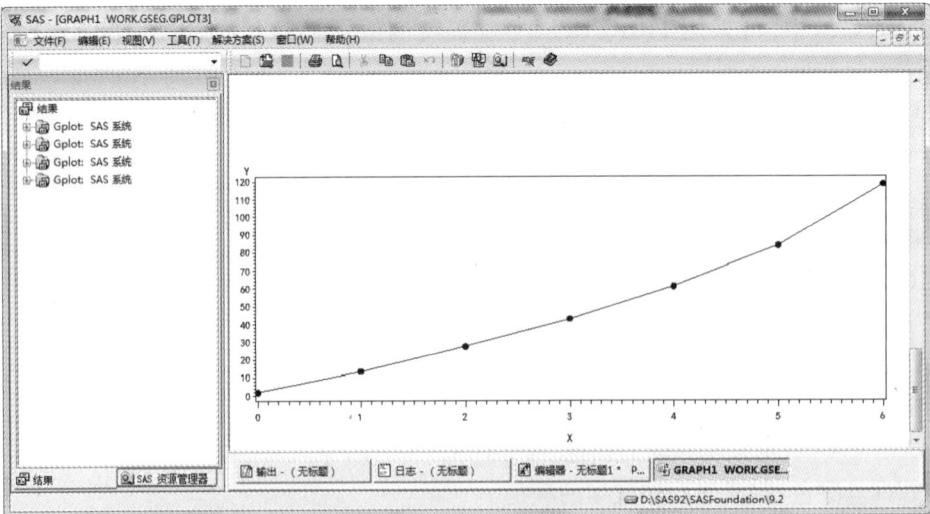

图 2.32 线图 SAS 程序输出结果

### 三、长条图

对于次数资料或等级资料,通常用等宽长条的长短表示次数资料各类别或等级资料的各等级的次数或频率。通常,纵轴表达数量,横轴表达分组标志,长条图按照是横放还是竖放分卧式和立式两种,按对象的分组分为单式长条图和复式长条图两种。长条图的长条尺度必须从0开始,各长条的宽度相等,间隔一般与长条等宽或为其一半。长条排列的顺序可按指标值大小排列,可也按分组的自然顺序排列。

SAS 系统可以通过 PROC CHART 或 PROC GCHART 过程生成频数长条图,频数长条图呈现的信息与 PROC FREQ 一样。没有"G"的 CHART 程序是老版程序,它将生成一个比较难看的类似"打印机式"的图形,也就是说,用打印字符,如星号等来创建长条图。GCHART 是 SAS GraphTM 中的一部分,可以生产漂亮的高品质的长条图,制作过程中,可以在程序中加入图形语句来控制 PROC GCHART 过程生成的图形(如颜色、是否加入内置表格、只画出轮廓或带十字交叉线或对角斜线的条形图)。若 SAS 程序中不包含 SAS GraphTM 模块,则把 G 去掉,运行 PROC CHART 即可。

PROC GCHART 过程的各语句选项说明如下:

HBAR:系统绘制立式长条图。

VBAR:系统绘制水平长条图(卧式长条图)。

BLOCK:系统绘制三维直方图。

PIE:系统绘制饼图。

STAR:系统绘制星状图。

AXISn:控制坐标轴的性状和颜色。

BY:系统按该变量取值分层绘制,要求数据集已按该变量排序。

MISSING:绘图时要将变量的缺失值也包括在内。

TYPE = 作图类型关键字:指定要作图的类型,即图中条块代表的含义,默认值是频数(FREQ),若指定了选项 SUMVAR,则默认值为总和(SUM),可选关键字如下所述。

①FREQ 是指按指定变量的频数作图。

②PERCENT 要求按在横轴刻度表示范围内出现的频数占总数的百分比作图。

③CFREQ 按累计频数作图。

④CPERCENT 指按累计百分比作图。

⑤SUM 只能与 SUMVAR 选项同时使用,要求图中的每一条代表变量在横轴表示的取值范围内时,SUMVAR 指定变量的总和。

⑥ MEAN 只能与 SUMVAR 选项同时使用,要求图中的每一条代表变量在横轴表示的取值范围内时,SUMVAR 指定变量的均数。

SUMVAR = 求和变量:使用 TYPE = SUM 或 MEAN 时,用于求总和、均数的变量。

LEVEL = n:如果绘图变量是连续变量,可以用该选项产生有 $N$ 个组段的图形。

GROP = 分组变量:要求产生以分组变量的值分组的并排图。

SUBGROUP = 亚组变量:要求每个图形内部再按亚组变量的值分块。

CAXIS = 颜色:指定坐标轴的颜色。

CTEXT = 颜色:指定坐标轴文本的颜色。

例2.13 某品种鸡进行杂交实验,杂交子二代冠形分离情况见表2.7,现根据表中信息绘制长条图。

表 2.7　某品种鸡杂交子二代冠形分离情况次数分布表

| 冠　形 | 次　数 | 频率/% |
|---|---|---|
| 玫瑰冠(R) | 17 | 70.8 |
| 单冠(S) | 7 | 29.8 |
| 合　计 | 24 | 100 |

　　根据题目要求,将次数分布表中信息整理成 SAS 程序,如图 2.30 所示,两个图中 DATA 步骤完全相同,不同的仅是在 PROC 步骤中,图 2.33(a)所示为 VBAR GUANXING,而图 2.33 (b)中为 HBAR GUANXING,VBAR 过程运行结果会生成一个垂直的长条图,而 HBAR(H 表示水平)会生产一个水平的长条图(图 2.34)。一般来说,水平长条图更适合用于多组数据的比较,可以为用户节约更多的空间。

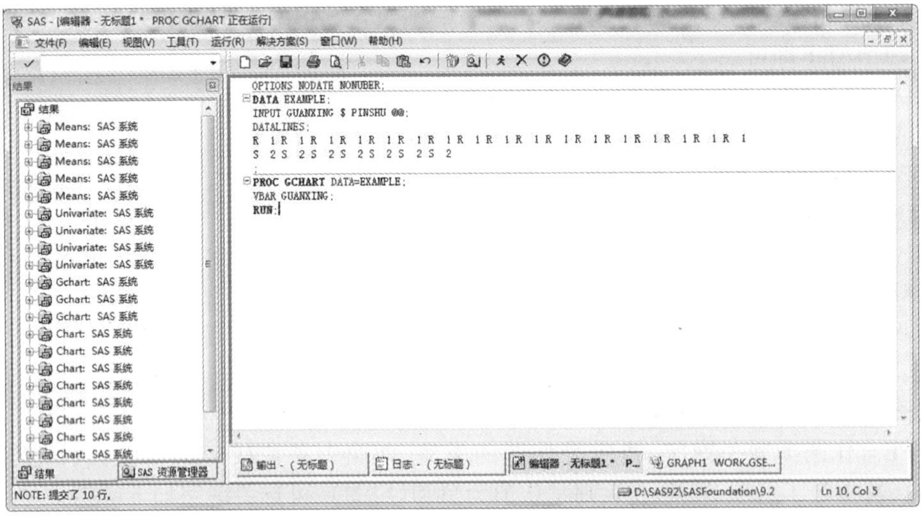

(a)某品种鸡杂交子二代冠形分离情况长条图SAS程序1

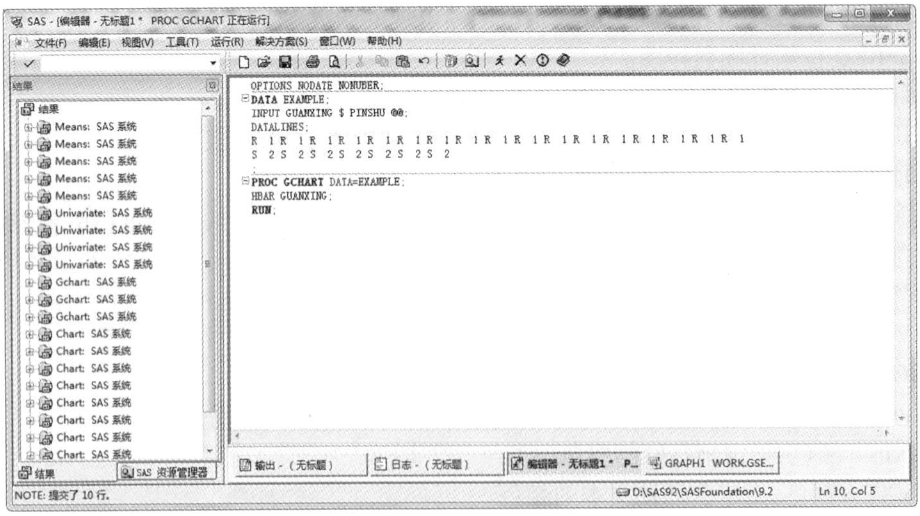

(b)某品种鸡杂交子二代冠形分离情况长条图SAS程序2

图 2.33　某品种鸡杂交子二代冠形分离情况长条图 SAS 程序

PROC程序为VBAR生成的垂直长条图

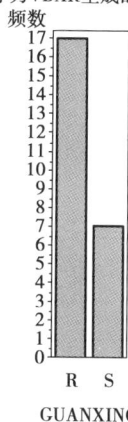

PROC程序为HBAR生成的水平长条图

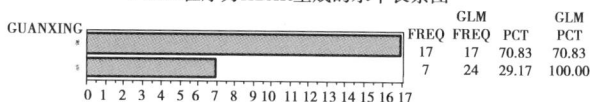

| GUANXING | FREQ | GLM FREQ | PCT | GLM PCT |
|---|---|---|---|---|
| R | 17 | 17 | 70.83 | 70.83 |
| S | 7 | 24 | 29.17 | 100.00 |

图 2.34　某品种鸡杂交子二代冠形分离情况长条图 SAS 程序运行结果

## 四、圆　图

用于表示计数资料、次数资料或等级资料的构成比。所谓构成比,就是各种成分、类别、等级的观测值个数(次数)与观测值总个数(样本含量)的百分比。把圆图的全面积看成100%,按各种成分、类别、等级的构成比将圆面积分成若干个扇形,以各个扇形的面积表示各种成分、类别、等级的百分比。绘制圆图时,应注意以下 3 点:

①圆图每 3.6°圆心角所对应的扇形面积表示 1%。

②圆图上各扇形按资料顺序或大小顺序,以时钟 9 时或 12 时为起点,顺时针方向排列。

③圆图中各部分用线条分开或绘上不同颜色,注明简要文字及百分比。

例 2.14　牛肉中蛋白质含量 19.2%,脂肪含量 9.2%,水分含量 62.1%,无机盐含量1.0%,其他组分含量 8.5%,绘制圆图。其 SAS 程序如图 2.35、图 2.36 所示。

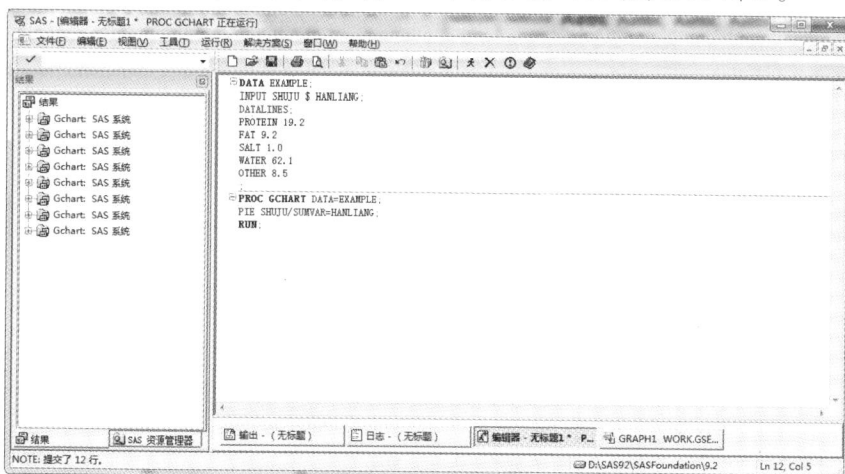

图 2.35　牛肉营养成分圆图 SAS 程序

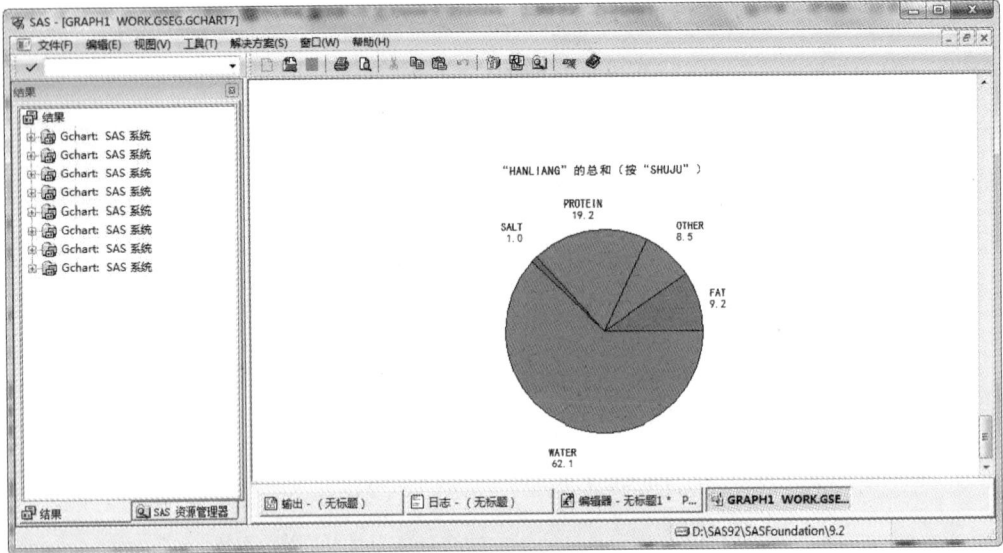

图 2.36　牛肉营养成分圆图 SAS 程序运行结果

# 第三章

# 两个样本的假设检验

资料的整理、资料的统计描述及常用概率分布等都是利用平均数、标准差等统计数描述资料的特征,属于描述统计学范畴;除此之外,生物统计学还有一种是根据样本和假定的模型对总体作出以概率形式表述的推断,属于推断统计学范畴。推断统计学包括假设检验(Hypothesis Testing)和参数估计(Parametric Estimation)。

## 第一节　假设检验简介

### 一、假设检验

假设检验又称显著性检验(Significance Test),是根据总体的理论分布和小概率事件实际不可能性原理,对未知或不完全知道的总体提出两种彼此对立的假设(成立或不成立),然后由样本的实际结果经过一定的计算,在概率意义上辨别处理效应和误差效应而做出的假设推断。假设检验的应用条件为:

①独立随机样本,即所检验的样本是从总体中随机抽取,且样本间是相互独立的。

②资料的正态性,即要求样本来自正态分布的总体,对于配对试验设计的资料,要求其差数服从正态分布。

③方差同质性(方差齐性),即两个样本平均数的比较中,其相应的两个总体方差应该是同质性的或样本方差经检验差异不显著。

④可比性,即要求所比较的两组研究对象的性质和试验条件等方面相同或相近。

常用的假设检验有:$u$ 检验,$t$ 检验,$F$ 检验和 $\chi^2$ 检验。

### 二、$u$ 检验和 $t$ 检验

$u$ 检验和 $t$ 检验是用于两组观测值数值变量资料的比较(即均数差异的显著性检验),$u$ 检验的应用条件为:

①单样本 $u$ 检验,样本容量 $n \geqslant 30$,或 $\sigma^2$ 已知。

②两个样本 $u$ 检验,两个样本均为大样本(即 $n_1 \geq 30$ 和 $n_2 \geq 30$),或两个样本的总体方差已知(即 $\sigma_{12}$ 和 $\sigma_{22}$ 已知,不论是否为大样本)。

$t$ 检验的应用条件为:

①单样本 $t$ 检验,样本容量 $n < 30$,且 $\sigma^2$ 未知。

②两个样本 $t$ 检验,两个样本 $n_1$、$n_2$ 不都为大样本,且 $\sigma_{12}$ 和 $\sigma_{22}$ 不全已知。因此,$u$ 检验是 $t$ 检验的一种特殊形式,本教材中,运用通用方法($t$ 检验)进行两个样本的假设检验。

$t$ 检验(Student's t TEST)是戈斯特为观测酿酒质量而发明的用于样本含量较小、总体标准差未知的正态分布资料统计方法。$t$ 检验分为单总体 $t$ 检验和双总体 $t$ 检验。

**(一)单总体 $t$ 检验**

单总体 $t$ 检验是检验一个样本平均数与一个已知的总体平均数的差异是否显著,当总体分布式正态分布($\sigma_2$ 未知且 $n < 30$),那样本平均数与总体平均数的离均差统计量呈 $t$ 分布。检验公式为:

$$t = \frac{\bar{x} - \mu}{S_{\bar{x}}}$$

**(二)双总体 $t$ 检验**

双总体 $t$ 检验是检验两组样本平均数与其各自代表的总体的差异是否显著,双总体 $t$ 检验分为两种情况,一是独立样本 $t$ 检验,二是配对样本 $t$ 检验。

**(1)独立样本 $t$ 检验**

独立样本 $t$ 检验,又称为非配对设计或成组设计,是指当进行两个处理的试验时,将试验单位随机分成两组,然后对两组试验单位各实施一个处理,两组的试验单位相互独立,各组数据的个数可相等也可不相等。检验公式为:

$$t = \frac{\bar{x}_1 - \bar{x}_2}{S_{\bar{x}_1 - \bar{x}_2}}$$

**(2)配对样本 $t$ 检验**

配对设计是先根据配对的要求将试验单位两两配对,然后将配成对子的两个试验单位随机分配到两个处理中。配对的要求:配成对子的两个试验单位的初始条件尽量一致,不同对子之间试验单位的初始条件允许有差异,每一个对子就是试验处理的一个重复。

配对试验又分为自身配对和同源配对两种形式。自身配对是指同一个试验单位在两个不同时间分别接受两个处理,或同一试验单位的两个对称部位分别接受两个处理,或对同一试验单位的试验指标用两种方法测定等。同源配对是指将初始条件接近的两个试验单位配成一对,如将品种、窝别、性别相同、体重接近的两头仔猪配成一对进行统计分析。检验公式为:

$$t = \frac{\bar{d}}{S_{\bar{d}}}$$

**(三)$t$ 检验步骤**

进行 $t$ 检验时,通常包括 3 个基本步骤,如下所述。

**(1)建立假说**

如要对 1 和 2 两组样本的均数差异进行显著性检验,设样本 1 和样本 2 所在的总体均数

为 $\mu_1$ 和 $\mu_2$,则分别设置两种假设,即无效假设($H_0$)和备择假设($H_A$),根据试验要求,$H_0:\mu_1 = \mu_2$,即假定总体 1 和总体 2 的总体平均数相等,处理效应不存在差异,表面差异仅由误差效应引起,而 $H_A:\mu_1 \neq \mu_2$,即假定总体 1 和总体 2 的总体平均数不相等,处理效应存在差异,表面差异是由处理效应和误差效应共同造成的。无效假设和备择假设是对立事件。

当对样本均数与总体均数的差异进行显著性检验时,在无效假设成立的前提下,构建合适的 $t$ 检验进行统计量计算。进行显著性检验的目的就是通过检验,以决定是接受无效假设还是备择假设,从而对两组样本所在总体平均数是否存在显著性差异作出判断。

(2)计算检验统计量

在无效假设成立的前提下,寻求合适的统计量($t$),研究试验所得统计数的抽样分布,计算无效假设正确的概率。

(3)根据"小概率事件实际不可能性原理"接受或否定无效假设

一般的,当 $P < 0.05$,无效假设成立的概率小于 0.05,即无效假设成立为小概率事件,否定 $H_0$,进而接受 $H_A$,说明两个样本所在总体的平均数存在差异,两个样本平均数的差异是由处理效应和误差效应共同引起的;相反,当 $P > 0.05$,无效假设成立的概率大于 0.05,即无效假设成立不为小概率,不能否定 $H_0$,从而接受 $H_0$,说明两个样本所在总体的平均数不存在差异,样本平均数差数的差异仅由误差引起。

## 第二节 $t$ 检验的 SAS 过程

在 SAS 系统中,进行 $t$ 检验主要有 PROC MEANS 过程和 PROC TTEST 过程。

### 一、PROC MEANS 过程

MEANS 过程可用于样本均数与总体(理论)均数间的差异显著性检验,以及配对试验设计资料的 $t$ 检验,如同一批试验对象试验前后差异的显著性检验(自身对照比较)以及配对比较试验的差异显著性检验。利用该过程进行 $t$ 检验时,先计算出可对比的差值,然后再对差值均数与 0 有无显著性进行检验。

MEANS 过程输出的结果包括分析变量的基本统计量(如平均数、标准误、变异系数等),在无效假设成立的前提下检验均数差异显著性的 $t$ 值和相应的概率值 $P$ 等。根据 $t$ 值及 $P$ 值的大小即可作出相应的统计推断。

### 二、PROC TTEST 过程

PROC TTEST 过程用于两个独立样本(或非配对试验设计资料)的平均数差异显著性检验。该过程可计算出两组变量的平均数和标准差,同时还可以对两个样本方差齐性(或同质性)进行检验,并给出总体方差相等和不相等两种情况下的均数差异性检验结果供选择。

PROC TTEST 过程的输出结果包括两样本的基本统计数,总体方差相等或不相等时的 $t$ 值和相应的概率值,以及两总体方差是否相等的 $F$ 检验结果。若 $F$ 检验差异不显著,则采用方差相等时的 $t$ 值和概率值 $P$,否则就采用方差不等时的 $t$ 值和概率值 $P$ 进行推断。

## 第三节　不同试验设计资料的 $t$ 检验

### 一、样本均数与总体(理论)均数间的差异显著性检验(单个样本 $t$ 检验)

单个样本 $t$ 检验方法是利用 $t$ 分布来进行统计量的概率计算方法的假设检验,在 SAS 系统中,样本平均数与总体平均数(理论值)间的差异显著性检验是通过 PROC MEANS 过程来完成的。单个样本 $t$ 检验分为两尾检验和单尾检验。

**例 3.1**　正常情况下,母猪的妊娠期平均为 114 d。抽测 10 头母猪的妊娠期分别为 116、115、113、112、114、117、115、116、114、113(d)。检验样本所属总体平均数 $\mu$ 与理论妊娠期 114 d 是否相同。

SAS 程序如图 3.1 所示。

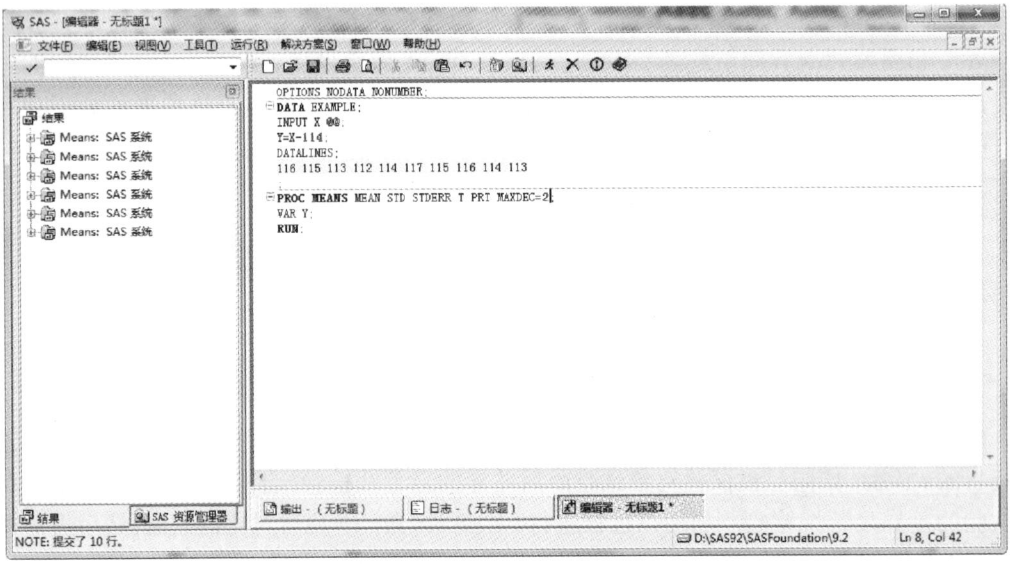

图 3.1　单个样本 $t$ 检验(两尾检验)的 SAS 程序

上述程序中,在 DATA 步骤中读取测定值 $X$,并产生一个差值 $Y(Y = X - 114,114$ 为理论值)。在 PROC MEANS 过程中,先计算出 $Y$ 的平均数(MEAN),标准差(STD),标准误(STDERR),保留两位小数,从而计算出相应的 $t$ 值和 $P$ 值。结果如图 3.2 所示。

上述结果,$Y$ 的样本均值为 0.50,标准差为 1.58,标准误为 0.20,$T = 1.00$,$P = 0.343\,4$。结果表明,$P > 0.05$,样本平均数与已知总体平均数(理论值)差异不显著,可以认为该样本是来自妊娠期理论值为 114 d 的总体,即该样本所属总体平均数 $\mu$ 与理论妊娠期 114 d 相同,母猪平均妊娠期未发生改变。

**例 3.2**　按饲料配方要求,每 1 000 kg 饲料中维生素 C 含量应高于 246 g,从某饲料厂生产的饲料中随机抽测 12 个样品,测得维生素 C 含量为 255、260、262、248、244、245、250、238、246、248、258、270(g/1 000 kg)。若饲料中维生素 C 含量服从正态分布,问该厂生产的饲料是否符合要求?

SAS 程序如图 3.3 所示。

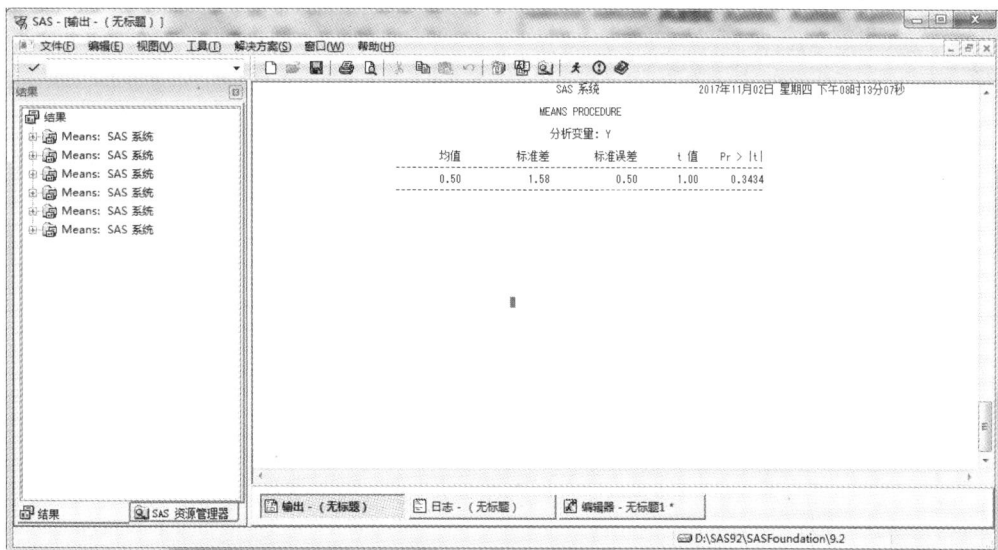

图 3.2　单个样本 $t$ 检验(两尾检验)的 SAS 程序运行结果

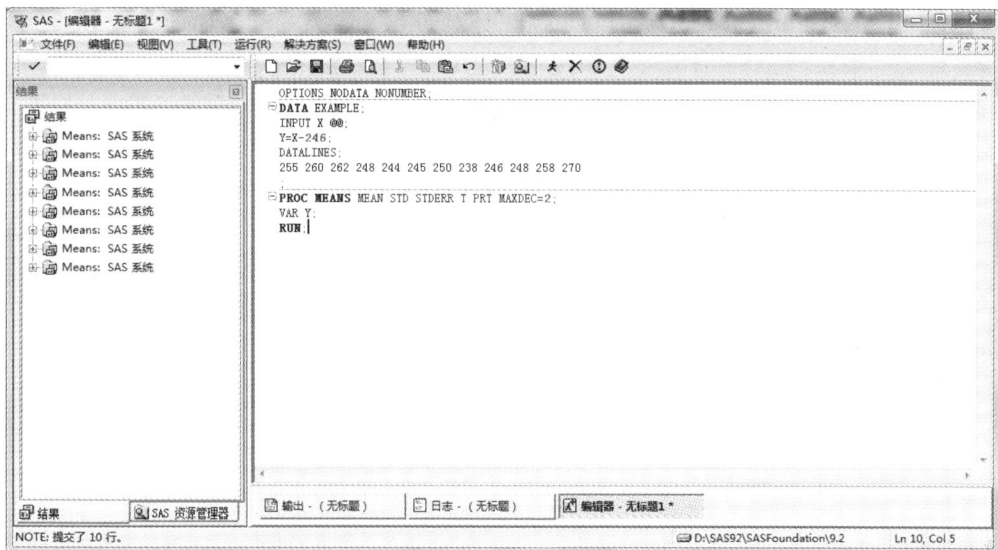

图 3.3　单个样本 $t$ 检验(单尾检验)的 SAS 程序

上述程序中,其 SAS 程序编写与单个样本 $t$ 检验(两尾检验)一致,在 DATA 步骤中读取测定值 $X$,并产生一个差值 $Y(Y = X - 246, 246$ 为理论值)。在 PROC MEANS 过程中,先计算出 $Y$ 的平均数(MEAN),标准差(STD),标准误(STDERR),保留两位小数,从而计算出相应的 $t$ 值和 $P$ 值。结果如图 3.4 所示。

上述结果,$Y$ 的样本的均值为 6.00,标准差为 9.12,标准误为 2.63,$T = 2.28$,$P = 0.043\ 5$。对于单尾检验,软件计算出来的 $P$ 值除以 2 后得到的数值与 0.05 进行比较(即 $P' = 0.021\ 8$),结果表明,$P' < 0.05$,表明样本平均数与已知总体平均数(理论值)差异显著,即该饲料厂生产的饲料维生素 C 含量总体平均数 $\mu$ 显著高于 246 g/1 000 kg,即该厂生产的饲料维生素 C 含量符合要求。

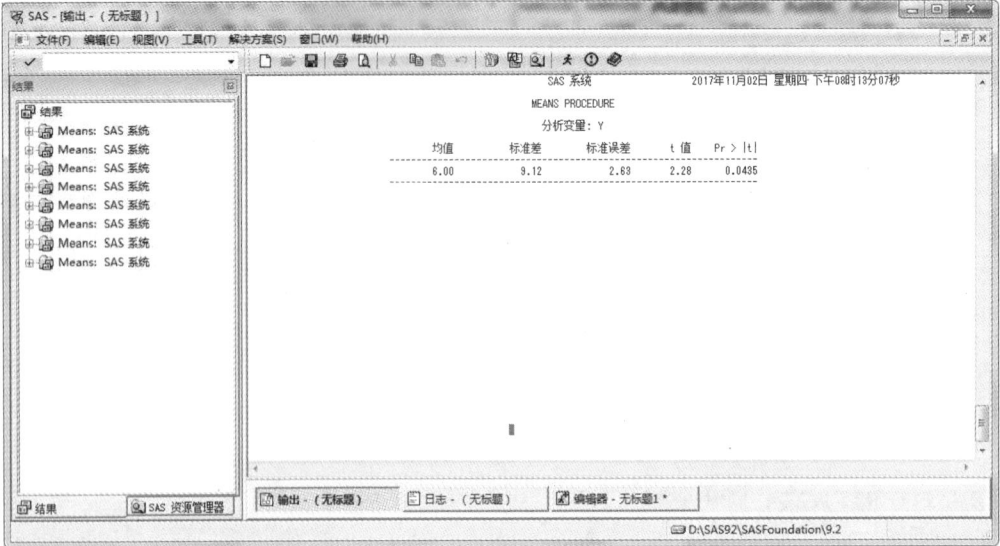

图 3.4　单个样本 $t$ 检验(单尾检验)的 SAS 程序运行结果

PROC MEANS 和 PROC UNIVARIATE 过程针对的都是有原始数据的资料。如果没有原始数据,就需要根据 $t$ 检验的计算公式和概率函数 PROBT 来获得单样本 $t$ 检验的结果。

**例 3.3**　用猪肉加工猪肉罐头,传统工艺平均每 100 g 猪肉加工肉罐头 500 g。现采用一种新工艺进行加工,测定了 16 次,得每 100 g 猪肉加工猪肉罐头平均数为 520 g,标准差为 12 g。问:新工艺每 100 g 猪肉加工猪肉罐头量与传统工艺有无显著差异?

SAS 程序如图 3.5 所示。

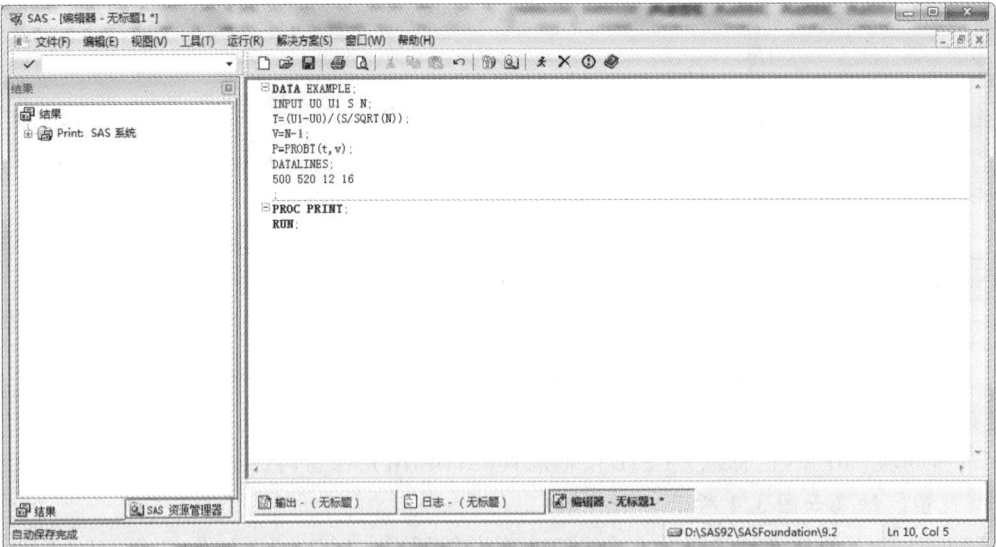

图 3.5　无原始数据的单个样本 $t$ 检验的 SAS 程序

上述结果,$U_0 = 500$ g,$U_1 = 520$ g,标准差为 12,$T = 6.666\,7$,$P = 1.000\,0$。结果表明,$P > 0.05$,表明样本平均数与已知总体平均数(理论值)差异不显著,即新工艺每 100 g 猪肉加工猪肉罐头量与传统工艺差异不显著,SAS 程序如图 3.6 所示。

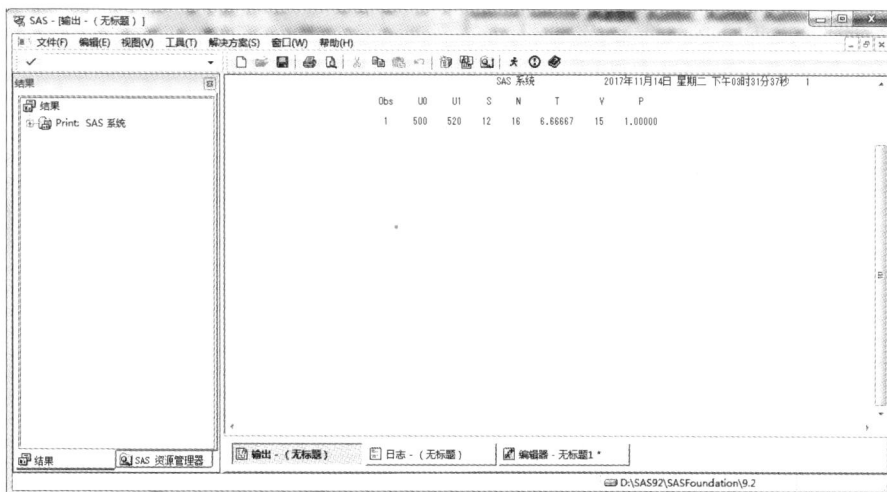

图 3.6 无原始数据的单个样本 $t$ 检验的 SAS 程序运行结果

## 二、配对样本实验设计资料的 $t$ 检验

在 SAS 系统中,配对试验设计资料的 $t$ 检验是用 PROC MEANS 过程来实现的。根据配对方式不同,又可将配对实验设计分为自身配对和同源配对两种。

例 3.4 用 10 只家兔测试某批注射液对体温的影响,测定每只家兔注射前后的体温并列于表 3.1。设体温服从正态分布,检测家兔注射该批注射液前后平均体温是否相同。

表 3.1 10 只家兔注射前后的体温

| 兔 号 | 1 | 2 | 3 | 4 | 5 | 6 | 7 | 8 | 9 | 10 |
|---|---|---|---|---|---|---|---|---|---|---|
| 注射前 | 37.8 | 38.2 | 38.0 | 37.6 | 37.9 | 38.1 | 38.2 | 37.5 | 38.5 | 37.9 |
| 注射后 | 37.9 | 39.0 | 38.9 | 38.4 | 37.9 | 39.0 | 39.5 | 38.6 | 38.8 | 39.0 |

SAS 程序如图 3.7 所示。

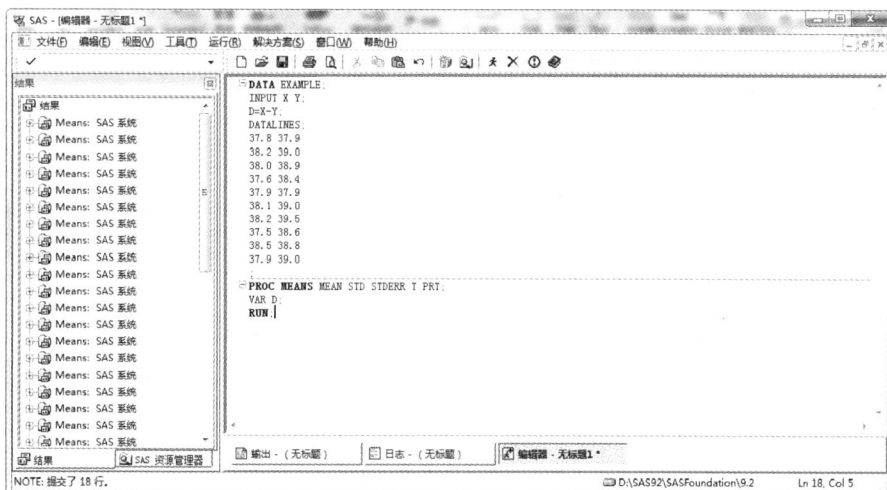

图 3.7 自身配对试验 $t$ 检验的 SAS 程序

上述程序先计算出变量 $X$ 与 $Y$ 的差值 $D(D=X-Y)$，在计算出 $X$ 和 $Y$ 的平均数、标准差；$D$ 的平均数、标准差、标准误、$T$ 值和 $P$ 值，同时结果保留两位小数。其结果如下：

①两个变量（注射前体温和注射后体温）的平均数和标准差。注射前（$X$）与注射后（$X$）体温的平均数（标准差）分别为 37.97(0.29) 和 38.70(0.51)。

②两样本差值的基本统计量及 $t$ 检验。上述结果，$T=-5.19$，$P=0.000\ 6$，由于是两尾检验，因此使用 $P$ 值，$P<0.05$，表明注射前体温与注射后体温结果差异显著，即注射该批注射液使平均体温显著升高。

自身配对试验 $t$ 检验的 SAS 程序运行结果如图 3.8 所示。

图 3.8　自身配对试验 $t$ 检验的 SAS 程序运行结果

**例** 3.5　从内江猪的 8 窝仔猪中每窝选出性别相同、体重接近的两头仔猪进行两种饲料对比试验，将每窝两头仔猪随机分配到两个饲料组中，时间 30 d，仔猪增重资料列于表 3.2，检验两种饲料饲喂的内江猪仔猪平均增重是否相同？

表 3.2　两种饲料对比试验仔猪增重资料

| 组　别 | 1 | 2 | 3 | 4 | 5 | 6 | 7 | 8 |
|---|---|---|---|---|---|---|---|---|
| 饲料甲 | 10.0 | 11.2 | 11.0 | 12.1 | 10.5 | 9.8 | 11.5 | 10.8 |
| 饲料乙 | 9.8 | 10.6 | 9.0 | 10.5 | 9.6 | 9.0 | 10.8 | 9.8 |

SAS 程序如图 3.9 所示。

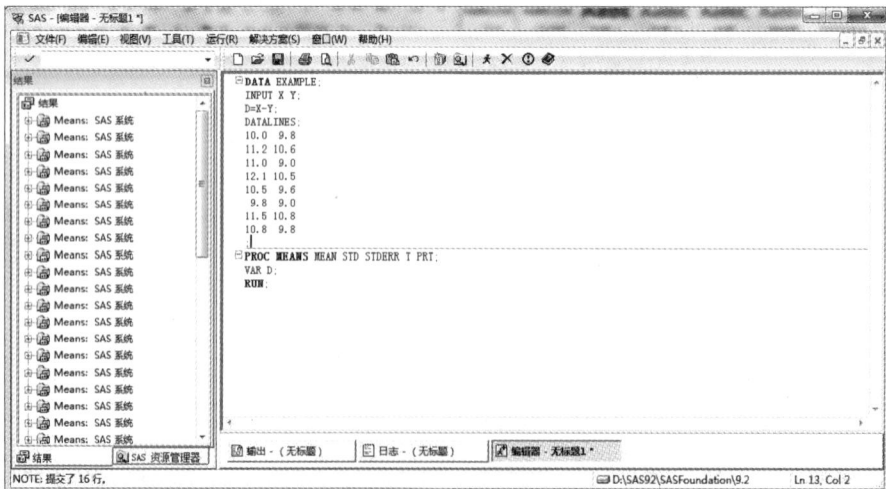

图 3.9　同源配对试验 $t$ 检验的 SAS 程序

上述程序先计算出变量 $X$ 与 $Y$ 的差值 $D(D = X - Y)$，计算出 $D$ 的平均数、标准差、标准误、$T$ 值和 $P$ 值，同时结果保留两位小数。其结果如下：

两样本差值的基本统计量及 $t$ 检验：上述结果，$T = 4.82$，$P = 0.001\,9$，由于是两尾检验，因此使用 $P$ 值，$P < 0.05$，表明用甲饲料与乙饲料饲喂的内江猪仔猪平均增重差异显著，这里表现为甲饲料饲喂的内江猪仔猪平均增重显著高于乙饲料饲喂内江猪仔猪平均体重。

同源配对试验 $t$ 检验的 SAS 程序运行结果如图 3.10 所示。

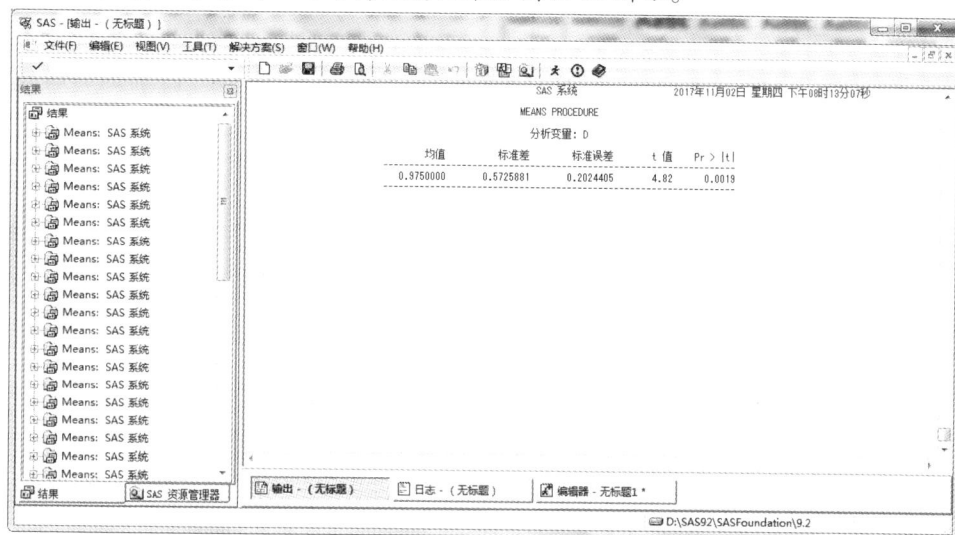

图 3.10　同源配对试验 $t$ 检验的 SAS 程序运行结果

**例 3.6**　文献报道，多羔羊中 BMPR-1B 蛋白的含量常常比单胎羊高。某规模化羊场将同品种、同年龄、同体况的单胎母羊与多胎母羊配成 8 对，用 ELISA 方法对母羊血液中该指标蛋白进行检测，配对两组母羊差值的均值为 0.625，标准差为 0.78。问多羔羊中 BMPR-1B 蛋白的含量与单胎羊中 BMPR-1B 蛋白含量差异是否显著？

SAS 程序如图 3.11 所示。

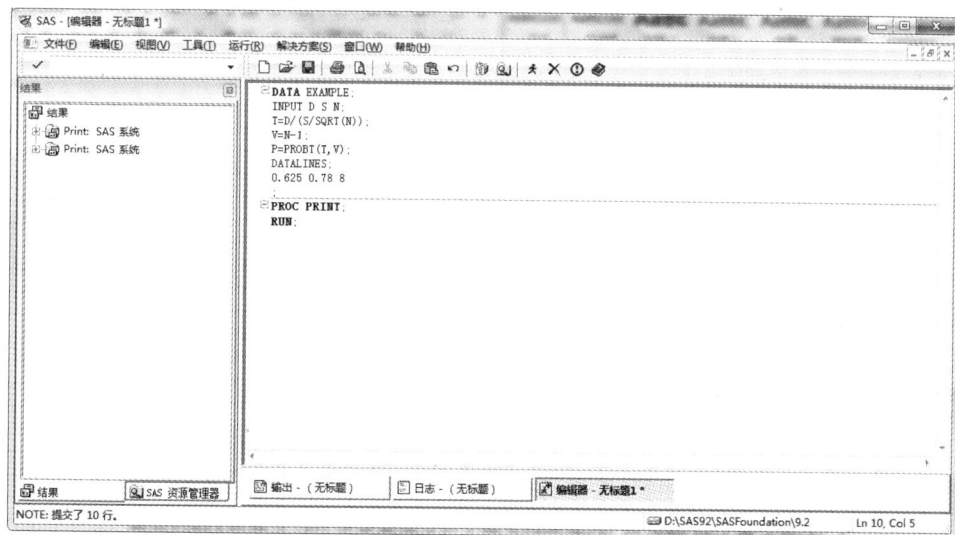

图 3.11　无原始数据同源配对试验 $t$ 检验的 SAS 程序

结果表明，$T = 2.266\ 3$，$P = 0.971\ 1 > 0.05$，多羔羊中 BMPR-1B 蛋白的含量与单胎羊差异不显著。

### 三、独立样本试验设计资料的 $t$ 检验

独立样本试验设计资料的 $t$ 检验用 PROC TTEST 过程来完成。独立样本试验资料的 $t$ 检验分为样本容量相等和不相等两种方式，其 SAS 程序编写相同。下面以样本容量不等的两独立样本进行 $t$ 检验讲解。

**例** 3.7    某种猪场分别测定 12 头长白猪和 11 头蓝塘猪后备种猪 90 kg 时的背膘厚度，测定结果列于表 3.3，检验该两品种猪后备种猪 90 kg 时的平均背膘厚度有无差异？

表 3.3    长白猪和蓝塘猪后备种猪 90 kg 时背膘厚度

| 品　种 | 头　数 | 背膘厚度 | | | | | | | | | | |
|---|---|---|---|---|---|---|---|---|---|---|---|---|
| 长白猪 | 12 | 1.20 | 1.32 | 1.10 | 1.28 | 1.35 | 1.08 | 1.18 | 1.25 | 1.30 | 1.12 | 1.19 | 1.05 |
| 蓝塘猪 | 11 | 2.00 | 1.85 | 1.60 | 1.78 | 1.96 | 1.88 | 1.82 | 1.70 | 1.68 | 1.92 | 1.80 | |

SAS 程序如图 3.12 所示。

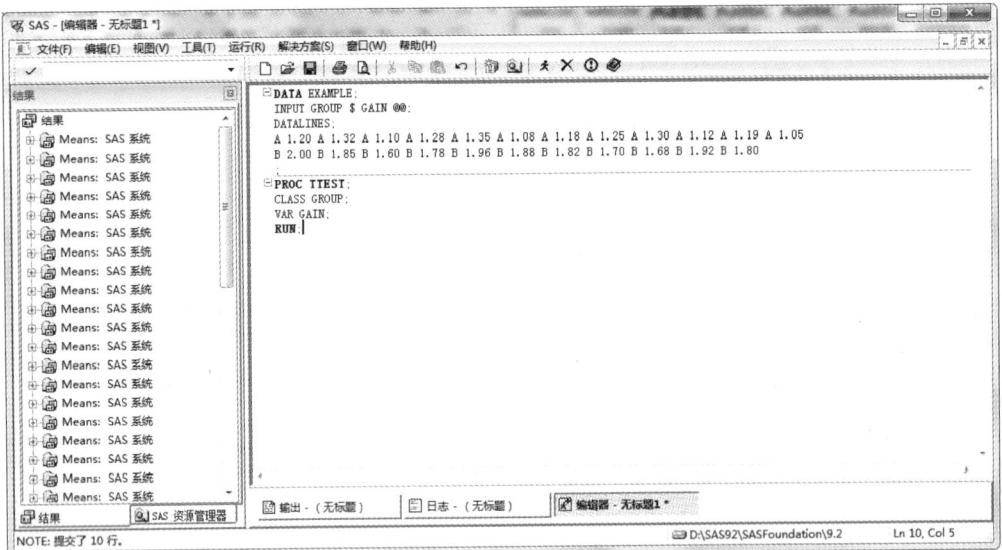

图 3.12    独立样本试验资料 $t$ 检验的 SAS 程序

上述程序 DATA 步骤列出两个变量 GROUP（符号变量）和 GAIN，PROC 步骤采用的 TTEST 过程采用 CLASS 语句制订自变量——区分两组被试的变量。本例中，变量 GROUP 有两个水平，即长白猪（A）和蓝塘猪（B）。VAR 语句之后的变量是因变量，本例中是日增重（GAIN）。当 VAR 后列出多个因变量时，程序会分别对每个因变量进行 $t$ 检验。

$t$ 检验输出结果如下：其结果分为三部分，第一部分为两组样本描述统计量的值（样本数、平均数、标准差、最小值、最大值、95% 置信上限和置信下限）；第二部分为两组样本所在总体方差齐性（Equal）和方差非齐性（Unequal）时的 $t$ 检验结果；第三部分为方差齐性（即方差相等或不相等）检验。对两个独立样本 $t$ 检验时，首先检验两组样本方差是否齐性，若 $Pr > F$ 的值大于 0.05，则两组样本方差齐性，采用的是 $t$ 检验（即查找的是 Equal 组），若 $Pr > |t|$ 的数

值大于 0.05,则两组样本差异不显著,若小于 0.05,则两组数据样本差异显著;若 $\Pr > F$ 的值小于 0.05,则两组样本方差非齐性,采用的是 WILCOXON 检验(即查找的是 Unequal 组),若 $\Pr > |t|$ 的数值大于 0.05,则两组样本差异不显著,若小于 0.05,则两组数据样本差异显著。

对于本例的数据而言,长白猪和蓝塘猪的背膘厚度方差齐性($\Pr > F$ 的值大于 0.05),因此选用方差齐性时的 $t$ 检验(Equal 组),$t = -13.24$,$P < 0.000\ 1$,表明长白猪和蓝塘猪的背膘厚度差异显著,SAS 程序如图 3.13 所示。

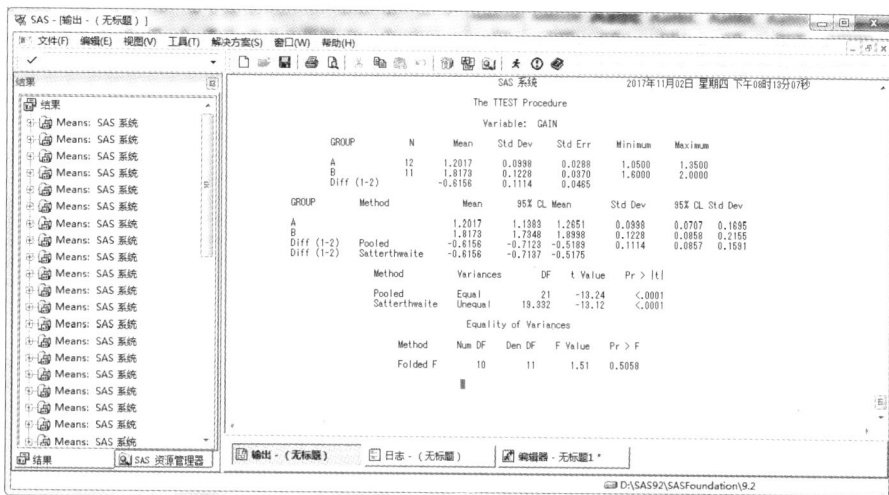

图 3.13　独立样本试验资料 $t$ 检验的 SAS 程序运行结果

**例 3.8**　某实验室测定长白猪和八眉猪肌肉中蛋白质的含量,分别从某猪场随机屠宰两个品种猪各 20 头,分别采集背最长肌样本进行蛋白质含量检测,分别得到每 100 g 八眉猪肉中蛋白质含量平均为 21.79 g,标准差为 3.43 g,每 100 g 长白猪肉中蛋白质含量平均为 20.95 g,标准差为 5.89 g,试判断两个品种猪肌肉中蛋白质含量是否相同?

SAS 程序如图 3.14 所示。

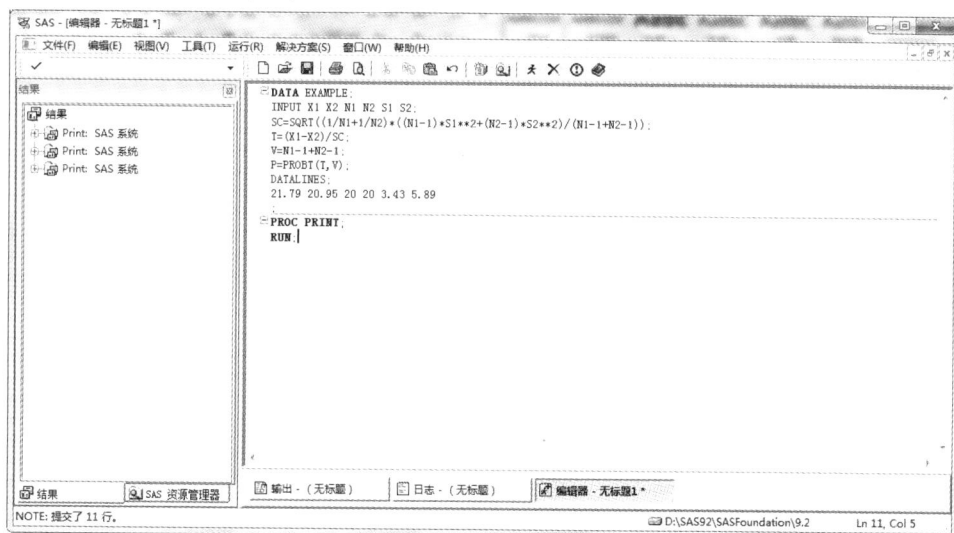

```
DATA EXAMPLE;
INPUT X1 X2 N1 N2 S1 S2;
SC=SQRT((1/N1+1/N2)*((N1-1)*S1**2+(N2-1)*S2**2)/(N1-1+N2-1));
T=(X1-X2)/SC;
V=N1-1+N2-1;
P=PROBT(T,V);
DATALINES;
21.79 20.95 20 20 3.43 5.89
;
PROC PRINT;
RUN;
```

图 3.14　无原始数据独立样本试验资料 $t$ 检验的 SAS 程序

结果表明, $T = 0.551\ 2$, $P = 0.707\ 6 > 0.05$, 表明长白猪肌肉蛋白质含量和八眉猪肌肉蛋白质含量差异不显著, SAS 程序如图 3.15 所示。

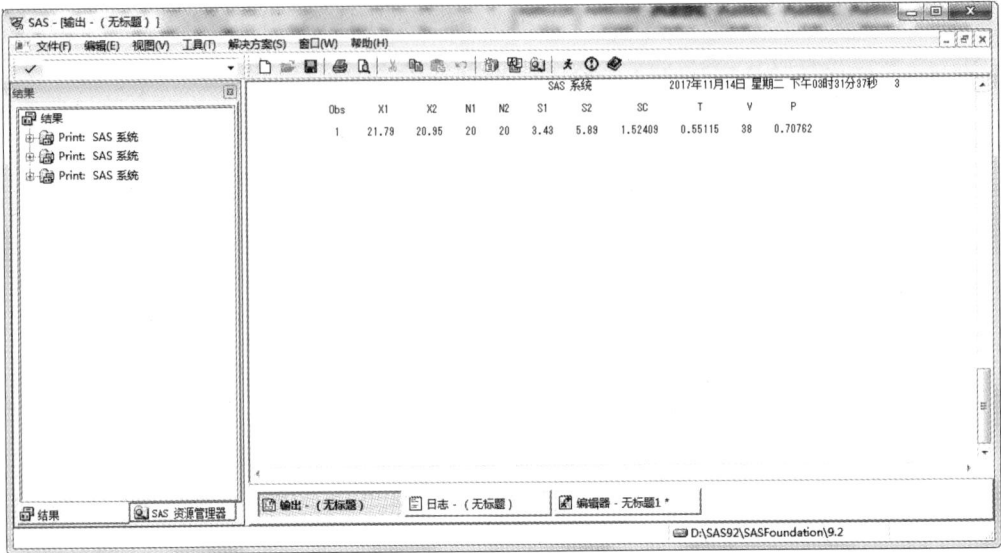

图 3.15　无原始数据独立样本试验资料 $t$ 检验的 SAS 程序运行结果

# 第四章

## 方差分析

对于样本平均数的假设检验,可将 $t$ 检验(或 $u$ 检验)用于两组样本(或样本与总体)间平均数的差异显著性检验。但在实际研究过程中,常常对 3 个或 3 个以上样本平均数进行比较,若此时仍采用上一章 $t$ 检验(或 $u$ 检验)就不合适了。

①工作量大,若 $n$ 组样本平均数需要两两比较的次数为 $C_n^2$,使检验步骤烦琐。

②无统一的试验误差估计值,试验误差估计值的精确性和检验的灵敏度低。

a. 对同一个试验的多组平均数进行两两处理,每次检验的试验误差估计值不统一,即每一次 $t$ 检验(或 $u$ 检验)的均数标准误 $S_{\bar{x}_i-\bar{x}_j}$ 不同,使误差估计值不统一。

b. 两两比较没有利用试验资料所有的观测值,如某试验 6 个处理($k=6$),每个处理重复 5 次($n=5$),共有 30 个观测值($N=k\times n=30$),若利用整个试验的 30 个观测值进行统计推断,则其误差自由度为 dfe $=k(n-1)=24$,若用 $t$ 检验,每次只能利用两个处理进行统计推断,则 dfe $=k(n-1)=8$。由 $t$ 值表可知,$df$ 越大,同一显著水平下,$t\alpha$ 越小(阈值越小),灵敏度越高,反之,$t$ 检验较方差分析自由度小,检验灵敏度低,容易掩盖两两处理平均数差异的显著性。

③犯Ⅰ型错误($\alpha$错误)的概率大,统计推断的可靠性低,$t$ 检验无特殊说明用两尾检验,方差分析做多重比较时,需要首先将每组的样本平均数按大小排序,用的是单尾检验。

## 第一节 方差分析

### 一、方差分析简介

方差分析(Analysis of Variance,ANOVA)又称变量分析,是由英国统计学家 R. A. Fisher 于 1923 年提出的,他指出:"方差分析法是一种在若干能相互比较的资料中,把产生变异的原因区分开来的方法与技术",其基本思路是将多个处理的观测值作为一个整体看待,把整个试验中所产生的总变异按照变异来源分解成相应于各个因素的变异,并构造检验统计量 $F$,实

55

现对各样本所需总体平均数是否存在差异作出概率意义上的统计推断。

方差分析是畜禽数量性状遗传参数估计的基础,而遗传参数又是进行种畜(禽)遗传评定和进行育种决策的重要依据,因此,方差分析是遗传学和畜禽育种的核心工作之一。本章将介绍如何应用 SAS 系统进行方差分析。

## 二、方差分析基本原理

试验中有一系列的不同观测值,造成观测值不同的原因是多方面的,其按变异来源可以分为两大类:

①由于处理因素不同引起的处理效应。

②由于试验过程中偶然性因素的干扰和测量误差所致的误差效应。

方差分析的基本思想就是将观测值的总变异按变异原因不同分解为处理效应和误差效应,并作出数量估计。

方差分析中的变异性指标为方差(用方差来度量资料的变异程度),分析思路:正确认识观测值的变异是由处理效应还是误差效应引起的,分别计算出处理效应均方和误差效应均方,在一定显著性水平下进行比较(动物科学试验中,常用的显著性水平有 0.05 和 0.01),若二者差异不显著,说明试验处理对指标影响不大,若二者差异显著,则试验处理对指标影响很大。

## 三、方差分析中基本模型简介

对数据资料进行方差分析时,首先必须根据数据资料的结构建立适当的线性模型,从而能够获得得出正确结果的关键和前提。同一试验资料采用不同的模型,所得的分析结果往往差别很大。

在利用线性模型理论和方法进行数据处理时,根据对处理效应的不同假定,可将方差分析的数学模型分为固定模型、随机模型和混合模型 3 类。

为讲述方便,假定有如下数学模型:

$$y = \mu + a_i + b_j + e_{ij}$$

式中,$y$ 为因变量,$\mu$ 为总体平均数,$a_i$ 和 $b_j$ 分别为处理 $A_i$ 和 $B_j$ 的效应,$e_{ij}$ 为随机误差,且 $e_{ij} \sim N(0, \sigma^2)$。

### (一)固定模型(Fixed Model)

固定模型,或称为固定效应模型,是指模型中各处理效应是一个固定的常量,即试验的各处理都抽自特定的处理总体,这些总体服从 $N(\mu, \sigma^2)$ 分布,因而对于 $\alpha_i$ 而言,处理 $\alpha_i = (\mu_i - \mu)$ 是固定的。

固定模型中,只能讨论参加试验的个体,而不是随机选择的样本,也就是说除去随机误差之后,每个处理的效应都是固定的,分析的目的在于研究不同处理的处理效应,试验各因素水平是根据实验目的事先主观选定的而不是随机选定的。如不同温度条件下种蛋的出雏情况,不同月龄小白鼠抗药性试验。在这些试验中因素的水平是特意选定的,得到的结论仅适合于方差分析所选定的几个水平,不能扩展到未加考虑的其他水平。

### (二)随机模型(Random Model)

随机模型又称随机效应模型,是指模型中的所有处理效应都是随机的,即各处理的处理效应不是一个常量,是由随机因素引起的效应[这里的 $\alpha_i$ 是一个随机变量,服从 $N(0,\sigma_\alpha^2)$],因此此类模型的研究目的不仅是研究处理效应 $\alpha_i$,还有 $\alpha_i$ 的变异程度。人们推断的也不是关于某些试验处理,而是企图说明关于抽出这些处理的整个总体。随机模型主要应用于动物遗传、动物育种等试验研究方面。

如我国从新西兰引入无角陶赛特羊在全国不同纬度条件下推广养殖,观察该品种对不同地理条件下的适应情况,由于各地的气候、饲料资源、水质条件等是无法人为控制的,属于随机因素,需要按照随机模型来处理,因此由试验所得的结论可以推广到随机因素的所有水平上。

### (三)混合模型(Mixed Model)

当试验涉及两个或两个以上的因素时,模型中可能既包含固定效应的试验因素又包括随机效应的试验因素,从而变成混合模型(或混合效应模型)。如为推断无角陶赛特羊引入我国后的产羔情况与原产地是否相同,从中国所有省份中随机抽取 5 个省,每个省又分为标准化羊场养殖和农户养殖模式两大类,各抽取 20 例数据进行分析,其中标准化羊场和农户组成了养殖模式的固定因素,5 个随机抽取的省份为随机因素,这个例子就是典型的混合模型。

固定模型侧重于处理效应的估计和比较,随机模型侧重于效应方差的估计和检验,对于单因素的方差分析来说,固定模型和随机模型差别不大。

## 四、方差分析中常用的术语

### (一)试验指标

试验指标是在试验中对试验单位进行观测的性状或项目(如日增重、产仔数、产蛋量、瘦肉率等),用来衡量试验结果的优劣或处理效应的高低。

### (二)试验因素

试验因素是指试验所研究的影响试验指标的原因或条件,分为单因素试验(只研究一个试验因素对试验指标的影响)和多因素试验(同时研究两个或两个以上的试验因素对试验指标的影响)。试验因素常用大写字母表示,如 A、B、C…

### (三)试验因素水平

试验因素水平是指对试验因素设定的质的不同状态或量的不同级别。试验因素水平用该试验因素的字母添加下标的形式表示,如 A1、A2…,B1、B2…。

### (四)试验处理

根据试验设计实施在试验单位上的试验项目,试验处理分为单因素试验处理(实施在试验单位上的该试验因素的某一水平)和多因素试验处理(实施在试验单位上的该试验因素与试验水平的组合)。

### (五)试验单位

试验单位是指能接受不同试验处理的独立的试验载体。

### (六)重复

将某个处理实施在两个或两个以上的试验单位上,称为这个处理有重复;某个处理实施的试验单位数称为这个处理的重复数。

### 五、方差分析的效应模型

根据方差分析所涉及的效应及彼此的相互关系,又可将方差分析的模型分为不同的效应模型。所谓效应(effect)是指分类变量的各种组合,效应可以分为主效应(main effect)、互作效应(interaction effect)、嵌套效应(nested effect)和混合效应(mixed effect)。用于方差分析的效应模型有:

①主效应模型:Y = A B C。

②互作效应模型:Y = A B C A * B A * C B * C A * B * C。

③嵌套效应模型:Y = A B C(A B)。

④混合效应模型:Y = A B(A) C(A) B * C(A)。

⑤单向方差模型:Y = A。

⑥多元方差模型:Y1 Y2… = A B。

⑦协方差模型:Y = A X。

⑧简单回归模型:Y = X1。

⑨多元回归模型:Y = X1 X2 X3。

⑩多项式回归模型:Y = X1 X2 X1 * X2。

⑪多变量回归模型:Y1 Y2… = X1 X2。

模型中的 Y、Y1、Y2 等为因变量(连续变量);X、X1、X2、X3 等为自变量(连续变量);A、B、C 等为分类变量(或效应),如 A、B、C 为主效应,A * B、B * C、A * B * C 等为互作效应,C(A B)、B(A)、C(A)等为嵌套模型,B * C(A)为混合效应。

# 第二节　方差分析 SAS 过程语句

在 SAS 系统中,一般利用 PROC ANOVA 过程和 PROC GLM 过程进行方差分析。

PROC ANOVA 过程只能用于平衡数据的方差分析(所谓平衡数据,指所有效应因子的交叉水平上的样本数相同,否则称为非平衡数据),它比 PROC GLM 过程的运行速度要快,要求的存储空间也要小一些。

PROC GLM 过程可以用于平衡和非平衡数据的各种方差分析、协方差分析以及广义线性模型。GLM 模型用于资料的最小二乘分析(least square analysis),最小二乘分析是 20 世纪 30 年代后逐渐发展起来的一种统计分析方法,该方法的分析模型灵活,可以消除次级样本含量不等对均数和方法的影响,因而适用于畜牧试验资料的分析,在计算平均数、方差分析和资料校正时都有广泛应用。

PROC ANOVA 过程和 PROC GLM 过程语法说明:

①CLASS 语句:指定分类变量及模型中的效应因子变量。

②MODEL 语句:定义拟合模型,给出模型中的因变量和效应变量的模型结构,并通过特定的表达式规定自变量的作用方式,如果没有指定任何自变量,则模型中仅包含常数项,此时检验的内容是因变量的均数是否为零,MODEL 语句中指定的自变量必须是 CLASS 语句中声明过的分类变量,ANOVA 过程不允许自变量中有连续型变量(数值变量),而因变量则必须是数值型变量。

③BY 语句:指定分组变量。

④MEANS 语句:计算和比较均值,指令系统输出这个语句中给出的每一个效应变量各个水平对应的因变量的均值,或几个效应变量交叉水平对应的因变量的均值,并且可以检验比较各个水平对应的均值之间的两两差异。

⑤LSMEANS 语句:GLM 过程特有的语句,它的功能和 MEANS 类似,指令输出这个语句中给出的每一个效应变量各个水平对应的因变量的均值,或几个效应变量交叉水平对应的因变量的均值,并且可以检验比较各个水平对应的均值之间的两两差异。但 LSMEANS 语句输出的均值不是算术均值而是最小二乘均值。

⑥CONTRAST 语句:可以用自定义的方式进行假设检验,必须出现在 MODEL 语句之后,如果用到 MANOVA 语句、REPEATED 语句、RANDOM 语句或 TEST 语句,CONTRAST 语句则必须出现在这些语句之前,标记用来识别所进行的检验,用以标识的文字或符号需要用单引号括起来,效应表达式用以指定假设检验的因素(组合),这些因素(组合)必须是 MODEL 语句中出现过的,效应表达式后面的常数向量用以指定相应因素(组合)水平的值,在指定各水平的情况下进行相关因素的分析。

⑦ESTIMATE 语句:用于实现对线性方程的估计,它必须出现在 MODEL 语句之后,使用规则和 CONTRAST 语句基本相同,其中的语句元素的含义和用法也与 CONTRAST 语句基本相同。

⑧TEST 语句:指定效应平方和及误差项,构建检验,进行裂区设计(系统分组)数据处理时需要。

⑨REPEATED 语句:指定模型中的重复测量因子(MODEL 语句中存在相同试验单位的重复测量的独立变量时),以检验相关因子效应。

# 第三节　方差分析实例介绍

## 一、单因素试验资料的方差分析

单因素试验资料方差分析就是只研究一个试验[因素]影响,即对所研究的单个因素的各个处理进行比较。其数学模型为:

$$Y_{ij} = \mu + \alpha_i + e_{ij}$$

式中　$Y_{ij}$——观察值;

　　　$\mu$——总体平均数;

　　　$\alpha_i$——处理效应;

　　　$e_{ij}$——随机误差,服从 $N(0, \sigma^2)$ 分布。

进行单因素方差分析,就是在上述模型的基础上分析试验因素 A 对试验结果是否有显著影响。如果影响显著,则处理效应 $\alpha_i$ 不全为 0,如果影响不显著,则处理效应为 0。这样就应检验处理效应对试验结果影响的差异显著性。为此,选择一个适当的统计量,即 F 值。

$$F = \frac{MS_t}{MS_e}$$

式中　$MS_t$——样本间处理均方；

$MS_e$——误差均方。

将计算出来的 $F$ 值与一定概率水平下相应自由度的理论 $F$ 值比较,若实际 $F$ 值小于理论 $F$ 值,则各个处理之间差异不显著,即表面差异是由误差效应造成的;若实际 $F$ 值大于理论 $F$ 值,则各个处理之间差异显著,即表面差异是由处理效应和误差效应共同造成的,此时,需要进行多重比较,进一步检测造成表面差异的处理效应之间差异是否显著(常用的多重比较方法为 LSD 法和 LSR 法)。

## 二、应用实例

### (一)单因素试验资料的方差分析

各个处理重复数相等的单因素试验资料的方差分析如下所述。

**例 4.1**　随机抽测 5 个品种各 5 头母猪的窝产仔数并列于表 4.1,检验 5 个品种母猪窝产仔数是否有差异?

表 4.1　5 个不同品种母猪的窝产仔数

| 品　种 | 产仔数 | | | | |
|---|---|---|---|---|---|
| A | 8 | 13 | 12 | 9 | 9 |
| B | 7 | 8 | 10 | 9 | 7 |
| C | 13 | 14 | 10 | 11 | 12 |
| D | 13 | 9 | 8 | 8 | 10 |
| E | 12 | 11 | 15 | 14 | 13 |

这是一个各个处理重复数相等的单因素试验资料,处理数 $k=5$,各个处理重复数 $n=5$,共有 $N=k \times n=25$ 个观测值,其 SAS 程序如图 4.1 所示。

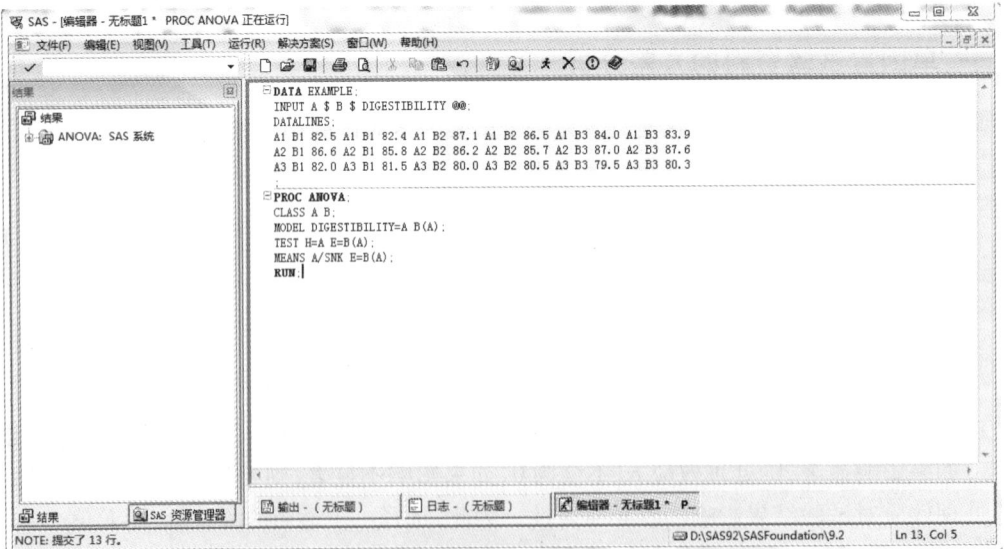

图 4.1　各个处理重复数相等的单因素试验资料的方差分析 SAS 程序

图4.1为各个处理重复数相等的单因素试验资料的方差分析 SAS 程序,PROC ANOVA 过程为调用 ANOVA 过程(即方差分析);CLASS BREED 指明为 BREED(品种)为分类变量 (即以品种为分组的依据);MODEL REPRODUCTION = BREED 指明模型为单因素主效应模型;MEANS BREED/SNK 用 Q 值法作为多重比较的方法,默认的显著水平($\alpha = 0.05$),此过程中若用 DUNCAN 法作为多重比较,则需要标注 MEANS BREED/DUNCAN,同理,用 LSD 法作为多重比较,则需要标注 MEANS BREED/LSD,若以 $\alpha = 0.01$ 作为显著检验水平,则需要在多重比较方法后标注 MEANS BREED/SNK ALPHA = 0.01。

输出结果为:

1. 方差分析结果

该部分会输出变异来源(Source)、自由度(DF)、平方和(Sum of Squares)、均方(Square)、计算的实际 F 值(F Value)大于临界 F 值的概率(Pr > F)。对 SAS 系统的各个处理重复数相等的单因素试验资料的方差分析结果输出,人们只需要根据概率值就可以对方差分析的结果作出判断。本例中,$F = 5.83$,$P(\text{Pr} > F \text{ 值}) = 0.002\ 8 < 0.05$,表明不同品种母猪窝产仔数存在显著性差异。因此需要对此数据进行多重比较,具体如图4.2所示。

```
                    SAS 系统          2017年11月20日 星期一 下午04时25分48秒   1
                         The ANOVA Procedure
                       Class Level Information
              Class        Levels    Values
              BREED          5       A B C D E

              Number of Observations Read      25
              Number of Observations Used      25

                       The ANOVA Procedure
Dependent Variable: REPRODUCTION
                                  Sum of
        Source            DF      Squares      Mean Square   F Value   Pr > F
        Model              4     73.2000000    18.3000000      5.83    0.0028
        Error             20     62.8000000     3.1400000
        Corrected Total   24    136.0000000

              R-Square    Coeff Var    Root MSE    REPRODUCTION Mean
              0.538235    16.71702     1.772005        10.60000

        Source            DF     Anova SS      Mean Square   F Value   Pr > F
        BREED              4    73.20000000    18.30000000     5.83    0.0028
```

图4.2　各个处理重复数相等的单因素试验资料的方差分析

2. 多重比较

该部分对不同处理均数间的差异显著性在规定的显著性水平上进行多重比较。SAS 统计分析中多重比较结果采用的是标记字母法。各组平均数间凡有一个相同字母标记的即为差异不显著,凡无相同字母标记的即为差异显著。本例中,分别采用了 LSD 法(图4.3)、SNK 法(图4.4)、DUNCAN 法(图4.5)及 SNK 法($\alpha = 0.01$)(图4.6)多重比较结果。以默认 LSD 法进行讲解(图4.3),由结果可知,E 组母猪窝产仔数显著高于 A、D、B 组($P < 0.05$),E 组母猪窝产仔数与 C 组母猪窝产仔数差异不显著($P > 0.05$);C 组母猪窝产仔数显著高于 D、B 组($P < 0.05$),C 组母猪窝产仔数与 A 组母猪窝产仔数差异不显著($P > 0.05$);A、D、B 组母猪窝产仔数差异不显著($P > 0.05$)。

61

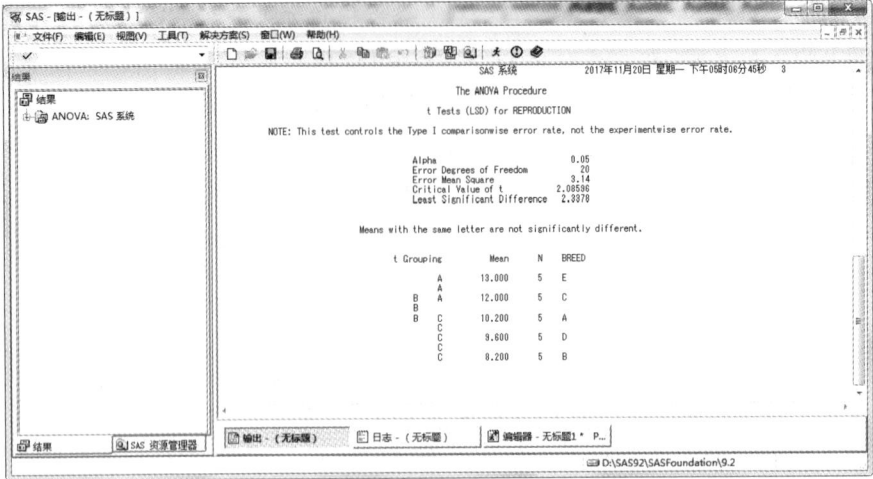

图4.3　各个处理重复数相等的单因素试验资料的 LSD 法多重比较

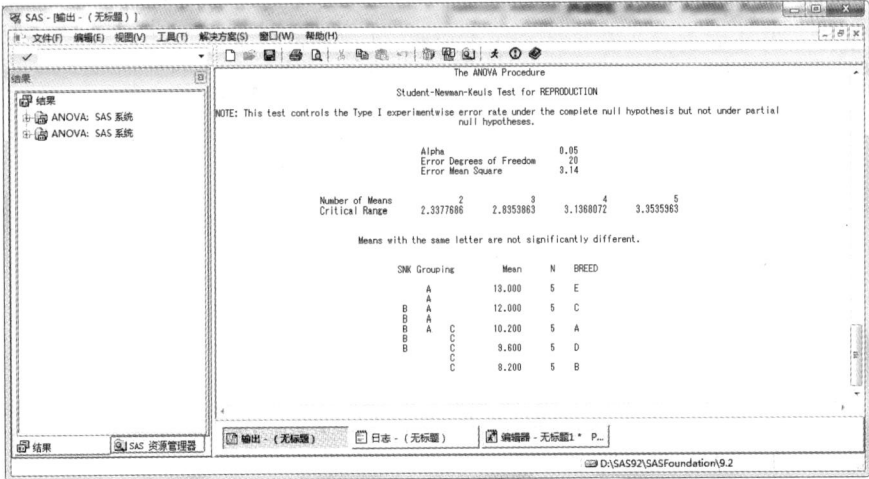

图4.4　各个处理重复数相等的单因素试验资料 SNK 法多重比较

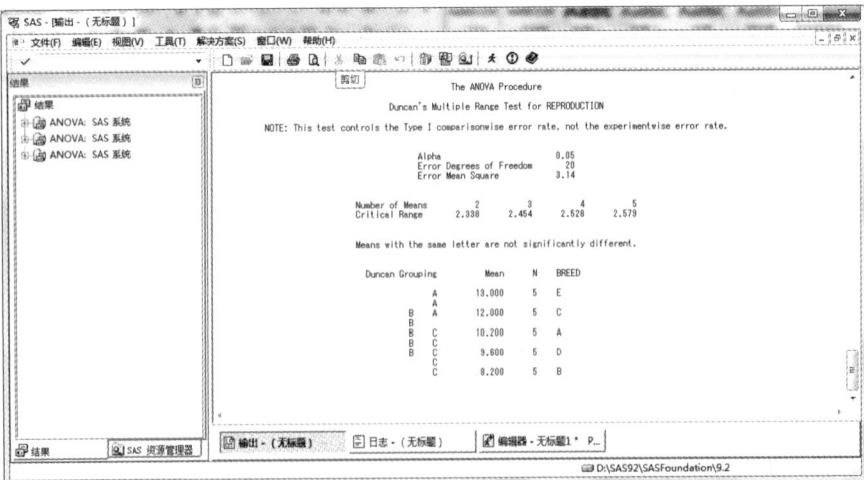

图4.5　各个处理重复数相等的单因素试验资料 DUNCAN 法多重比较

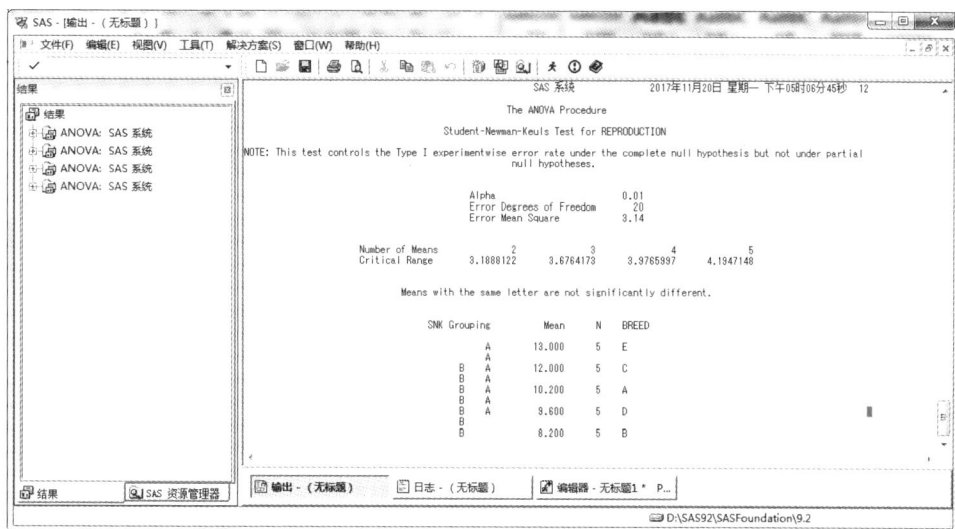

图4.6　各个处理重复数相等的单因素试验资料SNK法($\alpha = 0.01$)多重比较

在实际工作过程中,常常需要分析同一因素对不同指标的影响(即在同一个因素影响下,对不同指标分别进行单因素分析)。如在上述例子中,如果还记录了其他指标,则只需要将上述程序中的MODEL语句和MEANS语句做适当修改就可以通过一次单因素方差分析进行多个指标的分析。当然,DATALINES中的数据内容也要相对地发生变化,INPUT语句中的变量也要随之进行相应的改变。

例4.2　为了比较青海互助八眉猪与不同引进品种猪的二元杂交效果,分别采用长白猪、大白猪、杜洛克和汉普夏做父本与青海互助八眉猪母本进行杂交,对杂交后代各组分别抽取6头母猪(假定母猪的饲养管理条件和胎次都相同),进行产仔数(LS)和断奶仔猪数(LSW)的比较分析,具体数据见表4.2。其SAS分析程序如图4.7所示。

表4.2　不同二元杂交效果母猪产仔猪和断奶仔猪数

| 项　目 | 长×八(L) | 大×八(B) | 杜×八(D) | 汉×八(H) |
|---|---|---|---|---|
| LS(头) | 10 9 8 11 7 9 | 12 13 11 12 13 14 | 11 10 9 8 6 9 | 6 12 8 7 6 8 |
| LSW(头) | 9 9 7 9 5 9 | 12 11 11 12 12 13 | 10 10 9 8 4 8 | 6 11 8 7 5 5 |

图4.7所示为同一因素对不同指标方差分析SAS程序,PROC ANOVA过程为调用ANOVA过程(即方差分析);CLASS BREED指明BREED(品种)为分类变量(即以品种为分组的依据);MODEL LS LSW = BREED指明模型为单因素主效应模型的数学模型;MEANS BREED/DUNCAN用DUNCAN法作为多重比较的方法,默认显著水平($\alpha = 0.05$)。

输出结果为:

1. 方差分析结果

方差分析结果(图4.8),对产仔数(LS)而言,$F = 9.04$,$P = 0.000\,6 < 0.05$,说明不同杂交组合母猪在产仔数差异显著;对于断奶仔猪数(LSW)而言,$F = 7.96$,$P = 0.001\,1 < 0.05$,说明不同杂交组合母猪的断奶仔猪数差异显著。

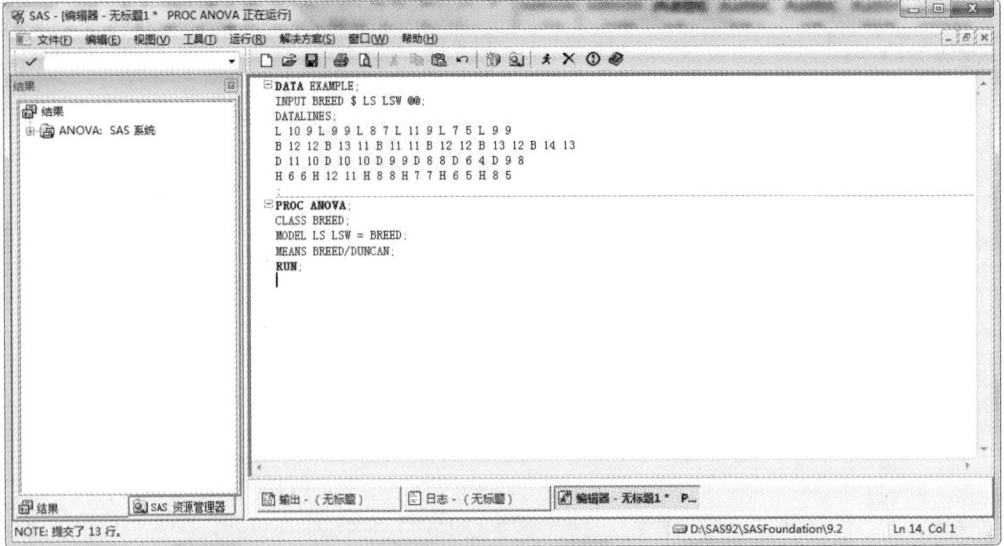

图 4.7　同一因素对不同指标单因素方差分析 SAS 程序

图 4.8　同一因素对不同指标单因素方差分析 SAS 程序输出结果

2. 多重比较

(1) 不同组合产仔数(LS)的多重比较

多重比较结果表明(图 4.9),大白猪×八眉猪(B)组合母猪的产仔数为 12.50 头,显著高于其他 3 个组合($P<0.05$),而其他 3 个组合母猪的产仔数差异不显著($P>0.05$)。

```
                  SAS 系统        2017年11月20日 星期一 下午07时08分49秒    4

              The ANOVA Procedure

          Duncan's Multiple Range Test for LS

NOTE: This test controls the Type I comparisonwise error rate, not the experimentwise error rate.

                  Alpha                      0.05
                  Error Degrees of Freedom     20
                  Error Mean Square       2.758333

          Number of Means        2        3        4
          Critical Range     2.000    2.100    2.163

     Means with the same letter are not significantly different.

     Duncan Grouping        Mean    N    BREED
              A           12.5000    6    B
              B            9.0000    6    L
              B
              B            8.8333    6    D
              B
              B            7.8333    6    H
```

图4.9　杂交品种因素对 LS 单因素方差分析多重比较 SAS 程序输出结果

（2）不同组合断奶仔猪数（LSW）的多重比较

多重比较结果表明（图4.10），大白猪×八眉猪（B）组合母猪的断奶仔猪数为11.83，显著高于其他3个组合（$P < 0.05$），而其他3组显著高于其他3个组合（$P < 0.05$），而其他3个组合母猪的产仔数差异不显著（$P > 0.05$）。

```
                  SAS 系统        2017年11月20日 星期一 下午07时08分49秒    5

              The ANOVA Procedure

          Duncan's Multiple Range Test for LSW

NOTE: This test controls the Type I comparisonwise error rate, not the experimentwise error rate.

                  Alpha                      0.05
                  Error Degrees of Freedom     20
                  Error Mean Square       3.383333

          Number of Means        2        3        4
          Critical Range     2.215    2.325    2.395

     Means with the same letter are not significantly different.

     Duncan Grouping        Mean    N    BREED
              A           11.833     6    B
              B            8.167     6    D
              B
              B            8.000     6    L
              B
              B            7.000     6    H
```

图4.10　杂交品种因素对 LSW 单因素方差分析多重比较 SAS 程序输出结果

在所分析的4个二元杂交组合中，从产仔数和断奶仔猪数两个性状的分析结果来看，以大白猪×八眉猪组合的母猪最好，其他3个组合虽然在这两个性状上表现有一定差异，但差异不显著（$P > 0.05$）。

（3）各个处理重复数不等的单因素试验资料的方差分析

各个处理重复数不等的单因素试验资料方差分析与各个处理重复数相等的单因素试验资料的方差分析步骤相同，所不同的是：

①各项平方和与自由度的计算公式略有不同。

②采用 LSD 或 LSR 法进行多重比较，需计算各个处理的平均重复数以计算均数差数标准误或均数标准误。

**例**4.3　5个不同品种猪的育肥试验后期30 d增重（kg）列于表4.3，检验5个品种猪育肥试验后期30 d增重有无差异？

表 4.3　5 个品种猪育肥试验后期 30 d 增重

| 品　　　种 | 增重/kg | | | | | |
|---|---|---|---|---|---|---|
| A | 21.5 | 19.5 | 20.0 | 22.0 | 18.0 | 20.0 |
| B | 16.0 | 18.5 | 17.0 | 15.5 | 20.0 | 16.0 |
| C | 19.0 | 17.5 | 20.0 | 18.0 | 17.0 | |
| D | 21.0 | 18.5 | 19.0 | 20.0 | | |
| E | 15.5 | 18.0 | 17.0 | 16.0 | | |

这是一个处理重复数不等的单因素试验资料,处理数 $k=5$,各个处理重复数 $n_1=6$,$n_2=6$,$n_3=5$,$n_4=4$,$n_5=4$,试验观测值总个数 $N=25$,其 SAS 分析程序如图 4.11 所示。

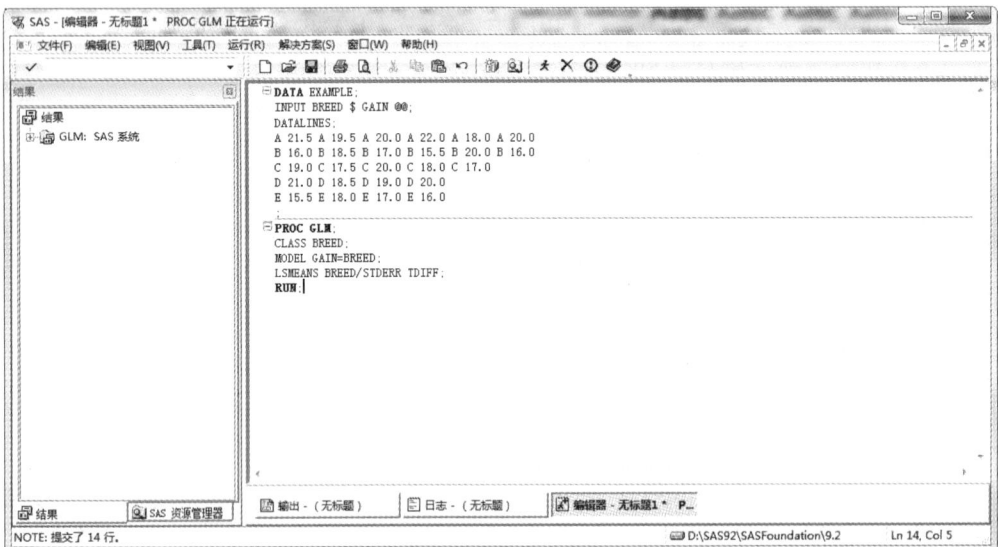

图 4.11　各个处理重复数不等的单因素试验资料的方差分析 SAS 程序

图 4.11 所示为各个处理重复数不等的单因素试验资料的方差分析 SAS 程序,PROC GLM 过程为调用 GLM 过程(即最小二乘分析);CLASS BREED 指明 BREED(品种)为分类变量(即以品种为分组的依据);MODEL GAIN = BREED 指明模型为单因素主效应模型;LSMEANS BREED/STDERR TDIFF 用于计算各效应的最小二乘均数(LSM),其选项可用于进行不同处理(效应)最小二乘均数间的差异显著性检验(即多重比较)。常用选项包括 STDERR(最小二乘均数的标准误)、TDIFF(均数差异显著性检验的 $t$ 值)、ALPHA $=\alpha$(显著性检验的显著性水平),默认的显著水平($\alpha=0.05$)。

输出结果如图 4.12 所示。

1. 方差分析过程

该部分是输出 PROC GLM 进行方差分析的过程。与 PROC ANOVA 过程不同,GLM 过程可按 4 种不同的方法计算各因素所引起的离均差的平方和(只需在 MODEL 语句之后加入选项/SS1 SS2 SS3 SS4)。在不设定假设检验的输出结果时,系统会自动输出各因素所引起的Ⅰ型(Type Ⅰ SS)及Ⅲ型离均差平方和(Type Ⅲ SS)。对于均衡资料而言,GLM 过程计算的 4 种平方和是相同的，对于非均衡资料而言，通常选用Ⅲ型平方和的结果。本例中方差分析的结果，$F=5.99$，$P=0.0025<0.05$，表明不同品种猪育肥试验后期 30 d 增重差异显著。

SAS 系统　　2017年11月21日 星期二 下午12时50分30秒　2

The GLM Procedure

Dependent Variable: GAIN

| Source | DF | Sum of Squares | Mean Square | F Value | Pr > F |
|---|---|---|---|---|---|
| Model | 4 | 46.49833333 | 11.62458333 | 5.99 | 0.0025 |
| Error | 20 | 38.84166667 | 1.94208333 | | |
| Corrected Total | 24 | 85.34000000 | | | |

| R-Square | Coeff Var | Root MSE | GAIN Mean |
|---|---|---|---|
| 0.544860 | 7.565616 | 1.393587 | 18.42000 |

| Source | DF | Type I SS | Mean Square | F Value | Pr > F |
|---|---|---|---|---|---|
| BREED | 4 | 46.49833333 | 11.62458333 | 5.99 | 0.0025 |

| Source | DF | Type III SS | Mean Square | F Value | Pr > F |
|---|---|---|---|---|---|
| BREED | 4 | 46.49833333 | 11.62458333 | 5.99 | 0.0025 |

图 4.12　各个处理重复数不等的单因素试验资料的方差分析过程 SAS 结果

2. 多重比较

该部分对不同处理均数间的差异显著性在规定的显著性水平上进行多重比较。最小二乘的 SAS 统计分析中多重比较结果采用的是三角形表示法。各组最小二乘均数列为一排，第二排为两组比较的 $P$ 值。本例中，由结果可知，品种 A 和品种 B、品种 A 和品种 E、品种 D 和品种 E 日增重差异极显著（$P<0.01$），品种 A 和品种 C，品种 B 和品种 D 日增重差异显著（$0.01<P<0.05$），其余两两比较差异不显著（$P>0.05$）。

其 SAS 程序如图 4.13 所示。

SAS 系统　　2017年11月21日 星期二 下午12时50分30秒　3

The GLM Procedure
Least Squares Means

| BREED | GAIN LSMEAN | Standard Error | Pr > \|t\| | LSMEAN Number |
|---|---|---|---|---|
| A | 20.1666667 | 0.5689293 | <.0001 | 1 |
| B | 17.1666667 | 0.5689293 | <.0001 | 2 |
| C | 18.3000000 | 0.6232308 | <.0001 | 3 |
| D | 19.6250000 | 0.6967933 | <.0001 | 4 |
| E | 16.6250000 | 0.6967933 | <.0001 | 5 |

Least Squares Means for Effect BREED
t for H0: LSMean(i)=LSMean(j) / Pr > |t|

Dependent Variable: GAIN

| i/j | 1 | 2 | 3 | 4 | 5 |
|---|---|---|---|---|---|
| 1 | | 3.728619 | 2.212061 | 0.602149 | 3.937127 |
| | | 0.0013 | 0.0388 | 0.5538 | 0.0008 |
| 2 | -3.72862 | | -1.34304 | -2.73283 | 0.602149 |
| | 0.0013 | | 0.1943 | 0.0128 | 0.5538 |
| 3 | -2.21206 | 1.343037 | | -1.41735 | 1.791738 |
| | 0.0388 | 0.1943 | | 0.1718 | 0.0883 |
| 4 | -0.60215 | 2.732829 | 1.417345 | | 3.044404 |
| | 0.5538 | 0.0128 | 0.1718 | | 0.0064 |
| 5 | -3.93713 | -0.60215 | -1.79174 | -3.0444 | |
| | 0.0008 | 0.5538 | 0.0883 | 0.0064 | |

图 4.13　各个处理重复数不等的单因素试验资料的多重比较过程 SAS 结果

### （二）两因素试验资料的方差分析

两因素水平组合方式有交叉分组和系统分析两种，因而两因素试验资料的方差分析分为两因素交叉分组试验资料的方差分析和两因素系统分组试验资料的方差分析两种。

（1）两因素交叉分组试验资料的方差分析

对于交叉分组资料的多个因素来源，某一因素的每个处理（水平）与另一个因素的每个处理(水平)都可以自由组合,且都要碰到(即交叉),所有因素处于完全平等的地位。但每一因素各个处理的组合内可以有一个观察值(无重复)或多个观察值(有重复)。根据不同因素间是否有互作,还可以分为无互作和有互作的多因素方差分析。

①两因素无互作交叉分组试验资料的方差分析。

两因素(A、B)无互作的方差分析数学模型为:

$$Y_{ij} = \mu + a_i + b_j + e_{ij}$$

式中,$Y_{ij}$ 为观察值;$\mu$ 为总体平均数;$a_i$ 为 A 因素第 $i$ 个处理效应,$b_j$ 为 B 因素第 $j$ 个处理效应,$e_{ij}$ 为随机误差,服从 $N(0, \sigma^2)$ 分布。

例 4.4　为研究雌激素对大白鼠子宫发育的影响,从 4 个不同品系各 1 窝未成年的大白鼠中选 3 只体重相近的雌鼠,随机分别注射 3 种剂量的雌激素,然后在相同条件下饲养至成年,称得它们的子宫质量列于表 4.4,对试验资料进行方差分析。

表 4.4　4 个品系大白鼠注射不同剂量雌激素的子宫质量

| 品系(A) | 雌激素注射剂量(B) | | |
|---|---|---|---|
| | $B_1$ | $B_2$ | $B_3$ |
| $A_1$ | 106 | 116 | 145 |
| $A_2$ | 42 | 68 | 115 |
| $A_3$ | 70 | 111 | 133 |
| $A_4$ | 42 | 63 | 87 |

这是另一个因素交叉分组单个观测值试验资料,A 因素(品系)有 4 个水平,即 $a=4$;B 因素(雌激素注射剂量)有 3 个水平,即 $b=3$;共有 $N=a\times b=12$ 个观测值,其 SAS 分析程序如图 4.14 所示。

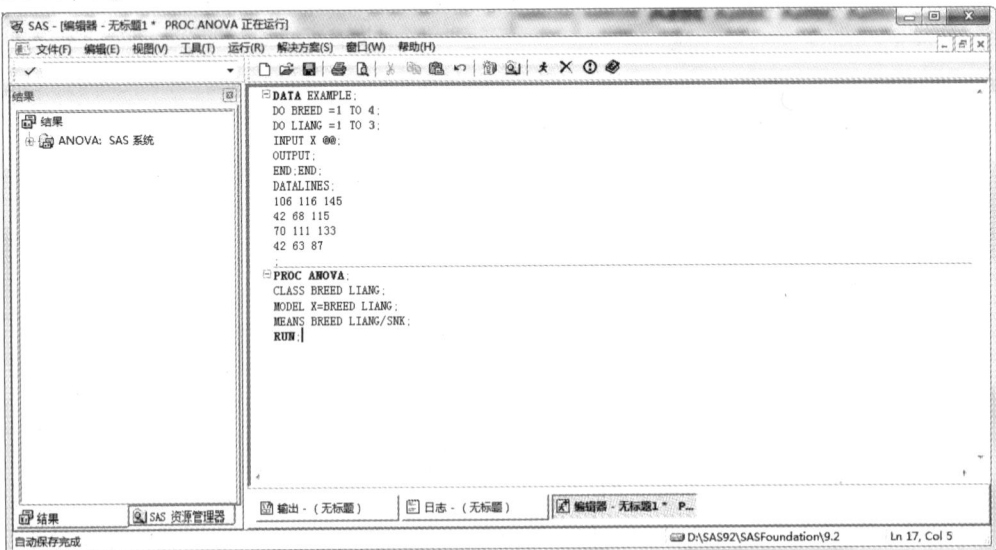

图 4.14　两因素无互作交叉分组试验资料的方差分析 SAS 程序

图 4.14 所示为两因素无互作交叉分组试验资料的方差分析 SAS 程序,PROC ANOVA 过程为调用 ANOVA 过程(即方差分析);CLASS BREED LIANG 指明为 BREED(品系)、LIANG(剂

量)为分类变量;MODEL X = BREED LIANG 指明两因素无互作的方差分析模型(主效应模型);MEANS BREED LIANG/SNK 用 Q 值法作为多重比较的方法,默认的显著水平($\alpha = 0.05$),此过程中若用 DUNCAN 法作为多重比较,则需要标注 MEANS BREED LIANG/DUNCAN,同理,用 LSD 法作为多重比较,则需要标注 MEANS BREED LIANG/LSD,若以 $\alpha = 0.01$ 作为显著检验水平,则需要在多重比较方法后标注 MEANS BREED LIANG/SNK ALPHA = 0.01。

输出结果如图 4.15 所示。

图 4.15 两因素无互作交叉分组试验资料的方差分析过程

(1)方差分析过程

方差分析的结果,就不同品系大白鼠子宫质量影响而言,$F = 23.77$,$P = 0.001 < 0.05$,表明品系不同对大白鼠子宫质量差异影响显著;就不同剂量对大白鼠子宫质量影响而言,$F = 33.54$,$P = 0.000\ 6 < 0.05$,表明剂量不同对大白鼠子宫质量差异影响显著。因此,说明假设的模型很好地解释了观察数据($P = 0.000\ 4$,$R^2 = 0.958\ 445$),或者说,否定 $H_0$,接受 $H_A$。

(2)多重比较

①不同品系。采用 Q 值法进行多重比较的结果表明,品系 $A_1$ 和 $A_3$ 大白鼠子宫质量显著高于品系 $A_2$ 和 $A_4$($P < 0.05$),品系 $A_1$ 和 $A_3$ 及品系 $A_2$ 和 $A_4$ 大白鼠之间子宫质量差异不显著($P > 0.05$)。4 个品系大白鼠子宫质量高低顺序依次为:$A_1 > A_3 > A_2 > A_4$。

SAS 程序如图 4.16 所示。

图 4.16 品系间多重比较 SAS 程序运行结果

②不同剂量。采用 Q 值法进行多重比较的结果表明,剂量 $B_3$ 下大白鼠子宫质量显著高于剂量 $B_2$ 下大白鼠子宫质量($P < 0.05$),剂量 $B_3$ 下大白鼠子宫质量显著高于剂量 $B_1$ 下大白鼠子宫质量($P < 0.05$),剂量 $B_2$ 下大白鼠子宫质量显著高于剂量 $B_1$ 下大白鼠子宫质量($P < 0.05$)。

69

SAS 程序如图 4.17 所示。

```
                          SAS 系统        2017年11月28日 星期二 上午09时09分31秒    4

                        The ANOVA Procedure

                   Student-Newman-Keuls Test for X

NOTE: This test controls the Type I experimentwise error rate under the complete null hypothesis but not under partial
                            null hypotheses.

                    Alpha                        0.05
                    Error Degrees of Freedom        6
                    Error Mean Square         90.55556

              Number of Means           2            3
              Critical Range     16.464967     20.64804

         Means with the same letter are not significantly different.

              SNK Grouping      Mean      N    LIANG

                    A         120.000     4      3

                    B          89.500     4      2

                    C          65.000     4      1
```

图 4.17　剂量间多重比较 SAS 程序运行结果

　　例 4.5　用 3 种能量相同、蛋白质水平不同的饲料对 2 个品种各 6 头猪进行育肥对比试验,记录了育肥期的日增重(GAIN)和活体背膘厚度(BACKFAT)两个性状,具体数据见表 4.5,假设饲料效应和品种效应之间无互作,试比较不同饲料和品种在两个性状上是否存在显著差异。其 SAS 程序如图 4.18 所示。

表 4.5　2 个品种猪饲喂不同蛋白质含量饲料的增重和背膘厚度

| 饲料<br>品种 | 饲料 1 | | 饲料 2 | | 饲料 3 | |
|---|---|---|---|---|---|---|
| | GAIN | BACKFAT | GAIN | BACKFAT | GAIN | BACKFAT |
| 品种 1 | 65.7 61.0 | 25.6 28.1 | 65.0 51.3 | 30.5 33.7 | 51.9 32.8 | 31.0 32.4 |
| | 50.6 59.5 | 32.1 33.4 | 52.2 48.0 | 32.1 30.8 | 55.1 48.1 | 30.5 31.7 |
| | 57.7 55.6 | 30.8 31.7 | 43.3 42.7 | 29.6 34.9 | 51.0 35.9 | 37.0 29.6 |
| 品种 2 | 60.2 59.8 | 24.8 22.1 | 62.6 56.2 | 25.4 22.6 | 56.4 60.3 | 27.4 22.5 |
| | 70.1 57.8 | 28.1 20.8 | 66.2 64.0 | 23.8 24.6 | 57.8 61.5 | 26.3 22.7 |
| | 68.4 66.8 | 28.4 23.6 | 61.6 62.4 | 25.7 28.1 | 59.4 64.2 | 28.1 26.5 |

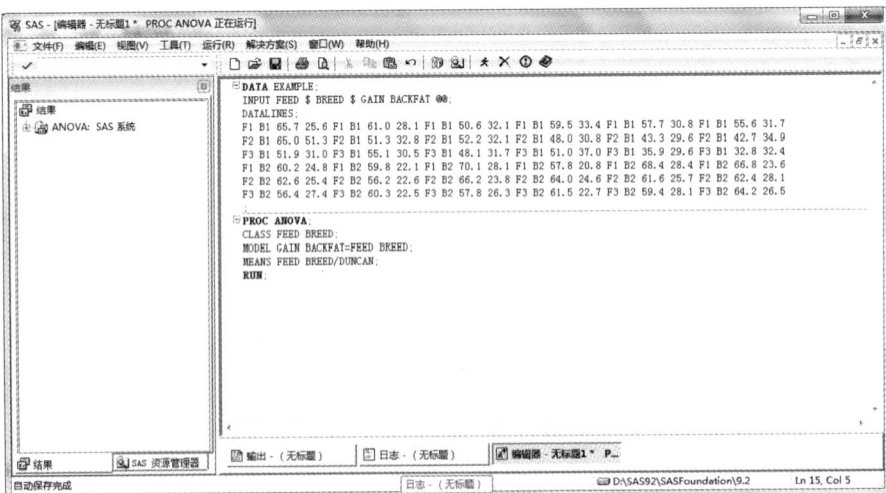

图 4.18　2 个品种猪饲喂不同蛋白质含量饲料的增重和背膘厚度 SAS 程序

图 4.18 所示为两因素无互作交叉分组有重复观测值试验资料的方差分析 SAS 程序,采用 DUNCAN 法作为多重比较的方法,默认的显著水平($\alpha = 0.05$)。本试验中,同时比较两个因素对两个变量的方差分析(即 2 个两因素无互作有重复观测值方差分析同时比较)。

输出结果如图 4.19 所示。

1. 方差分析过程

①不同饲料和品种对增重的影响。方差分析结果显示,不同饲料的影响,$F = 5.32$,$P = 0.010\ 1 < 0.05$,表明不同饲料和品种对增重的影响差异显著;不同品种的影响,$F = 25.54$,$P = 0.000\ 1 < 0.05$,表明不同饲料和品种对增重的影响差异显著。

```
                              SAS 系统        2017年11月23日 星期四 上午08时46分18秒   2
                            The ANOVA Procedure

Dependent Variable: GAIN

                                       Sum of
    Source             DF             Squares      Mean Square    F Value    Pr > F
    Model               3         1395.467500       465.155833      12.06    <.0001
    Error              32         1234.102222        38.565694
    Corrected Total    35         2629.569722

              R-Square      Coeff Var      Root MSE      GAIN Mean
              0.530683      10.94242       6.210128       56.75278

    Source             DF          Anova SS      Mean Square    F Value    Pr > F
    FEED                2        410.5538889     205.2769444       5.32    0.0101
    BREED               1        984.9136111     984.9136111      25.54    <.0001
```

图 4.19　2 个品种猪饲喂不同蛋白质含量饲料的增重方差分析结果

②不同饲料和品种对背膘厚度的影响。方差分析结果显示,不同饲料的影响,$F = 1.30$,$P = 0.286\ 8 > 0.05$,表明不同饲料和品种对背膘厚度的影响差异不显著;不同品种的影响,$F = 29.95$,$P = 0.000\ 1 < 0.05$,表明不同饲料和品种对背膘厚度的影响差异显著。

SAS 程序如图 4.20 所示。

```
                              SAS 系统        2017年11月23日 星期四 上午08时46分18秒   3
                            The ANOVA Procedure

Dependent Variable: BACKFAT

                                       Sum of
    Source             DF             Squares      Mean Square    F Value    Pr > F
    Model               3          541.235833       180.411944      10.85    <.0001
    Error              32          532.133889        16.629184
    Corrected Total    35         1073.369722

              R-Square      Coeff Var      Root MSE      BACKFAT Mean
              0.504240      14.15797       4.077890       28.80278

    Source             DF          Anova SS      Mean Square    F Value    Pr > F
    FEED                2         43.2022222      21.6011111       1.30    0.2868
    BREED               1        498.0336111     498.0336111      29.95    <.0001
```

图 4.20　2 个品种猪饲喂不同蛋白质含量饲料的背膘厚度方差分析结果

2. 多重比较结果

①不同饲料对增重和背膘厚度的影响。采用 SSR 法在 $\alpha = 0.05$ 水平下进行多重比较表明,饲料因素对增重的影响:第一种饲料显著高于第二种、第三种饲料($P < 0.05$),第二种饲料和第三种饲料差异不显著($P > 0.05$)。3 种不同饲料对背膘厚度影响差异不显著($P > 0.05$)。

SAS 程序如图 4.21 所示。

```
                    SAS 系统        2017年11月23日 星期四 上午08时46分18秒    4

                    The ANOVA Procedure

                Duncan's Multiple Range Test for GAIN

NOTE: This test controls the Type I comparisonwise error rate, not the experimentwise error rate.


                    Alpha                      0.05
                    Error Degrees of Freedom     32
                    Error Mean Square        38.58569


                    Number of Means        2        3
                    Critical Range     5.164    5.428

Means with the same letter are not significantly different.


Duncan Grouping         Mean     N    FEED

              A       61.100    12    F1
              A
         B    A       56.292    12    F2
         B
         B           52.867    12    F3

                    SAS 系统        2017年11月23日 星期四 上午08时46分18秒    5

                    The ANOVA Procedure

              Duncan's Multiple Range Test for BACKFAT

NOTE: This test controls the Type I comparisonwise error rate, not the experimentwise error rate.


                    Alpha                      0.05
                    Error Degrees of Freedom     32
                    Error Mean Square        16.62918


                    Number of Means        2        3
                    Critical Range     3.391    3.564

Means with the same letter are not significantly different.


Duncan Grouping         Mean     N    FEED

              A       30.142    12    F2
              A
              A       28.808    12    F3
              A
              A       27.458    12    F1
```

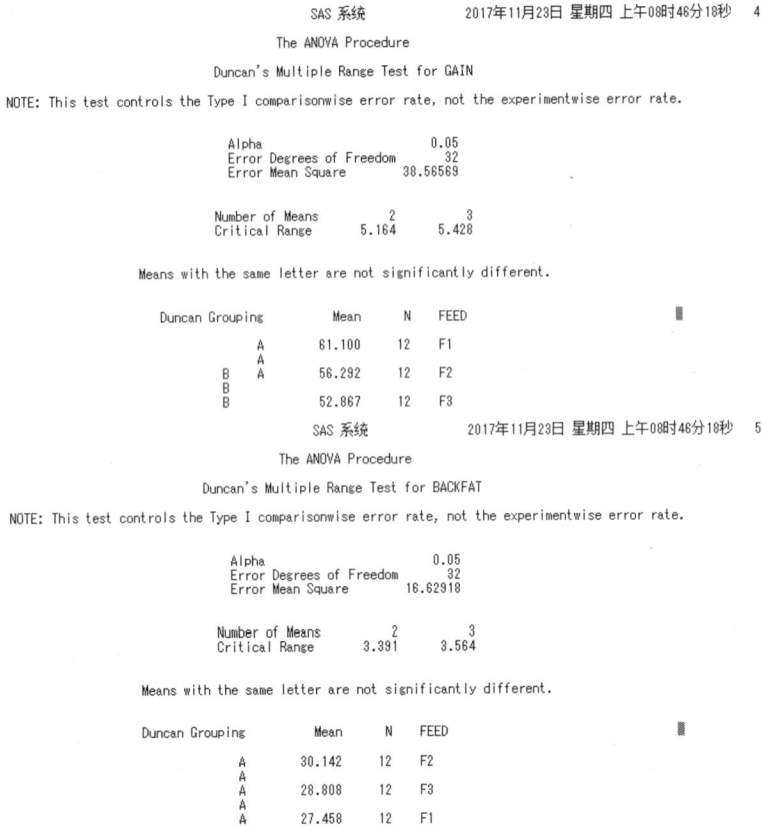

图 4.21　不同蛋白质含量饲料对增重和背膘厚度影响的多重比较结果

②不同品种对增重和背膘厚度的影响。采用 SSR 法在 $\alpha = 0.05$ 水平下进行多重比较表明,品种因素对增重的影响:第一个品种显著高于第二个品种($P < 0.05$)。品种因素对背膘厚度的影响:第一个品种显著高于第二个品种($P < 0.05$)。

SAS 程序如图 4.22 所示。

②两因素有互作交叉分组试验资料的方差分析。

进行多因素试验时,除了研究每一个因素对试验指标的影响外,往往更希望研究试验因素之间的交互作用,如通过对畜禽生长发育所需饲量的能量、蛋白、脂肪、氨基酸及微量元素等对畜禽生长发育的影响有无交互作用的研究,对最终确定有利于畜禽生长发育的最佳饲粮配方是有重要意义的。

前面介绍的两因素单个观测值试验只适用于两个因素无交互作用的情况,若两个因素有交互作用,每个水平组合只实施在 1 个试验单位,即每个水平组合只有 1 次重复,只有 1 个观测值的试验设计是不正确或不完善的,因为:

a. 若 A、B 两因素有交互作用,$X_{ij} = \mu + a_i + b_j + \xi_{ij}$,$SS_T = SS_A + SS_B + SS_e$,$df_T = df_A + df_B + df_e$ 中 $SS_e$ 和 $df_e$ 实际上是 A、B 两因素交互作用和误差的平方和与自由度,$MS_e$ 是交互作用和误差均方,主要反映交互作用和误差引起的变异,这时若仍按原来的方法进行方差分析,由于 $MS_e$ 为交互作用和误差的均方,有可能掩盖试验因素各水平平均数差异的显著性,从而增加犯 II 型错误的概率。

SAS 系统　　　　　　2017年11月23日 星期四 上午08时46分18秒　　6

The ANOVA Procedure

Duncan's Multiple Range Test for GAIN

NOTE: This test controls the Type I comparisonwise error rate, not the experimentwise error rate.

Alpha                          0.05
Error Degrees of Freedom        32
Error Mean Square         38.56569

Number of Means                2
Critical Range             4.217

Means with the same letter are not significantly different.

| Duncan Grouping | Mean | N | BREED |
|---|---|---|---|
| A | 61.983 | 18 | B2 |
| B | 51.522 | 18 | B1 |

SAS 系统　　　　　　2017年11月23日 星期四 上午08时46分18秒　　7

The ANOVA Procedure

Duncan's Multiple Range Test for BACKFAT

NOTE: This test controls the Type I comparisonwise error rate, not the experimentwise error rate.

Alpha                          0.05
Error Degrees of Freedom        32
Error Mean Square         16.62918

Number of Means                2
Critical Range             2.769

Means with the same letter are not significantly different.

| Duncan Grouping | Mean | N | BREED |
|---|---|---|---|
| A | 32.522 | 18 | B1 |
| B | 25.083 | 18 | B2 |

图4.22　不同品种对增重和背膘厚度影响的多重比较结果

b.每个水平组合只实施在1个试验单位上,即每个水平组合只有1次重复,只有1个观测值,无法正确估计试验误差,不可能研究因素的交互作用,进行多因素试验时,一般应设3个或3个以上重复,才能正确估计试验误差。

两因素有交互作用的方差分析数学模型为:

$$Y_{ijk} = \mu + a_i + b_j + a_j \times b_j + e_{ijk}$$

式中,$Y_{ijk}$为观察值;$\mu$为总体平均数;$a_i$为 A 因素第 $i$ 个处理的处理效应,$b_j$ 为 B 因素第 $j$ 个处理的处理效应;$a_j \times b_j$ 为 A 因素第 $i$ 个处理与 B 因素第 $j$ 个处理的互作效应;$e_{ijk}$为随机误差,服从$N(0, \sigma_e^2)$分布。

**例**4.6　为研究饲料中钙、磷含量对仔猪生长发育的影响,将饲料中的钙含量(A)分为3个水平、磷含量(B)分为4个水平,交叉分组,共有 $3 \times 4 = 12$ 个水平组合,每个水平组合重复3次。选用品种、性别、日龄相同,初始条件基本一致的仔猪36头,随机分成12组,每组3头,用能量、蛋白质含量相同的饲料在钙、磷含量搭配下各喂一组仔猪,经2个月试验,仔猪增重数值列于表4.6,分析钙、磷含量对仔猪增重的影响。

表 4.6    不同钙、磷含量(%)对仔猪增重的影响(kg)

| A \ B | $B_1(0.8)$ | $B_2(0.6)$ | $B_3(0.4)$ | $B_4(0.2)$ |
|---|---|---|---|---|
| A₁(0.8) | 23.5 | 33.2 | 38.0 | 26.5 |
|  | 25.8 | 28.5 | 35.5 | 24.0 |
|  | 27.0 | 30.1 | 33.0 | 25.0 |
| A₂(0.6) | 30.5 | 36.5 | 28.0 | 20.5 |
|  | 26.8 | 34.0 | 30.5 | 22.5 |
|  | 25.5 | 33.5 | 24.6 | 19.5 |
| A₃(0.4) | 34.5 | 29.0 | 27.5 | 18.5 |
|  | 31.4 | 27.5 | 26.3 | 20.0 |
|  | 29.3 | 28.0 | 28.5 | 19.0 |

这是一个两因素交叉分组有重复观测值试验资料,A 因素(钙含量)有 3 个水平,即 $a=3$,B 因素(磷含量)有 4 个水平,即 $b=4$;交叉分组,共有 $ab=3\times4=12$ 个水平组合;每个水平组合的重复数 $n=3$;试验共有 $abn=3\times4\times3=36$ 个观测值,两因素有互作模型方差分析采用的 PROC GLM 模型进行程序编写,SAS 程序如图 4.23 所示。

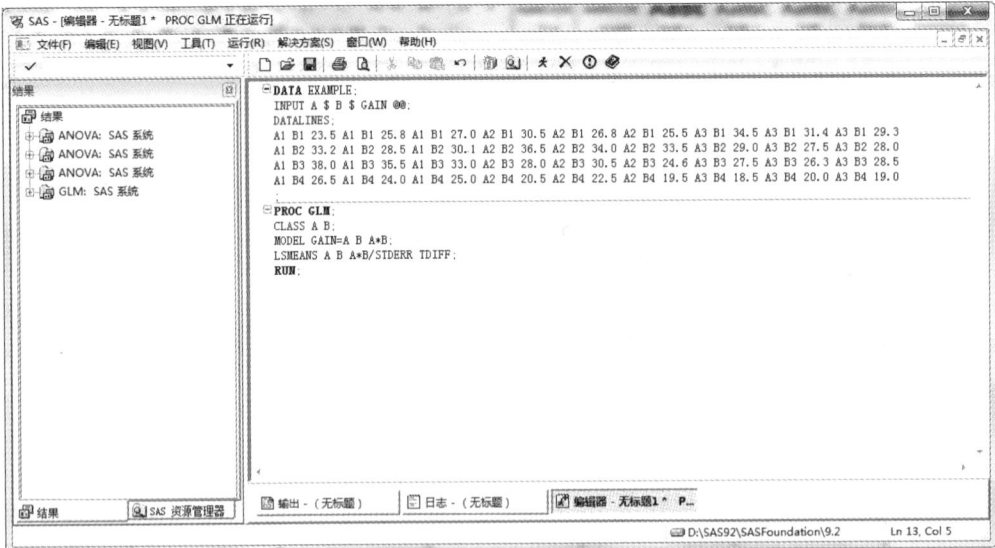

图 4.23    两因素有互作方差分析 SAS 程序

输出结果为:

1. 方差分析过程

方差分析结果表明,钙含量(A)对仔猪增重情况影响,$F=5.09$,$P=0.0143<0.05$,表明饲料中不同钙含量对仔猪增重影响差异显著;磷含量(B)对仔猪增重情况影响,$F=42.05$,$P<0.0001$,表明饲料中不同磷含量对仔猪增重影响差异显著;钙含量和磷含量交互作用(A×B)对仔猪增重情况影响,$F=11.67$,$P<0.0001$,表明饲料中不同钙、磷含量的交互作用

对仔猪增重影响差异显著。

两因素有互作模型方差分析 $F$ 检验结果如图 4.24 所示。

图 4.24　两因素有互作模型方差分析 $F$ 检验结果

2. 多重比较结果

由于 A 因素、B 因素和 A×B 因素 $F$ 检验结果差异均显著,故对其进行多重比较,多重比较结果如下:

①钙含量(A)各水平对仔猪增重的多重比较:$A_1$ 和 $A_3$ 水平钙含量对仔猪增重效果对比显示其效果影响差异显著($P < 0.05$),$A_1$ 和 $A_2$、$A_2$ 和 $A_3$ 水平钙含量对仔猪增重影响差异不显著($P > 0.05$)。饲料含量以 $A_1$ 水平钙含量对仔猪增重效果较好(仔猪平均增重最大)。

SAS 程序如图 4.25 所示。

图 4.25　钙含量(A)各水平对仔猪增重的多重比较

②磷含量(B)各水平对仔猪增重的多重比较:$B_2$ 和 $B_4$、$B_3$ 和 $B_4$、$B_1$ 和 $B_4$、$B_2$ 和 $B_1$ 水平磷含量对仔猪增重效果对比显示其效果影响差异显著($P < 0.05$),$B_2$ 和 $B_3$、$B_3$ 和 $B_1$ 水平磷含量对仔猪增重效果对比显示其效果影响差异不显著($P > 0.05$)。饲料含量以 $B_2$ 水平磷含量对仔猪增重效果较好(仔猪平均增重最大)。

SAS 程序如图 4.26 所示。

③各水平组合仔猪平均增重的多重比较,由图 4.27 可知,各水平组合仔猪平均增重两两比较,第一行为最小二乘均值,第二行为两两比较的概率值,$P < 0.05$ 即差异显著,$P > 0.05$ 即

| B | GAIN LSMEAN | Standard Error | Pr > \|t\| | LSMEAN Number |
|---|---|---|---|---|
| B1 | 28.2555556 | 0.6550846 | <.0001 | 1 |
| B2 | 31.1444444 | 0.6550846 | <.0001 | 2 |
| B3 | 30.2111111 | 0.6550846 | <.0001 | 3 |
| B4 | 21.7222222 | 0.6550846 | <.0001 | 4 |

Least Squares Means for Effect B
t for H0: LSMean(i)=LSMean(j) / Pr > \|t\|

Dependent Variable: GAIN

| i/j | 1 | 2 | 3 | 4 |
|---|---|---|---|---|
| 1 |  | -3.1183 | -2.11085 | 7.052165 |
|  |  | 0.0047 | 0.0454 | <.0001 |
| 2 | 3.118304 |  | 1.007452 | 10.17047 |
|  | 0.0047 |  | 0.3238 | <.0001 |
| 3 | 2.110852 | -1.00745 |  | 9.163017 |
|  | 0.0454 | 0.3238 |  | <.0001 |
| 4 | -7.05216 | -10.1705 | -9.16302 |  |
|  | <.0001 | <.0001 | <.0001 |  |

NOTE: To ensure overall protection level, only probabilities associated with pre-planned comparisons should be used.

图 4.26　磷含量(B)各水平对仔猪增重的多重比较

差异不显著。试验结果在此不再赘述。

Least Squares Means for Effect A*B
t for H0: LSMean(i)=LSMean(j) / Pr > \|t\|

Dependent Variable: GAIN

| i/j | 1 | 2 | 3 | 4 | 5 | 6 | 7 | 8 | 9 | 10 | 11 | 12 |
|---|---|---|---|---|---|---|---|---|---|---|---|---|
| 1 |  | -3.21986 | -6.27354 | 0.166186 | -1.35027 | -5.75421 | -1.41259 | 2.866717 | -3.92616 | -1.70341 | -1.2464 | 3.905383 |
|  |  | 0.0037 | <.0001 | 0.8694 | 0.1895 | <.0001 | 0.1706 | 0.0085 | 0.0006 | 0.1014 | 0.2246 | 0.0007 |
| 2 | 3.219863 |  | -3.05368 | 3.38605 | 1.869598 | -2.53434 | 1.807278 | 6.08658 | -0.70629 | 1.516452 | 1.973465 | 7.125246 |
|  | 0.0037 |  | 0.0055 | 0.0024 | 0.0738 | 0.0182 | 0.0833 | <.0001 | 0.4868 | 0.1425 | 0.0601 | <.0001 |
| 3 | 6.27354 | 3.053677 |  | 6.439727 | 4.923275 | 0.519333 | 4.860955 | 9.140257 | 2.347384 | 4.570129 | 5.027142 | 10.17892 |
|  | <.0001 | 0.0055 |  | <.0001 | <.0001 | 0.6083 | <.0001 | <.0001 | 0.0275 | <.0001 | <.0001 | <.0001 |
| 4 | -0.16619 | -3.38605 | -6.43973 |  | -1.51645 | -5.92039 | -1.57872 | 2.70531 | -4.09234 | -1.8696 | -1.41259 | 3.739196 |
|  | 0.8694 | 0.0024 | <.0001 |  | 0.1425 | <.0001 | 0.1275 | 0.0075 | 0.0166 | 0.0738 | 0.1706 | 0.0010 |
| 5 | 1.350265 | -1.8696 | -4.92327 | 1.516452 |  | -4.40394 | -0.06232 | 4.216982 | -2.57589 | -0.35315 | 0.103867 | 5.255648 |
|  | 0.1895 | 0.0738 | <.0001 | 0.1425 |  | 0.0002 | 0.9508 | 0.0003 | 0.0166 | 0.7271 | 0.9181 | <.0001 |
| 6 | 5.754207 | 2.534344 | -0.51933 | 5.920394 | 4.403942 |  | 4.341622 | 8.620925 | 1.828051 | 4.050796 | 4.507809 | 9.65959 |
|  | <.0001 | 0.0182 | 0.6083 | <.0001 | 0.0002 |  | 0.0002 | <.0001 | 0.0800 | 0.0001 | <.0001 | <.0001 |
| 7 | 1.412585 | -1.80728 | -4.86096 | 1.578772 | 0.06232 | -4.34162 |  | 4.279302 | -2.51357 | -0.29083 | 0.166186 | 5.317968 |
|  | 0.1706 | 0.0833 | <.0001 | 0.1275 | 0.9508 | 0.0002 |  | 0.0003 | 0.0191 | 0.7737 | 0.8694 | <.0001 |
| 8 | -2.86672 | -6.08658 | -9.14026 | -2.70053 | -4.21698 | -8.62092 | -4.2793 |  | -6.79287 | -4.57013 | -4.11312 | 1.038666 |
|  | 0.0085 | <.0001 | <.0001 | 0.0125 | 0.0003 | <.0001 | 0.0003 |  | <.0001 | <.0001 | 0.0001 | 0.3093 |
| 9 | 3.926156 | 0.706293 | -2.34738 | 4.092342 | 2.575891 | -1.82805 | 2.513571 | 6.792873 |  | 2.222744 | 2.679757 | 7.831539 |
|  | 0.1014 | 0.1425 | 0.0275 | 0.0004 | 0.0166 | 0.0800 | 0.0191 | <.0001 |  | 0.0359 | 0.0131 | <.0001 |
| 10 | 1.703412 | -1.51645 | -4.57013 | 1.869598 | 0.353146 | -4.0508 | 0.290826 | 4.570129 | -2.22274 |  | 0.457013 | 5.608794 |
|  | 0.1014 | 0.1425 | <.0001 | 0.0738 | 0.7271 | 0.0001 | 0.7737 | <.0001 | 0.0359 |  | 0.6518 | <.0001 |
| 11 | 1.246399 | -1.97346 | -5.02714 | 1.412585 | -0.10387 | -4.50781 | -0.16619 | 4.113116 | -2.67976 | -0.45701 |  | 5.151781 |
|  | 0.2246 | 0.0601 | <.0001 | 0.1706 | 0.9181 | <.0001 | 0.8694 | 0.0001 | 0.0131 | 0.6518 |  | <.0001 |
| 12 | -3.90538 | -7.12525 | -10.1789 | -3.7392 | -5.25565 | -9.65959 | -5.31797 | -1.03867 | -7.83154 | -5.60879 | -5.15178 |  |
|  | 0.0007 | <.0001 | <.0001 | 0.0010 | <.0001 | <.0001 | <.0001 | 0.3093 | <.0001 | <.0001 | <.0001 |  |

NOTE: To ensure overall protection level, only probabilities associated with pre-planned comparisons should be used.

图 4.27　各水平组合仔猪平均增重的多重比较

(2)两因素系统分组试验资料的方差分析

在多个因素组成水平组合时,先将 A 因素分为 $a$ 个水平,再在 $A_i(i=1,2,\cdots,a)$ 下,将 B 因素分为 $b$ 个水平,记为 $B_{ij}(j=1,2,\cdots,b)$,然后在 $B_{ij}$ 下将 C 因素分为 $c$ 个水平,记为 $C_{ijl}(l=1,2,\cdots,c)$,这样得到的多个因素水平组合的方式称为系统分组或多层分组、套设计、窝设计。

按系统分组方式组成多个因素的水平组合,首先划分水平的因素为一级因素,其次划分水平的因素为二级因素,然后划分水平的因素为三级因素,……

两个因素按系统分组方式组成的水平组合,二级因素的各水平套在一级因素的每个水平下,它们之间是从属关系,而非平等关系。两因素系统分组侧重分析一级因素。

按系统分组方式组成的多个因素水平组合进行试验得到的资料称为多因素系统分组试验资料,根据样本含量是否相等,多因素系统分组试验资料分为次级样本含量相等和不相等两种类别。

在畜牧育种试验中,系统分组是一种常用的实验设计。即先按 A 因素的水平数分组,再按 B 因素的水平数分组,互不交叉。系统分组二因素方差分析的数学模型为:

$$Y_{ijl} = \mu + a_i + b_{ij} + e_{ijl}$$

式中,$Y_{ijl}$ 为 A 因素第 $i$ 个水平与 B 因素第 $j$ 个水平的观测值;$\mu$ 为总体平均数;$a_i$ 为 A 因素第 $i$

个处理效应；$b_{ij}$ 为 A 因素第 $i$ 个水平下 B 因素第 $j$ 个处理效应；$e_{ijl}$ 为随机误差，服从 $N(0, \sigma_e^2)$ 分布。

在应用 SAS 程序进行两因素系统分组资料的分析时，其相应的效应模型为嵌套效应模型。

①次级样本含量相等的两因素系统分组试验资料的方差分析。

**例** 4.7 为测定 3 种鱼粉 $A_1, A_2, A_3$ 的蛋白质消化率，在不含蛋白质的饲料里按一定的比例分别加入 3 种鱼粉配制成饲料，各饲喂 3 头试验动物 $B_{i1}, B_{i2}, B_{i3} (i = 1, 2, 3)$。收集排泄物，风干，粉碎，混合均匀。分别从每头试验动物的排泄物中各取两份样品作化学分析。消化率测定结果列于表 4.7，分析 3 种鱼粉的蛋白质消化率是否有差异？

**表 4.7　3 种鱼粉的蛋白质消化率**

| 一级因素（鱼粉 A） | 二级因素（试验动物 B） | 消化率/% |
|:---:|:---:|:---:|
| | $B_{11}$ | 82.5　82.4 |
| $A_1$ | $B_{12}$ | 87.1　86.5 |
| | $B_{13}$ | 84.0　83.9 |
| | $B_{21}$ | 86.6　85.8 |
| $A_2$ | $B_{22}$ | 86.2　85.7 |
| | $B_{23}$ | 87.0　87.6 |
| | $B_{31}$ | 82.0　81.5 |
| $A_3$ | $B_{32}$ | 80.0　80.5 |
| | $B_{33}$ | 79.5　80.3 |

这是一个次级样本含量相等的两因素系统分组试验资料，一级因素 A 为鱼粉，水平数 $a = 3$；二级因素 B 为试验动物，水平数 $b = 3$；$B_{ij}$ 有 2 个观测值，即 $n = 2$；共有 $abn = 3 \times 3 \times 2 = 18$ 个观测值。其 SAS 程序如图 4.28 所示。

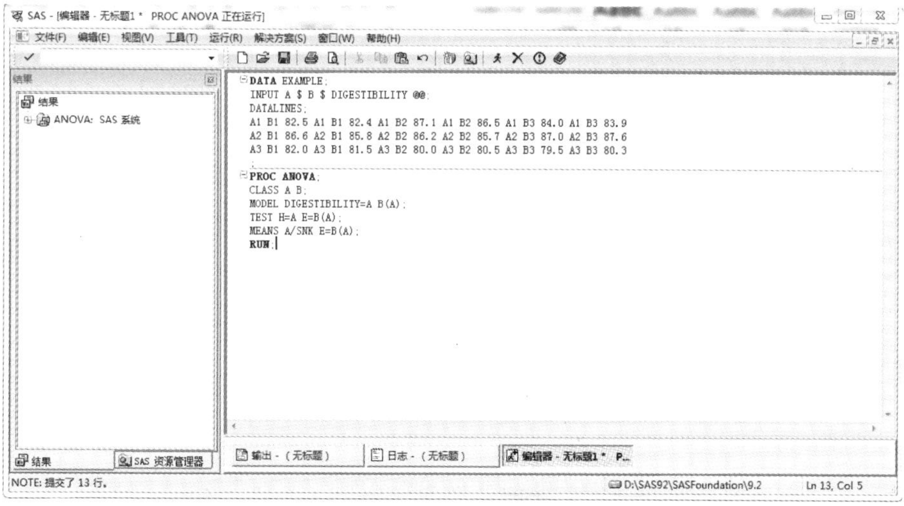

图 4.28　次级样本含量相等的两因素系统分组试验资料的方差分析 SAS 程序

图 4.28 所示为次级样本含量相等的两因素系统分组试验资料的方差分析 SAS 程序,采用 Q 值法作为多重比较的方法,默认的显著水平($\alpha = 0.05$)。本程序中,采用的 MOEDL DIGESTIBILITY = A B(A)的嵌套效应模型,A 为一级因素,B 为在 A 作用下的二级因素。TEST H = A E = B(A)过程指明检验 A 效应时以 B(A)作为误差项;MEANS A/SNK E = B(A)指明以 B(A)作为误差项对 A 效应做多重比较。

输出结果如图 4.29 所示。

1. 方差分析过程

在输出结果中,鱼粉因素效应的 $F$ 值和相应的 $P$ 值有两个,由于在程序中已经指定了对 A 效应进行检验时以 B(A)作为误差项,因而在结果分析时,应选以 B(A)作为误差项的结果。本例中方差分析的结果,A 效应(鱼粉因素效应)的影响($F = 12.43, P = 0.007\ 3 < 0.05$)差异显著;A 效应内 B 效应(即鱼粉因素影响下试验动物效应,$F = 27.57, P < 0.000\ 1$)的差异显著。

SAS 系统    2017年11月27日 星期一 下午02时43分36秒    2

The ANOVA Procedure

Dependent Variable: DIGESTIBILITY

| Source | DF | Sum of Squares | Mean Square | F Value | Pr > F |
|---|---|---|---|---|---|
| Model | 8 | 130.9577778 | 16.3697222 | 106.37 | <.0001 |
| Error | 9 | 1.3850000 | 0.1538889 | | |
| Corrected Total | 17 | 132.3427778 | | | |

| R-Square | Coeff Var | Root MSE | DIGESTIBILITY Mean |
|---|---|---|---|
| 0.989535 | 0.467905 | 0.392287 | 83.83889 |

| Source | DF | Anova SS | Mean Square | F Value | Pr > F |
|---|---|---|---|---|---|
| A | 2 | 105.5011111 | 52.7505556 | 342.78 | <.0001 |
| B(A) | 6 | 25.4566667 | 4.2427778 | 27.57 | <.0001 |

Tests of Hypotheses Using the Anova MS for B(A) as an Error Term

| Source | DF | Anova SS | Mean Square | F Value | Pr > F |
|---|---|---|---|---|---|
| A | 2 | 105.5011111 | 52.7505556 | 12.43 | 0.0073 |

图 4.29　次级样本含量相等的两因素系统分组试验资料的方差分析结果

2. 多重比较结果

采用 Q 值法进行多重比较,结果表明,$A_2$、$A_1$ 鱼粉蛋白质平均消化率显著高于 $A_3$ 鱼粉($P < 0.05$),$A_1$ 和 $A_2$ 鱼粉蛋白质平均消化率差异不显著($P > 0.05$)。

SAS 程序如图 4.30 所示。

SAS 系统    2017年11月27日 星期一 下午02时43分36秒    6

The ANOVA Procedure

Duncan's Multiple Range Test for DIGESTIBILITY

NOTE: This test controls the Type I comparisonwise error rate, not the experimentwise error rate.

| Alpha | 0.05 |
|---|---|
| Error Degrees of Freedom | 6 |
| Error Mean Square | 4.242778 |

| Number of Means | 2 | 3 |
|---|---|---|
| Critical Range | 2.910 | 3.016 |

Means with the same letter are not significantly different.

| Duncan Grouping | Mean | N | A |
|---|---|---|---|
| A | 86.483 | 6 | A2 |
| A | 84.400 | 6 | A1 |
| B | 80.633 | 6 | A3 |

图 4.30　次级样本含量相等的两因素系统分组试验资料的多重比较结果

②次级样本含量不等的两因素系统分组试验资料的方差分析。

**例**4.8　某品种3头公猪配8头母猪所产63头仔猪的35日龄断奶重(kg)列于表4.8,分析不同公猪与不同母猪的仔猪断奶重是否有差异?

表4.8　3头公猪配8头母猪所产63头仔猪断奶重

| A | B | 仔猪断奶重 |
|---|---|---|
| $A_1$ | $B_{11}$ | 10.5 8.3 8.8 9.8 10.0 9.5 8.8 9.3 7.3 |
| | $B_{12}$ | 7.0 7.8 8.3 9.0 8.0 7.5 9.3 |
| $A_2$ | $B_{21}$ | 12.0 11.3 12.0 10.0 11.0 11.5 11.0 11.3 |
| | $B_{22}$ | 9.5 9.8 10.0 11.8 9.5 10.5 8.3 |
| | $B_{23}$ | 8.0 8.0 7.8 10.3 7.0 8.8 7.3 7.8 9.5 |
| $A_3$ | $B_{31}$ | 7.5 6.5 6.8 6.3 8.3 6.8 8.0 8.8 |
| | $B_{32}$ | 9.5 10.5 10.8 9.5 7.8 10.5 10.8 |
| | $B_{33}$ | 11.3 10.5 10.8 9.5 7.3 10.0 11.8 11.0 |

这是一个次级样本含量不等的两因素系统分组试验资料,一级因素A为公猪,水平数$a=3$;二级因素B为所配母猪,$b_i(i=1,2,3)$为第$i$头公猪所配母猪数,$\sum_{i=1}^{a} b_i = 8$为母猪总数;$n_{ij}$为第$i$头公猪与所配第$j$头母猪所产的仔猪数,以及$B_{ij}$的重复数;$\mathrm{d}n_i = \sum_{j=1}^{bi} n_{ij}(i=1,2,3)$为第$i$头公猪的仔猪数,即$A_i$的重复数;$N=63$为仔猪总数,即试验观测值总个数。其SAS程序如图4.31所示。

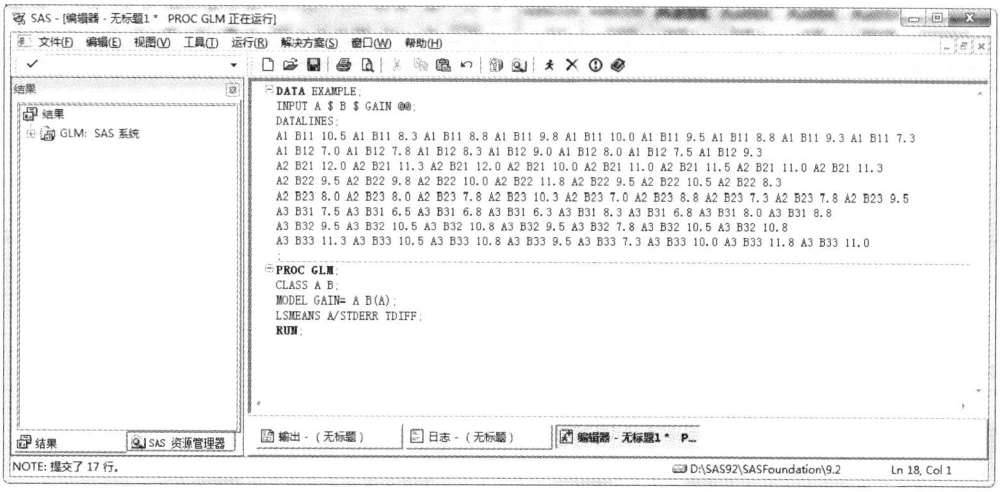

图4.31　次级样本含量不等的两因素系统分组试验资料的方差分析SAS程序

输出结果如图4.32所示。

**1.方差分析过程**

方差分析的结果表明,不同公猪因素(A因素)对仔猪断奶体重的影响($F=6.56,P=0.0028<0.05$)影响差异显著;A因素影响下不同母猪因素(B因素)对仔猪断奶体重($F=$

15.74，$P<0.0001$）的影响差异显著。

SAS 系统　　2017年11月27日 星期一 下午03时36分52秒　2

The GLM Procedure

Dependent Variable: GAIN

| Source | DF | Sum of Squares | Mean Square | F Value | Pr > F |
|---|---|---|---|---|---|
| Model | 7 | 92.5020437 | 13.2145777 | 12.76 | <.0001 |
| Error | 55 | 56.9579563 | 1.0355992 | | |
| Corrected Total | 62 | 149.4600000 | | | |

| R-Square | Coeff Var | Root MSE | GAIN Mean |
|---|---|---|---|
| 0.618908 | 10.98177 | 1.017644 | 9.266667 |

| Source | DF | Type I SS | Mean Square | F Value | Pr > F |
|---|---|---|---|---|---|
| A | 2 | 11.02347826 | 5.51173913 | 5.32 | 0.0077 |
| B(A) | 5 | 81.47856539 | 16.29571308 | 15.74 | <.0001 |

| Source | DF | Type III SS | Mean Square | F Value | Pr > F |
|---|---|---|---|---|---|
| A | 2 | 13.58932371 | 6.79466186 | 6.56 | 0.0028 |
| B(A) | 5 | 81.47856539 | 16.29571308 | 15.74 | <.0001 |

图 4.32　次级样本含量不等的两因素系统分组试验资料的方差分析结果

2. 最小二乘均数及其差异显著性检验

$A_1$、$A_2$、$A_3$ 3 个品种公猪后代仔猪断奶体重的最小二乘均数（标准误）分别为 8.64（0.26），9.82（0.21），9.18（0.21）。多重结果表明，3 个品种公猪后代仔猪断奶体重：$A_2$ 显著高于 $A_1$（$P<0.05$），$A_2$ 显著低于 $A_3$（$P<0.05$），$A_1$ 和 $A_3$ 差异不显著。其中以 $A_2$ 品种最好，$A_3$ 品种次之，$A_1$ 品种最低。

次级样本含量不等的两因素系统分组试验资料的多重比较结果如图 4.33 所示。

SAS 系统　　2017年11月27日 星期一 下午03时36分52秒　6

The GLM Procedure
Least Squares Means

| A | GAIN LSMEAN | Standard Error | Pr > \|t\| | LSMEAN Number |
|---|---|---|---|---|
| A1 | 8.63650794 | 0.25642217 | <.0001 | 1 |
| A2 | 9.81818783 | 0.20882189 | <.0001 | 2 |
| A3 | 9.18809524 | 0.21261403 | <.0001 | 3 |

Least Squares Means for Effect A
t for H0: LSMean(i)=LSMean(j) / Pr > |t|

Dependent Variable: GAIN

| i/j | 1 | 2 | 3 |
|---|---|---|---|
| 1 | | -3.57333<br>0.0007 | -1.65591<br>0.1034 |
| 2 | 3.573327<br>0.0007 | | 2.114318<br>0.0390 |
| 3 | 1.65591<br>0.1034 | -2.11432<br>0.0390 | |

NOTE: To ensure overall protection level, only probabilities associated with pre-planned comparisons should be used.

图 4.33　次级样本含量不等的两因素系统分组试验资料的多重比较结果

# 第四节　期望均方

## 一、期望均方概述

期望均方（Expected Mean Square）又称方差组分或方差分量，是指方差的组成成分。期望均方估计主要指随机模型中的方差估计，它是估计数量性状遗传力、重复力和遗传相关等遗传参数的基础。遗传参数是数量遗传学的核心，是育种值估计和进行育种决策的重要依据。

期望均方估计的方法主要针对均衡数据资料的方差分析、相关分析及回归分析等。这些方法计算相对较简单,但期望均方估计的准确性不高。随着生物统计学在动物遗传育种与繁殖领域中的应用及发展,20世纪60—70年代以后,生物统计学家在混合线性模型的基础上提出了最大似然法(Maximum Likelihood,ML)、约束最大似然法(Restricted Maximum Likelihood,REML)、最小范数二次无偏估计法(Minimum Norm Quadratic Unbiased Estimation,MINQUE)和最小方差二次无偏估计法(Minimum Variance Quadratic Unbiased Estimation,MIVQUE)等期望均方估计的新方法。这些方法期望均方估计的准确性较高,大大提高了畜禽数量性状期望均方估计的准确性。

## 二、期望均方估计的 SAS 过程

期望均方的估计是一项计算较为复杂的过程,尤其是建立在混合模型的基础上的方差组分估计方法,如 REML、MIVQUE 和 MINQUE 方法等,当数据量很大时,手工计算几乎难以进行,因此必须依赖于相应的计算机技术。SAS 统计系统很好地解决了这一难题。在 SAS 系统中,期望均方的估计可以利用 PROC VARCOMP 过程来进行。

(一)VARCOMP 过程的语句说明

1. PROC VARCOMP 语句

该语句的作用是调用 VARCOMP 过程进行期望均方的估计,主要选项如下所述:

①METHOD = 方法:规定期望均方估计的 4 种方法中的一种具体方法,如果缺省,则系统默认采用 MIVQUE0 方法进行期望均方估计。

a. METHOD = TYPE1:采用方差分析法进行期望均方估计。

b. MOTHOD = MIVQUE0:采用最小方差二次无偏估计法。

c. METHOD = ML:采用最大似然法。

d. METHOD = REML:采用约束最大似然法。

②EPSILON = n:当采用 ML 或 REML 方法进行期望均方估计时,规定目标函数的收敛值。如果缺省,则系统默认的收敛值为 $10^{-8}$(1E − 8)。

③MAXITER = n:当采用 ML 或 REML 方法进行期望均方估计时,规定最大迭代次数。如果缺省,则系统默认的最大迭代次数为 50 次。

2. CLASS 语句

该语句用于指定分析中使用的分类变量,CLASS 变量可以是字符型,也可以是数值型。在 MODEL 语句中的所有效应变量必须由出现在 CLASS 语句中的分类变量组成。

3. MODEL 语句

MODEL 语句是用于定义期望均方估计的数学模型(包括随机模型和混合模型)。其中的选项(FIXED)用于指定混合模型中的固定效应。具体格式为 FIXED = n(n 为具体的数字),指明混合模型中的前 n 个效应为固定效应,如果该选项缺省,则表示所使用的模型为随机模型。

(二)结果输出

PROC VARCOMP 过程的结果输出主要如下所述。

①如果采用 METHOD = TYPE1 过程,则会输出方差分析及方差组分的估计值。

②如果采用 MOTHOD = MIVQUE0 过程,则会输出 SSQ 矩阵及方差组分估计值。

③如果采用 METHOD = ML 或 REML 过程,其输出内容包括迭代过程(迭代次数)、目标函数、方差组分的估计值以及方差组分的近似方差矩阵。

## 三、实例应用

**例 4.9** 现有太湖猪的仔猪乳头数资料,具体数据见表 4.9,试分别采用 4 种方法对该数据资料进行期望均方的估计。

表 4.9    太湖猪仔猪乳头数

| 公猪号 | 母猪号 | 仔猪数 | 仔猪乳头数/只 |
|---|---|---|---|
| $A_1$ | $B_1$ | 8 | 14 14 15 15 16 16 16 14 |
| | $B_2$ | 9 | 15 15 16 16 17 17 17 17 17 |
| | $B_3$ | 11 | 12 14 14 14 14 15 13 13 16 16 |
| | $B_4$ | 10 | 15 15 14 14 15 16 18 16 18 18 |
| $A_2$ | $B_5$ | 9 | 14 15 16 15 15 16 16 18 17 |
| | $B_6$ | 11 | 13 14 16 14 15 17 15 15 15 17 |
| | $B_7$ | 12 | 14 15 15 14 14 14 15 15 15 16 17 18 |
| | $B_8$ | 7 | 13 14 15 14 16 17 17 |
| $A_3$ | $B_9$ | 8 | 14 14 13 14 13 14 14 14 15 |
| | $B_{10}$ | 10 | 15 14 14 15 15 15 14 14 15 15 |
| | $B_{11}$ | 12 | 14 14 13 14 13 14 14 14 15 16 15 16 |

其 SAS 程序如图 4.34 所示。

```
DATA EXAMPLE;
INPUT A $ B $ TEAT @@;
DATALINES;
A1 B1 14 A1 B1 14 A1 B1 15 A1 B1 15 A1 B1 16 A1 B1 16 A1 B1 16 A1 B1 14
A1 B2 15 A1 B2 15 A1 B2 16 A1 B2 16 A1 B2 17 A1 B2 17 A1 B2 17 A1 B2 17 A1 B2 17
A1 B3 12 A1 B3 14 A1 B3 14 A1 B3 14 A1 B3 14 A1 B3 15 A1 B3 13 A1 B3 13 A1 B3 16 A1 B3 16
A1 B4 15 A1 B4 15 A1 B4 14 A1 B4 14 A1 B4 15 A1 B4 16 A1 B4 18 A1 B4 16 A1 B4 18 A1 B4 18
A2 B5 14 A2 B5 15 A2 B5 16 A2 B5 15 A2 B5 15 A2 B5 16 A2 B5 16 A2 B5 18 A2 B5 17
A2 B6 13 A2 B6 14 A2 B6 16 A2 B6 14 A2 B6 15 A2 B6 17 A2 B6 15 A2 B6 15 A2 B6 15 A2 B6 17
A2 B7 14 A2 B7 15 A2 B7 15 A2 B7 14 A2 B7 14 A2 B7 14 A2 B7 15 A2 B7 15 A2 B7 15 A2 B7 16 A2 B7 17 A2 B7 18
A2 B8 13 A2 B8 14 A2 B8 15 A2 B8 14 A2 B8 16 A2 B8 17 A2 B8 17
A3 B9 14 A3 B9 14 A3 B9 13 A3 B9 14 A3 B9 13 A3 B9 14 A3 B9 14 A3 B9 14 A3 B9 15
A3 BX 15 A3 BX 14 A3 BX 14 A3 BX 15 A3 BX 15 A3 BX 15 A3 BX 14 A3 BX 14 A3 BX 15
A3 BB 14 A3 BB 14 A3 BB 13 A3 BB 14 A3 BB 13 A3 BB 14 A3 BB 14 A3 BB 14 A3 BB 15 A3 BB 16 A3 BB 15 A3 BB 16
PROC SORT;BY A;
PROC MEANS N MEAN STD CV ;BY A;
RUN;
PROC VARCOMP METHOD=TYPE1;
CLASS A B;
MODEL TEAT=A B(A);
RUN;
PROC VARCOMP METHOD=MIVQUE0;
CLASS A B;
MODEL TEAT=A B(A);
RUN;
PROC VARCOMP METHOD=ML;
CLASS A B;
MODEL TEAT=A B(A);
RUN;
PROC VARCOMP METHOD=REML;
CLASS A B;
MODEL TEAT=A B(A);
RUN;
```

图 4.34    期望均方估计的 SAS 程序

结果输出如图 4.35 所示。

1. 基本统计量的计算

该部分分别计算了 3 头太湖猪种公猪(A)组仔猪乳头数(TEAT)的平均数、标准差、变异系数等基本统计量。

```
                    SAS 系统        2017年11月28日 星期二 上午11时17分33秒    1
-------------------------------- A=A1 --------------------------------
                          MEANS PROCEDURE
                         分析变量: TEAT
        N        均值          标准差         变异系数
       38     15.2894737     1.4687353      9.6061864

-------------------------------- A=A2 --------------------------------
                         分析变量: TEAT
        N        均值          标准差         变异系数
       39     15.2820513     1.2762758      8.3514691

-------------------------------- A=A3 --------------------------------
                         分析变量: TEAT
        N        均值          标准差         变异系数
       31     14.2903226     0.7828814      5.4784023
```

图 4.35 期望均方估计的基本统计量

2. 采用不同方法的期望均方估计值

(1)方差分析法(TYPE1)

采用方差分析法进行期望均方估计时,首先会给出简单的方差分析表以及各期望均方的构成,最后再输出期望均方的估计值。本例中,采用方差分析法所估计的公猪间方差[Var(A)]、公猪内母猪间方差[Var B(A)]和误差方差[Var(Error)]估计值分别为 0.178 95、0.322 27、1.286 11。

SAS 程序如图 4.36 所示。

```
                          Type 1 Analysis of Variance
                             Sum of
Source             DF      Squares      Mean Square    Expected Mean Square
A                   2     21.899678      10.949839     Var(Error) + 10.094 Var(B(A)) + 35.824 Var(A)
B(A)                8     35.347220       4.418402     Var(Error) + 9.7195 Var(B(A))
Error              97    124.753102       1.286114     Var(Error)
Corrected Total   107    182.000000

                            Type 1 Estimates
            Variance Component        Estimate
              Var(A)                   0.17895
              Var(B(A))                0.32227
              Var(Error)               1.28611
```

图 4.36 方差分析法期望均方估计

(2)MIVQUE 法

采用 MIVQUE 法进行期望均方估计时,首先会输出 SSQ 矩阵,然后再输入相应的方差组分估计值。本例中,公猪间方差、公猪内母猪间方差和误差方差的估计值分别为 0.153 3、0.328 6 和 1.297 5。

SAS 程序如图 4.37 所示。

(3)最大似然法(ML)

采用最大似然法进行期望均方估计时,首先输出相应的迭代过程及方差组分的估计值,然后再输出方差组分估计值的近似协方差矩阵。本例中,公猪间方差、公猪内母猪间方差和误差方差的估计值分别为 0.082 4、0.325 2 和 1.285 9。

SAS 程序如图 4.38 所示。

```
                          MIVQUE(0) SSQ Matrix
Source           A              B(A)            Error          TEAT
A            2581.1          722.13066        71.64815        728.00000
B(A)       722.13066         980.44753        97.94444        560.00000
Error       71.64815          97.94444       107.00000        182.00000

                        MIVQUE(0) Estimates
       Variance Component        TEAT
           Var(A)               0.15331
           Var(B(A))            0.32863
           Var(Error)           1.29745
```

图 4.37  MIVQUE 法期望均方估计

```
                    Maximum Likelihood Iterations
Iteration    Objective        Var(A)          Var(B(A))        Var(Error)
   0      42.4281431738     0.1508604851     0.3233748900     1.2766873703
   1      42.3300510752     0.0901621114     0.3217238945     1.2854396163
   2      42.3285664220     0.0835684757     0.3244922152     1.2859585559
   3      42.3285280118     0.0823666283     0.3251916600     1.2858878504
   4      42.3285280027     0.0823518322     0.3252106616     1.2858853617

Convergence criteria met.

                   Maximum Likelihood
                        Estimates
       Variance
       Component        Estimate
         Var(A)          0.08235
         Var(B(A))       0.32521
         Var(Error)      1.28589

         Asymptotic Covariance Matrix of Estimates
                   Var(A)       Var(B(A))      Var(Error)
  Var(A)          0.03820       -0.01763       -0.0001141
  Var(B(A))      -0.01763        0.05472       -0.0034272
  Var(Error)     -0.0001141     -0.0034272      0.03408
```

图 4.38  最大似然法期望均方估计

(4) 约束最大似然法(REML)

与最大似然法相同,采用约束最大似然法进行期望均方估计时,首先输出相应的迭代过程及方差组分的估计值,然后再输出方差组分估计值的近似协方差矩阵。本例中,公猪间方差、公猪内母猪间方差和误差方差的估计值分别为 0.202 6、0.319 7 和 1.285 7。

SAS 程序如图 4.39 所示。

```
                           REML Iterations
Iteration    Objective        Var(A)          Var(B(A))        Var(Error)
   0      41.1266969361     0.1522703962     0.3263970852     1.2886190280
   1      41.1012216302     0.1978689721     0.3212468758     1.2856562036
   2      41.1010196517     0.2022028178     0.3198236865     1.2856644162
   3      41.1010182827     0.2026041643     0.3197333317     1.2856553011
   4      41.1010182827     0.2026041643     0.3197333317     1.2856553011

Convergence criteria met.

                         REML Estimates
       Variance
       Component        Estimate
         Var(A)          0.20260
         Var(B(A))       0.31973
         Var(Error)      1.28566

         Asymptotic Covariance Matrix of Estimates
                   Var(A)       Var(B(A))      Var(Error)
  Var(A)          0.12087       -0.01643       -0.0001924
  Var(B(A))      -0.01643        0.05187       -0.0033930
  Var(Error)     -0.0001924     -0.0033930      0.03406
```

图 4.39  约束最大似然法期望均方估计

从本例中可以看出,采用不同方法进行期望均方的估计时,即使所采用的模型完全相同,期望均方的估计值也是有差异的。

# 第五章

## $\chi^2$ 检验

在动物科学试验研究或畜牧生产中,所获得的数据资料大致可分为两种类型,即数量性状资料和质量性状资料。数量性状资料呈现连续性分布(如羔羊的体尺体重变化、奶牛的产奶量等),此类型资料常用 $t$ 检验或者方差分析进行资料类型的统计。而质量性状资料(包括等级资料)呈现出间断性的分布(如家畜的性别、毛色等),首先需要利用统计次数法进行量化后再进行统计分析,由于此种资料服从二项分布或多项分布,其统计方法不同于服从正态分布资料统计方法,常用卡方检验($\chi^2$ 检验或 $\chi^2$ Test)来进行显著性检验。

## 第一节　$\chi^2$ 检验的基本原理及 SAS 过程

### 一、统计数 $\chi^2$ 的意义

次数资料的适合性或独立性检验的基本原理是根据观察次数与理论次数之间偏离程度的大小而定的。若观察次数与理论次数的偏差越大,则表示两者越不符合;偏差越小,两者就越符合;当两者相等(即偏差为 0)时,表明理论次数与观察次数完全符合。

为了方便理解,结合实际例子来说明统计数 $\chi^2$ 的意义。某养鱼场进行鲤鱼遗传试验,以荷包红鲤(红色、隐性)与湘江野鲤(青灰色、显性)为例,其 F2 代获得 1 602 尾鲤鱼,其中青灰色鲤鱼 1 503 只,红色鲤鱼 99 只。根据孟德尔遗传定律,按照 3:1 的显隐比例,青灰色鲤鱼与红色鲤鱼的数量应为 1 202 尾和 400 尾。以 $A$ 表示实际观察次数,$T$ 表示理论次数,可将此次数资料整理成列表 5.1。

表 5.1　鲤鱼体色实际观察次数与理论次数

| 体　色 | 实际观察次数 $A$ | 理论次数 $T$ | $A-T$ | $(A-T)^2/T$ |
|---|---|---|---|---|
| 青灰色 | 1 503($A_1$) | 1 202($T_1$) | 301 | 75.4 |
| 红色 | 99($A_2$) | 400($T_1$) | −301 | 226.5 |
| 合　计 | 1 602 | 1 602 | 0 | 301.9 |

从表 5.1 可得,实际观察次数与理论次数有差异,青灰色和红色鲤鱼各相差 301。这个差异属于随机误差(抽样误差)还是因为体色分离比例发生了实质性的变化? 要回答这个问题,首先需要确定一个统计数以表示实际观察次数与理论次数的偏离程度;然后判断这一偏离程度是否属于随机误差,即进行假设检验。为了表示实际观察次数与理论次数的偏离程度,最简单的办法是求出实际观察次数与理论次数的差数。从表 5.1 得知:$A_1 - T_1 = 301$,$A_2 - T_2 = -301$,由于这两个差数之和为 0,显然不能用这两个差数之和来表示实际观察次数与理论次数的偏离程度。为了避免两个差数正、负抵消,可将两个差数平方后再相加,即计算 $\sum (A - T)^2$,其值越大,实际观察次数与理论次数偏离程度就越大;反之,其值越小,实际观察次数与理论次数偏离程度就越小。但利用 $\sum (A - T)^2$ 表示实际观察次数与理论次数的偏离程度尚有不足。例如,某一类别实际观察次数为 505,理论次数为 500,相差 5;另一类别实际观察次数为 26,理论次数为 21,相差也为 5,显然这两种类别实际观察次数与理论次数的偏离程度是不同的。为了弥补这一不足,可将各个差数平方除以相应的理论次数后再相加,并记为 $\chi^2$,即 $\chi^2 = \sum (A - T)^2/T$。也就是说 $\chi^2$ 是表示实际观察次数与理论次数偏离程度的一个统计数,$\chi^2$ 小,表示实际观察次数与理论次数偏离程度小,$\chi^2$ 大,表示实际观察次数与理论次数偏离程度大;$\chi^2 = 0$,表示实际观察次数与理论次数完全吻合。次数资料是不连续性变异资料,为了表明实际观察次数与理论次数偏离程度引入的统计数 $\chi^2$ 近似服从一种连续型随机变量的概率分布——$\chi^2$ 分布,由计算公式得,自由度不同,$\chi^2$ 分布的密度曲线也不同,图 5.1 所示为自由度不同时,$\chi^2$ 分布的密度曲线。

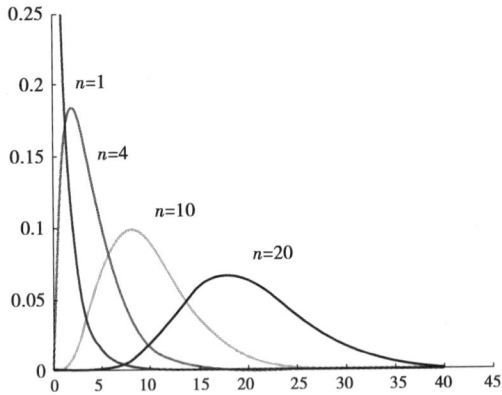

图 5.1  自由度不同时的卡方分布的密度曲线

根据图 5.1 可知,对于次数资料进行 $\chi^2$ 检验,利用连续型随机变量 $\chi^2$ 分布计算的概率常常偏低,特别是当自由度为 1 时,偏差较大。Yates 与 1934 年提出了一个矫正公式,矫正后的 $\chi^2$ 记为 $\chi_c^2$,计算公式为 $\chi_c^2 = \sum (|A - T| - 0.5)^2/T$。当自由度大于 1 时,$\chi^2$ 分布接近连续型随机变量 $\chi^2$ 分布,这时可不做连续性矫正,但要求各类别的理论次数不小于 5。若某一类别理论次数小于 5,则应把它与其相邻的一类别或几类别合并,直到合并类别后的理论次数大于 5 为止。

## 二、$\chi^2$ 检验的基本原理

1899 年,统计学家 K. Pearson 提出了用卡方(chi-square,$\chi^2$)作为检验实际观察次数与理

论次数符合程度的检验统计量。进行次数资料的 $\chi^2$ 检验,一般需经过如下 3 个基本步骤:

（一）建立假说

对次数资料进行 $\chi^2$ 检验,首先应建立相应的假设,无效假设 $H_0$ 为实际观察次数与理论次数的偏差为 0,即两者是符合的（适合性检验）;或两类因子之间是相互独立的（独立性检验）。相应的备择假设 $H_A$ 为实际观察次数与理论次数的偏差不等于 0（适合性检验）,或两类因子之间是有关联的（独立性检验）。

（二）计算 $\chi^2$ 值

在这一步中,需要根据实际观察次数与理论次数计算出相应的 $\chi^2$ 值。其中,在动物科学试验数据处理中常用的主要有以下几种:

（1）一般化的 $\chi^2$ 值

$$\chi^2 = \sum \frac{(A-T)^2}{T}$$

（2）连续性矫正 $\chi^2$ 值

$$\chi_c^2 = \sum \frac{(|A-T|-0.5)^2}{T}$$

（3）似然比 $\chi^2$ 值

在对大样本条件下的近似 $\chi^2$ 分布资料进行检验时,需要计算似然比 $\chi^2$ 值（likelihood ratio chi-square,$\chi_L^2$）。

$$\chi_L^2 = 2\sum A_i \times \ln\left(\frac{A_i}{T_i}\right)$$

（三）统计推断

将计算的实际 $\chi^2$ 值与相应的显著水平（$\alpha = 0.05$ 或 0.01）的理论 $\chi^2$ 值进行比较,如果实际 $\chi^2$ 值小于理论 $\chi^2$ 值,则表示差异不显著（即实际观察次数与理论次数相符）,接受 $H_0$;如果实际 $\chi^2$ 值大于理论 $\chi^2$ 值,则表示差异显著（即实际观察次数与理论次数不符）,否定 $H_0$,接受 $H_A$。

## 三、用于 $\chi^2$ 检验的 SAS 过程

在 SAS 系统中,$\chi^2$ 检验可利用 FREQ 过程来完成。

（一）FREQ 过程调用格式

PROC FREQ 选项;

BY 变量名称;

TABLES 要求/选项;

WEIGHT 变量;

上述语句中,除了 PROC FREQ 语句是必须语句外,其他语句都是可选择性的。

（二）语句说明

1. PROC 语句

调用 FREQ 过程进行 $\chi^2$ 检验,其选项 DATA = SAS 数据集,用于指定分析的数据集,例如 DATA = new,如果省略该选项,则系统默认对最新创建的数据集进行分析。

2. BY 语句

BY 语句用于指明分类变量,其作用与前面介绍的其他 SAS 过程类似。

3. TABLES 语句

TABLES 语句用于指明列表项和输出项。"要求"可以是 $a$(一维表)、$a \times b$(二维表)、$a \times b \times c$(三维表)。输出选项主要有:CHISQ($\chi^2$值)、EXACT(Fisher's 精确检验)、NOCOL(不输出列数)和 NOROW(不输出行数)等。

4. WEIGHT 语句

WEIGHT 语句用于指明加权系数变量,进行 $\chi^2$ 检验时,一般使用与次数相对应的变量作为加权系数。

(三)输出结果

FREQ 过程执行后,会输出 $\chi^2$ 检验的列联表、测验统计量和相应的概率值等。将输出的概率值与相应的显著水平($\alpha = 0.05$ 或 $0.01$)的概率值作比较,即可作出相应的判断。

# 第二节　$\chi^2$ 适合性检验

## 一、适合性检验的意义

根据属性类别的次数资料判断属性类别分配是否符合已知属性类别分配理论或学说的假设检验称为适合性检验。如检验一对等位基因的遗传是否符合孟德尔分离定律的 3∶1 比例,某一畜群的雌雄比例是否符合 1∶1 的理论比例等,就属于适合性检验的问题。进行适合性检验,无效假设 $H_0$:属性类别分配符合已知属性类别分配的理论或学说;备择假设 $H_A$:属性类别分配不符合已知属性类别分配的理论或学说。在 $H_0$ 成立的前提下,计算各属性类别的理论次数(通过上节所讲计算 $\chi^2$ 或 $\chi_c^2$)。因为计算所得的各个属性类别理论次数的合计应等于各个属性类别实际观察次数的合计,即适合性检验的自由度等于属性类别数减 1。若属性类别数为 $k$,则 df = $k - 1$。将计算所得的 $\chi^2$ 值与临界 $\chi^2$ 值作比较,作出统计推断。

## 二、适合性检验的 SAS 检验方法

**例 5.1**　统计某羊场一年所产 876 只羔羊,有公羔 428 只,母羔 448 只。试检验该羊场所产羔羊的性别是否符合 1∶1 的理论比例?

这是一个适合性检验的简单例子,按照 1∶1 的理论比例,该群羔羊的公羔数等于母羔数,即都为 438 只。SAS 程序如图 5.2 所示。

输出结果为:输出结果中分别给出了 $\chi^2$ 值(Chi-square)、矫正的 $\chi^2$ 值(Continuity adj, chi-square)、似然比 $\chi^2$ 值(Likelihood ratio chi-square)、M-H 法 $\chi^2$ 值(Mantel-Haenszel chi-square)、Fisher 精确概率值、Phi 系数和列联系数(Contingency Coefficient)等。在实际分析中,应根据具体资料选择不同的结果。

一般地,当自由度 df > 1,或理论次数 $E \geq 5$ 且样本数 $n \geq 30$ 时,选择 $\chi^2$ 值;当自由度 df = 1,或 $1 \leq E < 5$,$n \geq 30$ 时,选用矫正的 $\chi^2$ 值;当 $E < 1$ 或 $n < 30$ 时,选用 Fisher 精确概率结果;当对大样本条件的近似分布进行检验时,选用似然比 $\chi^2$ 值;而 M-H 法 $\chi^2$ 值主要是指卡方检验中的分层分析,在畜牧试验分析中极少使用。

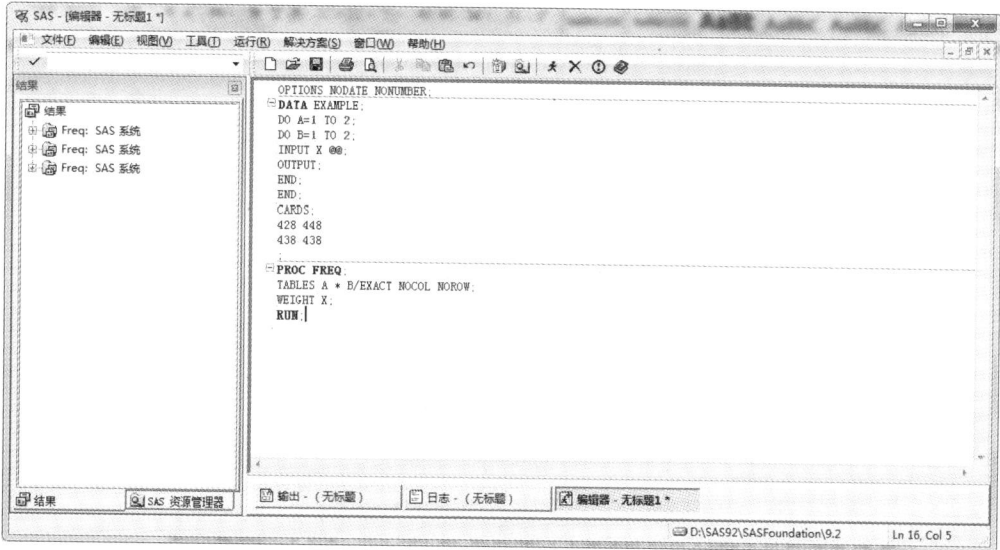

图 5.2 例 5.1 SAS 程序图（1）

本例 $\chi^2$ 检验的结果，$\chi_c^2 = 0.185\ 0$，$P = 0.667\ 1 > 0.05$，表明该群羔羊的性别比例符合 1:1 的理论比例。

其 SAS 程序如图 5.3、图 5.4 所示。

图 5.3 例 5.1 SAS 程序图（2）

图 5.4 例 5.1 SAS 程序图（3）

**例 5.2** 两对相对性状在 $F_2$ 的 4 种表现型 A_B_、A_bb、aaB_、aabb 的实际观察次数依次为 152、39、53、6。检验这两对相对性状在 $F_2$ 的 4 种表现型 A_B_、A_bb、aaB_、aabb 的分离是否符合 9:3:3:1 的理论比例？

这是一个 4 个属性类别的适合性检验问题，$k = 4$，$\mathrm{df} = k - 1 = 3 > 1$，进行 $\chi^2$ 检验不需要作连续性矫正，SAS 程序如图 5.5 所示。

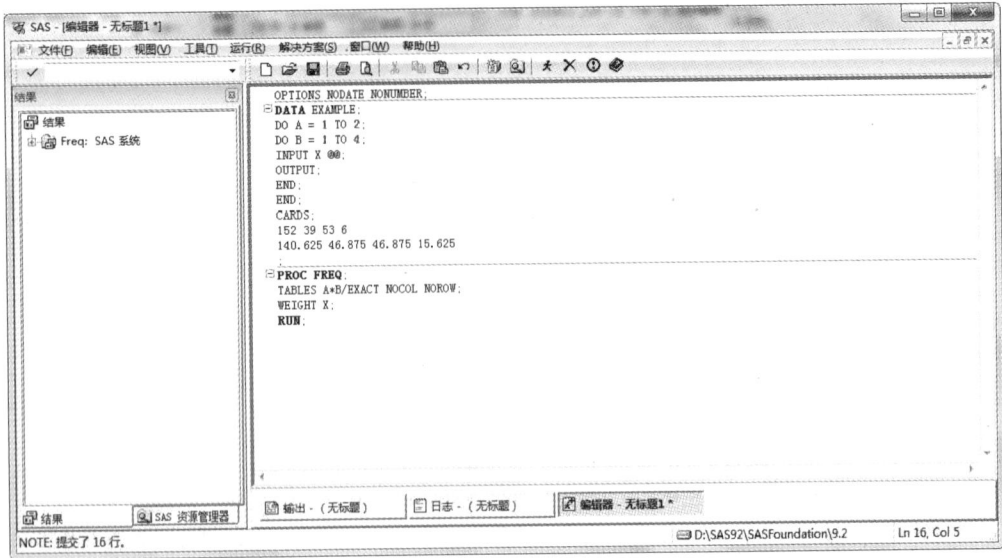

图 5.5  例 5.2 SAS 程序图

输出结果为:本例 $\chi^2$ 检验的结果, $\chi^2 = 5.824$, $P = 0.120 > 0.05$, 表明 4 种基因型的观察次数符合 9:3:3:1 的理论比例。

# 第三节  $\chi^2$ 独立性检验

## 一、独立性检验的意义

$\chi^2$ 检验还可以分析某一质量性状各个属性类别或等级资料各个等级的构成比与某一因素是否有关。例如对家畜进行某种疫苗的注射,看其疫苗的注射与某种疾病的防治有无关系,就可以通过实验组(注射疫苗)与对照组(不注射疫苗)家畜发病与不发病头数的资料进行独立性检验,从而作出相应的判断。若注射这种疫苗与该疾病的防治无关,则表明两类因子(注射与不注射)是相互独立的,即疫苗注射无效;若注射这种疫苗与该疾病的防治有关,则表明注射与不注射疫苗是相互关联的,即注射疫苗可防治该病。根据质量性状的各个属性或等级资料各个等级与某一因素的各个水平利用统计次数法得来的次数资料,判断某一质量性状的各个属性类别或等级资料各个等级的构成比与这一因素是否有关的假设检验称为独立性检验(Test for independence)。

某一因素的各个水平与某一质量性状的各个属性类别或等级资料的各个等级构成 $r$ 行、$c$ 列的列联表,简记为 $r \times c$ 列联表。在 $r \times c$ 列联表中,通常将因素的各个水平作为横标目,将质量性状的各个属性类别或等级资料的各个等级作为纵标目,此时,列联表的行数为因素的水平、列联表的列数为质量性状的属性类别数或等级资料的等级数。

进行 $r \times c$ 列联表独立性检验,假定某一质量性状各个属性类别或等级资料各个等级的构成比与某一因素无关计算理论次数,其自由度 $df = (r-1)(c-1)$。这是因为进行 $r \times c$ 列联表的独立性检验时,共有 $rc$ 个理论次数,但受到以下条件的约束:①$rc$ 个理论次数之和等于 $rc$ 个实际次数之和;②$r$ 个横行中的每一横行理论次数之和等于该行实际次数之和。由于 $r$ 个横行实际次数之和相加应等于 $rc$ 个实际次数之和,因而独立的行约束条件只有 $r-1$ 个;③与行约束条件类似,独立的列约束条件有 $c-1$ 个。

所以进行 $r \times c$ 列联表的独立性检验,自由度 $df = rc - 1 - (r-1) - (c-1) = (r-1)(c-1)$,即 $r \times c$ 列联表独立性检验的自由度 $df = (r-1)(c-1)$。

## 二、独立性检验的 SAS 检验方法

### (一)2×2 列联表的独立性检验

**例 5.3**　为了检验某种疫苗的免疫效果,某猪场用 80 头猪试验。接种疫苗的 44 头猪有 12 头发病,32 头未发病;未接种疫苗的 36 头猪有 22 头发病,14 头未发病。检验该疫苗是否有免疫效果?

在本题中,将因素的各个水平(接种疫苗和未接种疫苗)作为横标目,将质量性状的各个属性类别(发病和未发病)作为纵标目,行数为因素的水平数 2,列数为质量性状的各个属性类别数 2。因此,本例题为 2×2 列联表的独立性检验(表 5.2)。

SAS 程序如图 5.6 所示。

表 5.2　接种疫苗与未接种疫苗和发病与未发病的 2×2 列联表

| 处　理 | 属性类别 | |
| --- | --- | --- |
| | 发　病 | 未发病 |
| 接种疫苗 | 12 | 32 |
| 未接种疫苗 | 22 | 14 |

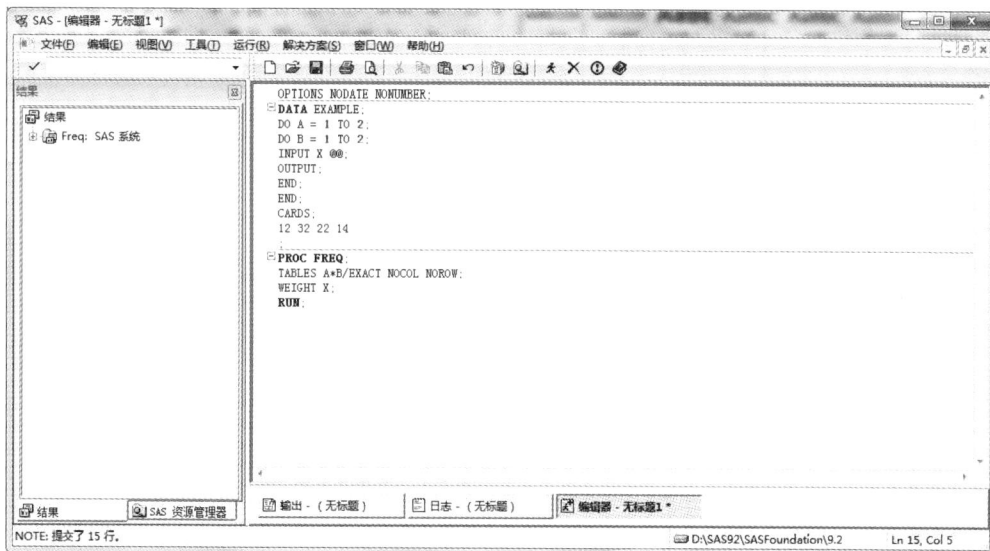

图 5.6　例 5.3 SAS 程序图(1)

输出结果为:

这是一个 2×2 列联表独立性检验问题,$df = (2-1)(2-1) = 1$,进行 $\chi^2$ 检验须作连续性矫正。本例 $\chi^2$ 检验的结果,$\chi_c^2 = 7.944\,4$,$P = 0.004\,8 < 0.05$,表明猪发病率与接种疫苗有关,

接种与未接种疫苗猪发病率差异显著,这里表现为接种疫苗猪的发病率显著低于未接种疫苗猪的发病率,说明该疫苗免疫效果显著。

SAS 程序如图 5.7、图 5.8 所示。

SAS 系统

FREQ PROCEDURE

表 - A * B

| A | B | | |
|---|---|---|---|
| 频数 百分比 | 1 | 2 | 合计 |
| 1 | 12 15.00 | 32 40.00 | 44 55.00 |
| 2 | 22 27.50 | 14 17.50 | 36 45.00 |
| 合计 | 34 42.50 | 48 57.50 | 80 100.00 |

表 (A * B) 的统计量

| 统计量 | 自由度 | 值 | 概率 |
|---|---|---|---|
| 卡方 | 1 | 9.2774 | 0.0023 |
| 似然比卡方 | 1 | 9.4190 | 0.0021 |
| 连续校正卡方 | 1 | 7.9444 | 0.0048 |
| Mantel-Haenszel 卡方 | 1 | 9.1615 | 0.0025 |
| Phi 系数 | | -0.3405 | |
| 列联系数 | | 0.3224 | |
| Cramer V 统计量 | | -0.3405 | |

Fisher 精确检验

| 单元格 (1,1) 频数 (F) | | 12 |
|---|---|---|
| 左侧 Pr <= F | | 0.0023 |
| 右侧 Pr >= F | | 0.9995 |
| 表概率 (P) | | 0.0018 |
| 双侧 Pr <= P | | 0.0032 |
| 样本大小 = 80 | | |

图 5.7　例 5.3 SAS 程序图(2)　　　　图 5.8　例 5.3 SAS 程序图(3)

### (二)2×c 列联表的独立性检验

**例** 5.4　在甲、乙两地进行水牛体型调查,将体型按优、良、中、差 4 个等级分类,结果见表 5.3。检验甲、乙两地水牛体型的构成比是否相同?

SAS 程序如图 5.9 所示。

表 5.3　两地水牛体型 4 个等级的 2×4 列联表

| 地　区 | 等　级 | | | |
|---|---|---|---|---|
| | 优 | 良 | 中 | 差 |
| 甲 | 10 | 10 | 60 | 10 |
| 乙 | 10 | 5 | 20 | 10 |

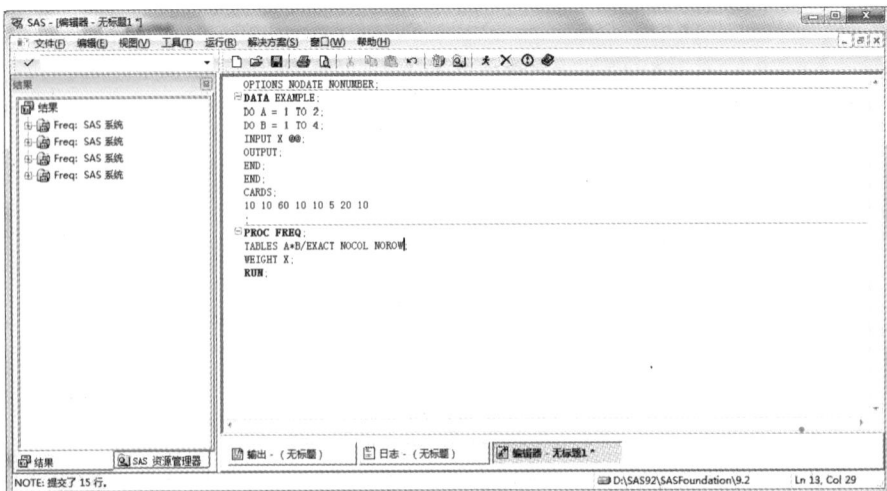

图 5.9　例 5.4 SAS 程序图(1)

输出结果为:在本 $2 \times 4$ 列联表中,因素的各个水平(甲地和乙地)为横标目、水牛体型的等级(优、良、中、差)为总标目,$df = (2-1)(4-1) = 3$,无须作连续性矫正。本例 $\chi^2$ 检验的结果,$\chi^2 = 7.5000$,$P = 0.0567 > 0.05$,表明甲、乙两地水牛体型 4 个等级构成比差异不显著,即甲、乙两地水牛体型 4 个等级构成比相同。

SAS 程序如图 5.10、图 5.11 所示。

SAS 系统

FREQ PROCEDURE

表 - A * B

| A<br>频数<br>百分比 | B<br>1 | 2 | 3 | 4 | 合计 |
|---|---|---|---|---|---|
| 1 | 10<br>7.41 | 10<br>7.41 | 60<br>44.44 | 10<br>7.41 | 90<br>66.67 |
| 2 | 10<br>7.41 | 5<br>3.70 | 20<br>14.81 | 10<br>7.41 | 45<br>33.33 |
| 合计 | 20<br>14.81 | 15<br>11.11 | 80<br>59.26 | 20<br>14.81 | 135<br>100.00 |

表 (A * B) 的统计量

| 统计量 | 自由度 | 值 | 概率 |
|---|---|---|---|
| 卡方 | 3 | 7.5000 | 0.0576 |
| 似然比卡方 | 3 | 7.3380 | 0.0619 |
| Mantel-Haenszel 卡方 | 1 | 0.4685 | 0.4937 |
| Phi 系数 | | 0.2357 | |
| 列联系数 | | 0.2294 | |
| Cramer V 统计量 | | 0.2357 | |

图 5.10　例 5.4 SAS 程序图(2)

Fisher 精确检验

表概率 (P)　2.394E-04
Pr <= P　　0.0568

样本大小 = 135

图 5.11　例 5.4 SAS 程序图(3)

此外,进行动物科学试验研究,有时候需要将数量性状资料转化为等级资料。例如剪毛量分为特等、一等、二等,产奶量分为高产、中产、低产。对这样的等级资料也可采用 $\chi^2$ 检验进行假设检验。同时,对双向无序的 $2 \times c(r \times c)$ 列联表资料,当用 $\chi^2$ 检验作出拒绝 $H_0$ 的结论时,研究者常需要指导更进一步的情况,此时就需要对资料进行分割,$2 \times c(r \times c)$ 列联表变成一系列的 $2 \times 2$ 列联表形式,然后逐一分析这些分割后的资料,以便给出尽可能细致的回答。

$\chi^2$ 分布的多个变量之和也服从 $\chi^2$ 分布,因此一个较大的 $\chi^2$ 值,根据分析的目的,可以分割成 $n$ 个分量,多个样本率比较的资料可整理成 $2 \times 2$ 列联表,经 $2 \times c(r \times c)$ 列联表资料 $\chi^2$ 检验的结果为拒绝 $H_0$,接受 $H_A$ 时,若不经任何处理,而直接用分割法把 $2 \times c(r \times c)$ 列联表 $\chi^2$ 分布分成多个独立的 $2 \times 2$ 列联表进行两两比较,则需要重新规定检验水平。重新规定检验水平的估计方法通常有以下两种情况:①多个试验组与一个对照组的比较,需要对每次检验的显著水平重新规定,即 $\alpha' = \alpha / [2(k-1)]$,$k$ 为总组数(包括对照组)。②多个试验组之间的两两比较,$\alpha' = \alpha / [k(k-1)/2 + 1]$。

**例 5.5**　统计 A、B 两个品种各 67 头经产母猪的产仔数,按照产仔数 ≤9 头、10~12 头、≥13 头 3 个等级统计经产母猪头数,见表 5.4,检验 A、B 两品种经产母猪产仔数的 3 个等级构成比是否相同。

SAS 程序如图 5.12 所示。

表 5.4　A、B 两个品种经产母猪产仔数 3 个等级的 2×3 列联表

| 品　种 | 等　级 | | |
|---|---|---|---|
| | ≤9 头 | 10 ~ 12 头 | ≥13 头 |
| A | 17 | 44 | 6 |
| B | 5 | 77 | 29 |

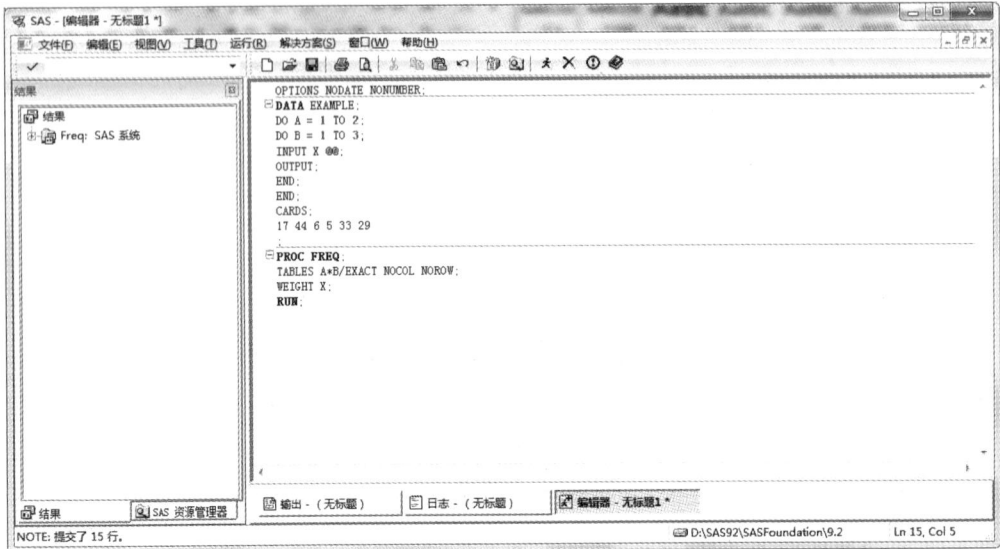

图 5.12　例 5.5 SAS 程序图（1）

输出结果为：在本 2×3 联表中，因素的各个水平（品种 A 和品种 B）为横标目、数量性状资料（产仔数）转化为等级资料的各个等级为纵标目，df = (2 - 1)(3 - 1) = 2，无须做连续性矫正。本例 $\chi^2$ 检验的结果，$\chi^2 = 23.231\ 2$，$P < 0.01$，表明经产母猪产仔数 3 个等级的构成比与品种差异极显著，有必要进一步检验，以确定 3 个等级的构成比差异极显著在哪样的等级。

SAS 程序如图 5.13 所示。

图 5.13　例 5.5 SAS 程序图（2）

本例题中,通过检验确定3个等级的构成比差异,因此,根据资料进行两两比较,以分析是否任意两个等级在两个品种中有显著性差异,则表5.4需转化为表5.5。

表5.5 3个等级构成比差异的比较

| 构成比 | A | B |
|---|---|---|
| ≤9 头 | 17 | 5 |
| 10 ~ 12 头 | 44 | 33 |
| ≥13 头 | 6 | 29 |

检验步骤如下:

①提出无效假设与备择假设:

$H_0:\mu_A = \mu_B$,即任意两对比组的构成比相同;

$H_A:\mu_A \neq \mu_B$,即任意两对比组的构成比不同。

②本例为3个等级之间的两两比较,设 $\alpha = 0.05$,其检验水平如下:

$$\alpha' = \frac{\alpha}{k(k-1)/2+1} = \frac{0.05}{3(3-1)/2+1} = 0.0125$$

③分别计算任意两对比组的检验统计量 $\chi^2$ 值与 $P$ 值,所得 $P$ 值结果与 $\alpha'$ 比较,进而得出结论结果见表5.6。

表5.6 3个等级之间两两比较结果

| 对比组 | $\chi^2$ 值 | $P$ 值 |
|---|---|---|
| ≤9 头 *vs.* 10 ~ 12 头 | 2.142 3 | 0.143 3 |
| ≤9 头 *vs.* ≥13 头 | 17.841 3 | <0.000 1 |
| 10 ~ 12 头 *vs.* ≥13 头 | 14.002 3 | 0.000 2 |

由表5.6得,按 $\alpha' = 0.0125$ 的检验水准,$P(≤9$ 头 *vs.* $10 ~ 12$ 头$) = 0.1433 > 0.0125$,表明两个等级之间差异不显著,即A、B两组经产母猪产仔数在≤9头与10~12头两个等级的构成比相同;$P(≤9$ 头 *vs.* ≥13 头$) < 0.0125$,表明两个等级之间差异显著,即A、B两组经产母猪产仔数在≤9头与≥13头两个等级的构成比不同;$P(10~12$ 头 *vs.* ≥13 头$) = 0.0002 < 0.0125$,表明两个等级之间差异显著,即A、B两组经产母猪产仔数在10~12头与≥13头两个等级的构成比不同。

(三)$r \times c$ 列联表的独立性检验

$r \times c$ 列联表可以分为双向无序、单向有序、双向有序属性相同和双向有序属性不同等4类。

(1)双向无序 $r \times c$ 列联表

表中两个分类变量皆为无序分类变量,对于该类资料,①若研究目的为多个样本率(或构成比)的比较,可用 $r \times c$ 列联表的 $\chi^2$ 检验;②若研究目的为分析两个分类变量之间有无关联性以及关系的密切程度,可以用 $r \times c$ 列联表的 $\chi^2$ 检验,以及 Pearson 列联系数进行分析。

(2)单向有序 $r \times c$ 列联表

单向有序 $r \times c$ 列联表有两种形式,一种是 $r \times c$ 列联表中的分组变量(横标目)是有序的,而指标变量(纵标目)是无序的,此种单向有序$r×c$列联表可以用$r×c$列联表的$\chi^2$检验进行分析;另一种情况是$r×c$列联表中的分组变量(横标目)是无序的,而指标变量(纵标目)是有序的,此种单向有序$r×c$列联表资料宜用秩和检验进行分析。

(3)双向有序属性相同的$r×c$列联表

表中的两个分类变量皆为有序且属性相同,实际上是$2×2$配对设计的扩展,此时宜用一致性检验(或称 Kappa 检验)。

(4)双向有序属性不同的$r×c$列联表

表中的两个分类变量皆为有序且属性不相同,对该类资料需要分析两个有序分类变量间是否存在线性变化趋势,宜用有序分组资料的线性趋势检验。

例 5.6  将 117 头奶牛随机分为 3 组,每组 39 头,分别饲喂 3 种不同的饲料,观察记载各组 39 头奶牛每头奶牛的发病次数,以奶牛发病次数 0、1、2、…、9 作为奶牛发病的 10 个等级,奶牛发病 10 个等级与饲喂 3 种饲料的 $10×3$ 列联表见表 5.7。检验奶牛发病等级的构成比与所饲喂的饲料种类是否有关。

表 5.7  奶牛发病 10 个等级与饲喂 3 种饲料的 $10×3$ 列联表

| 奶牛发病等级 | 饲料种类 | | |
|---|---|---|---|
| | A | B | C |
| 0 | 19(17.3) | 16(17.3) | 17(17.3) |
| 1 | 1(0.3) | 0(0.3) | 0(0.3) |
| 2 | 0(1.3) | 3(1.3) | 1(1.3) |
| 3 | 7(5.7) | 9(5.7) | 1(5.7) |
| 4 | 3(4.7) | 5(4.7) | 6(4.7) |
| 5 | 4(3.3) | 1(3.3) | 5(3.3) |
| 6 | 2(2.0) | 1(2.0) | 3(2.0) |
| 7 | 0(1.3) | 2(1.3) | 2(1.3) |
| 8 | 1(2.3) | 2(2.3) | 4(2.3) |
| 9 | 2(0.7) | 0(0.7) | 0(0.7) |

这是一个行变量为顺序变量的$\chi^2$检验,在列联表 5.7 中,奶牛发病的等级为横标目,因素(饲料种类)的水平为纵标目,行数为奶牛发病的等级数 10,列数为因素(饲料种类)的水平数 3,在做这个列联表中,括号内的数据为各个等级的实际观察次数对应的理论次数,对于理论次数小于 5 者,须将其与相邻等级合并,合并等级后各个等级的理论次数大于 5。表 5.7 为合并后列联表,行数为合并等级后的等级数 4,列数仍为因素(饲料种类)的水平数 3,这是一个 $4×3$ 列联表行变量为顺序变量的$\chi^2$检验。

变量虽然是有序的,但毕竟不是定量的,需要给有序变量的各个等级赋值,方可进行相关性分析。最简单的赋值方法是按顺序赋给秩次(即得分),即给行变量的等级赋值 1、2、…、$R$ 和给列变量的等级赋值 1、2、…、$C$。这样$(X,Y)$的取值就有 $R×C$ 对,表中的 $R×C$ 个频数就是这个 $R×C$ 对取值所对应的频数,然后计算 Spearman 秩相关系数,并作显著性检验,这就是比较粗糙的分析方法。

合并等级后的 $4 \times 3$ 列联表见表 5.8。

SAS 程序如图 5.14 所示。

表 5.8　合并等级后的 $4 \times 3$ 列联表

| 奶牛发病等级 | 饲料种类 | | |
|---|---|---|---|
| | A | B | C |
| 0 | 19(17.3) | 16(17.3) | 17(17.3) |
| 1～3 | 8(7.3) | 12(7.3) | 2(7.3) |
| 4～5 | 7(8.0) | 6(8.0) | 11(8.0) |
| 6～9 | 5(6.3) | 5(6.3) | 9(6.3) |

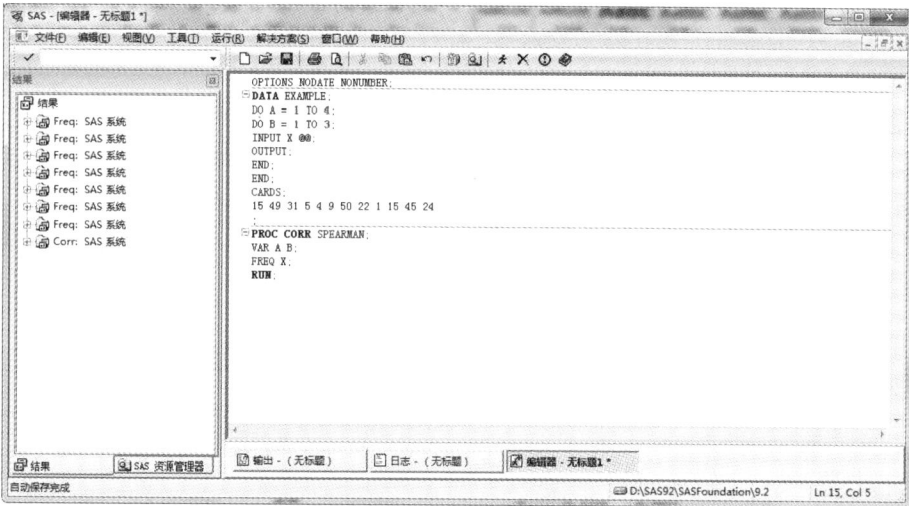

图 5.14　例 5.6 SAS 程序图（1）

输出结果为：①给出了两个变量的描述性统计量；②给出变量的秩相关系数矩阵（VAR 语句所列变量中人两者之间的相关系数），相关系数部位零（$r = -0.093\ 39, P = 0.125\ 8$）。可以得出结论，奶牛发病 4 个等级的构成比与饲料种类无关，可以认为用此 3 种饲料饲喂奶牛，奶牛发病 4 个等级的构成比相同。

SAS 程序如图 5.15 所示。

图 5.15　例 5.6 SAS 程序图（2）

**例5.7** 猪瘟的治疗效果分为治愈、显效、好转和无效,为了评价某兽医研究所研究的 3 种治疗猪瘟的药物 A、B、C 对该种疾病的治疗效果,将 3 种药物的治疗资料整理成表 5.9,试分析 3 种药物的治疗效果是否存在差异?

表5.9 药物疗效对比

| 药 物 | 疗 效 | | | |
|---|---|---|---|---|
| | 治 愈 | 显 效 | 好 转 | 无 效 |
| A | 15 | 49 | 31 | 5 |
| B | 4 | 9 | 50 | 22 |
| C | 1 | 15 | 45 | 24 |

这种资料用一般的 $\chi^2$ 检验只能得出两组构成比是否相同的结论,并不能得出哪组疗效较好的结论。例如,当实验组无效和治愈较多,对照组则好转和显效较多,此时 $\chi^2$ 怎会较大,$P$ 值则较小,说明其构成比不同,但不能说明何者疗效好。

本题是列变量为顺序变量的 $\chi^2$ 检验,其计算方法为,认为给各疗效一个分数,如无效为 1,好转为 2,显效为 3,治愈为 4,则可计算其均数,称为行平均得分。由此,可以计算出各行的行平均得分,然后比较各行的行平均得分是否差异显著,从而说明哪种药物的疗效好。

进行行均分检验的 SAS 程序为 FREQ 过程,此时需要在 Tables 语句后面增加 CMH 选项,即求统计量 Cochran-Mantel-Haenszel。

SAS 程序如图 5.16 所示。

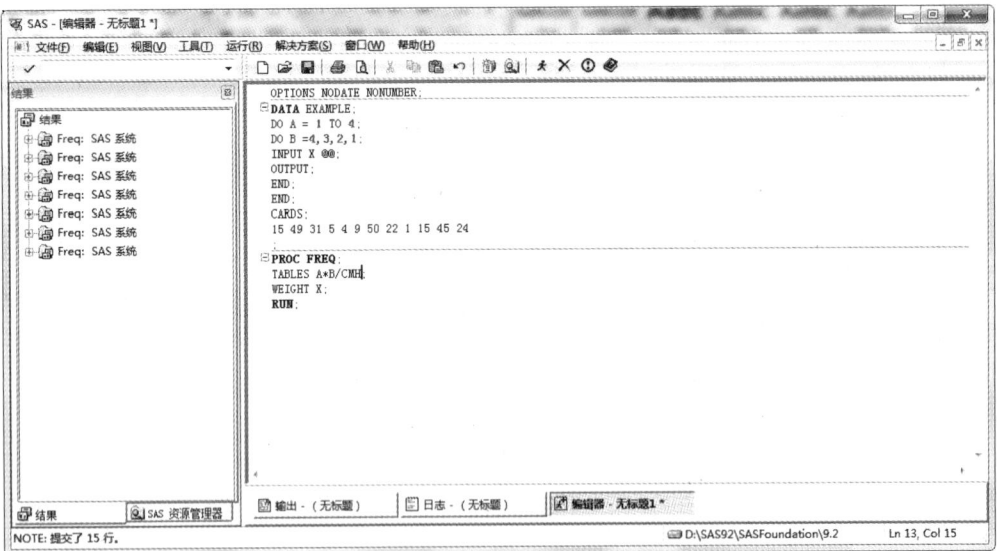

图 5.16 例 5.7 SAS 程序图(1)

输出结果为:①本结果中列出了列联表频数及各百分比,与前面相同;②本结果中输出了 $\chi^2$ 值及相关系数;③本结果中,行均值得分差值即 $Q_s$ 值。$Q_s = 58.6778$,$P < 0.0001$,据此可得出结论:3 种药物的治疗效果有显著性差异。

这样的数据也可以采用 Logitic 回归分析模型,将列变量作为因变量,将行变量作为自变量进行数据分析。此部分下面章节将进行详细介绍。

SAS 程序如图 5.17 所示。

```
行首分比│     1│     2│     3│     4│    合计
列首分比│
─────────┼──────┼──────┼──────┼──────┼──────
    1    │     5│    31│    49│    15│   100
         │  1.85│ 11.48│ 18.15│  5.56│ 37.04
         │  5.00│ 31.00│ 49.00│ 15.00│
         │  3.80│ 24.60│ 67.12│ 75.00│
─────────┼──────┼──────┼──────┼──────┼──────
    2    │    22│    50│     9│     4│    85
         │  8.15│ 18.52│  3.33│  1.48│ 31.48
         │ 25.88│ 58.82│ 10.59│  4.71│
         │ 43.14│ 39.68│ 12.33│ 20.00│
─────────┼──────┼──────┼──────┼──────┼──────
    3    │    24│    45│    15│     1│    85
         │  8.89│ 16.67│  5.56│  0.37│ 31.48
         │ 28.24│ 52.94│ 17.65│  1.18│
         │ 47.06│ 35.71│ 20.55│  5.00│
─────────┼──────┼──────┼──────┼──────┼──────
   合计  │    51│   126│    73│    20│   270
         │ 18.89│ 46.67│ 27.04│  7.41│100.00
```

"A * B" 的汇总统计量

Cochran-Mantel-Haenszel 统计量（基于表得分）

| 统计量 | 备择假设 | 自由度 | 值 | 概率 |
|---|---|---|---|---|
| 1 | 非零相关 | 1 | 46.2973 | <.0001 |
| 2 | 行均值得分差值 | 2 | 58.6778 | <.0001 |
| 3 | 一般关联 | 6 | 66.9580 | <.0001 |

总样本大小 = 270

图 5.17　例 5.7SAS 程序图（2）

例 5.8　某兽医研究所用某种兽药进行抑菌试验,将用药后对革兰氏阳性菌与革兰氏阴性菌的抑菌效果整理成列联表(表 5.10),现进行药物对革兰氏阳性菌与革兰氏阴性菌抑菌效果一致性检验。

表 5.10　革兰氏阳性菌与革兰氏阴性菌抑菌效果比较分析

| 革兰氏阳性菌 | 革兰氏阴性菌 | | | |
|---|---|---|---|---|
| | 无　效 | 显　效 | 好　转 | 治　愈 |
| 无效 | 4 | 7 | 8 | 3 |
| 显效 | 5 | 56 | 74 | 15 |
| 好转 | 10 | 32 | 128 | 17 |
| 治愈 | 6 | 9 | 13 | 8 |

本题为双向有序属性相同 $r \times c$ 列联表资料的统计分析,其 SAS 程序如图 5.18 所示。

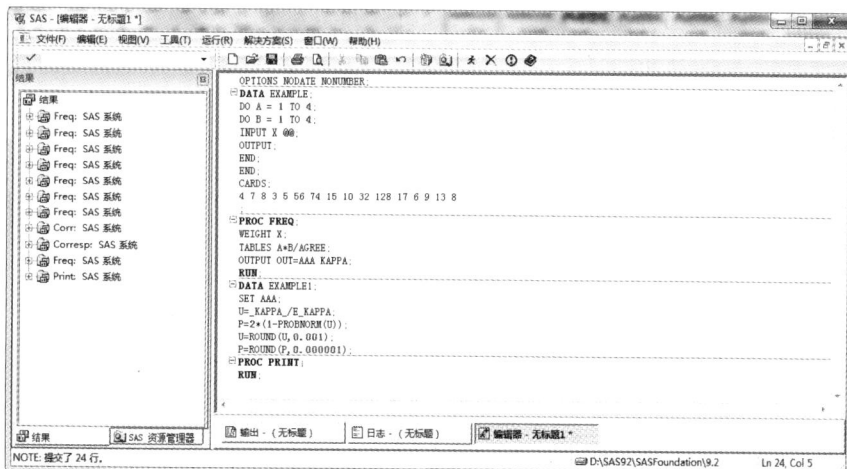

图 5.18　例 5.8SAS 程序图（1）

SAS 输出结果如下:①输出变量的频数分布以及百分数;②输出"对称性"检验结果,以及配对检验的显著性推断;③输出 Kappa 检验结果,Kappa = 0.186 5,表明药物的抑菌效果对革兰氏阳性菌与革兰氏阴性菌的一致性较差。据此可以得出结论,该药物对革兰氏阳性菌和革兰氏阴性菌抑菌效果有显著性差异,一致性较差。

SAS 程序如图 5.19、图 5.20 所示。

FREQ PROCEDURE

表 - A * B

| A<br>频数<br>百分比<br>行百分比<br>列百分比 | B | 1 | 2 | 3 | 4 | 合计 |
|---|---|---|---|---|---|---|
| 1 | | 4<br>1.01<br>18.18<br>16.00 | 7<br>1.77<br>31.82<br>6.73 | 8<br>2.03<br>36.36<br>3.59 | 3<br>0.76<br>13.64<br>6.98 | 22<br>5.57 |
| 2 | | 5<br>1.27<br>3.33<br>20.00 | 56<br>14.18<br>37.33<br>53.85 | 74<br>18.73<br>49.33<br>33.18 | 15<br>3.80<br>10.00<br>34.88 | 150<br>37.97 |
| 3 | | 10<br>2.53<br>5.35<br>40.00 | 32<br>8.10<br>17.11<br>30.77 | 128<br>32.41<br>68.45<br>57.40 | 17<br>4.30<br>9.09<br>39.53 | 187<br>47.34 |
| 4 | | 6<br>1.52<br>16.67<br>24.00 | 9<br>2.28<br>25.00<br>8.65 | 13<br>3.29<br>36.11<br>5.83 | 8<br>2.03<br>22.22<br>18.60 | 36<br>9.11 |
| 合计 | | 25<br>6.33 | 104<br>26.33 | 223<br>56.46 | 43<br>10.89 | 395<br>100.00 |

图 5.19　例 5.8SAS 程序图(2)

表 (A * B) 的统计量

对称性检验

| 统计量 (S) | 20.2304 |
|---|---|
| 自由度 | 6 |
| Pr > S | 0.0025 |

Kappa 统计量

| 统计量 | 值 | 渐近标准误差 | 95% 置信限 | |
|---|---|---|---|---|
| 简单 Kappa | 0.1865 | 0.0366 | 0.1148 | 0.2582 |
| 加权的 Kappa | 0.1481 | 0.0393 | 0.0711 | 0.2252 |

样本大小 = 395

图 5.20　例 5.8SAS 程序图(3)

**例 5.9**　为研究家禽新城疫与近期使用抗生素之间的关系,在 5 个养鸡场中采用病鸡—对照研究方法调查了 234 只新城疫鸡与 1 742 只对照者(正常鸡)使用口服抗生素状况,资料见表 5.11,请在排除了 5 个养鸡场的影响后,分析使用口服抗生素对是否患新城疫的影响情况。SAS 程序如图 5.21 所示。

表 5.11　新城疫与近期使用口服抗生素关系的调查结果

| 养鸡场 | 服药与否 | 病鸡数 | 对照数 |
|---|---|---|---|
| 1 | 服药 | 4 | 62 |
| | 不服药 | 2 | 224 |
| 2 | 服药 | 9 | 33 |
| | 不服药 | 12 | 390 |
| 3 | 服药 | 4 | 26 |
| | 不服药 | 33 | 330 |

续表

| 养鸡场 | 服药与否 | 病鸡数 | 对照数 |
|---|---|---|---|
| 4 | 服药 | 6 | 9 |
| | 不服药 | 65 | 362 |
| 5 | 服药 | 6 | 5 |
| | 不服药 | 93 | 301 |

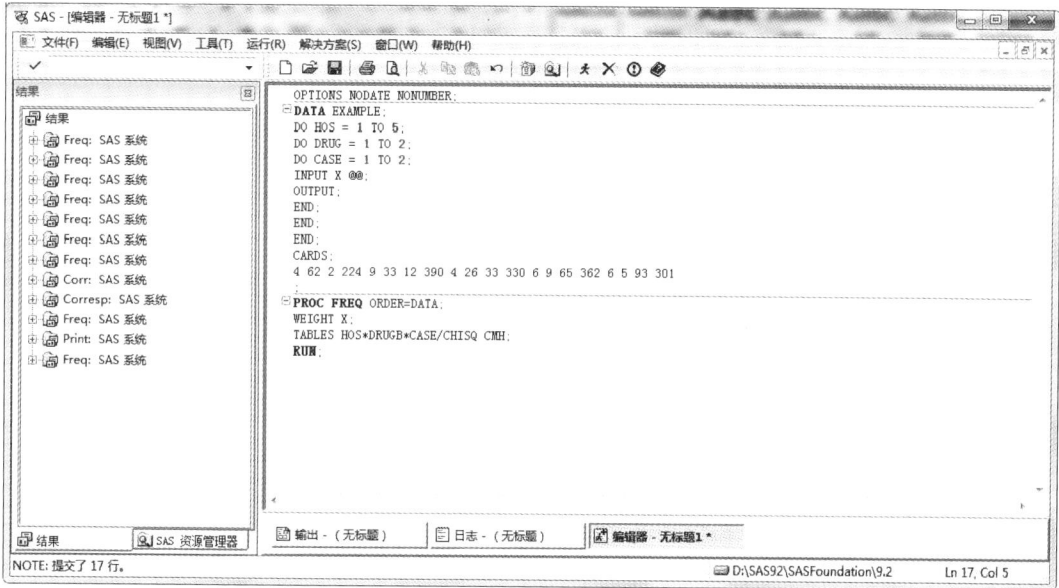

图 5.21 例 5.9SAS 程序图（1）

SAS 输出结果如下：①分别输出第 1 ~ 5 家养殖场的四格表频数、百分数、$\chi^2$ 检验、Fisher 精确检验结果及相关内容；②输出 CMH 选项的统计分析结果。首先输出 Cochran-Mantel-Haenszel 统计量，其中检验了非零相关、行平均得分差及一般关联等 3 个备选假设，这三者在四格表资料中的结果是相同的，因而不必考虑应当选择哪一个结果。这里是检验口服抗生素与新城疫的关系，但矫正了养殖场的差异作用，有分析结果可见，$Q_{MH} = 34.723\ 0$，$P < 0.000\ 1$，据此可以得出结论，是否使用抗生素与新城疫显著相关；③输出对优比的齐性 Breslow-Day 检验是检验服药组与不服药组与是否发生新城疫的关联在各中心是否一致，本例 $Q_{MH} = 6.405\ 1$，$DF = 4$，$P = 0.170\ 9$，即不能认为各养殖场的优比（案例对照，OR）不同。如果 Breslow-Day 的 $Q_{MH}$ 有统计意义，则不能用总的 OR 与总的疗效比较。

SAS 程序如图 5.22—图 5.25 所示。

**例 5.10** 为了研究藏系绵羊毛色深浅程度是否与年龄相关，将资料整理成表 5.12 的形式，试编写趋势卡方检验的 SAS 程序，分析年龄与毛色深浅程度的相关关系。

```
                    SAS 系统

                  FREQ PROCEDURE
                  表 1 - B * C
                   控制: A=1

        B        C

        频数
        百分比
        行百分比
        列百分比       1|      2|    合计
        ---------+--------+--------+
          1  |      4|     62|     66
             |   1.37|  21.23|  22.60
             |   6.06|  93.94|
             |  66.67|  21.68|
        ---------+--------+--------+
          2  |      2|    224|    226
             |   0.68|  76.71|  77.40
             |   0.88|  99.12|
             |  33.33|  78.32|
        ---------+--------+--------+
        合计          6     286     292
                   2.05   97.95  100.00
```

图 5.22　例 5.10SAS 程序图（1）

```
                表 1 (B * C) 的统计量
                   " A=1" 的控制

    统计量                      自由度       值       概率
    ------------------------------------------------------
    卡方                          1      6.7990    0.0091
    似然比卡方                      1      5.4246    0.0199
    连续校正卡方                    1      4.4706    0.0345
    Mantel-Haenszel 卡方           1      6.7758    0.0092
    Phi 系数                              0.1526
    列联系数                              0.1508
    Cramer V 统计量                       0.1526

        WARNING: 50% 的单元格的期望计数比 5 小。
                卡方可能不是有效检验。


              Fisher 精确检验
    ----------------------------------------
    单元格 (1,1) 频数 (F)            4
    左侧 Pr <= F                 0.9974
    右侧 Pr >= F                 0.0250

    表概率 (P)                   0.0224
    双侧 Pr <= P                 0.0250

            样本大小 = 292
```

图 5.23　例 5.10SAS 程序图（2）

```
                FREQ PROCEDURE

           "B * C" 的汇总统计量
                "A" 的控制

    Cochran-Mantel-Haenszel 统计量（基于表得分）

    统计量   备择假设            自由度       值       概率
    ------------------------------------------------------
      1     非零相关              1     34.7230   <.0001
      2     行均值得分差值          1     34.7230   <.0001
      3     一般关联              1     34.7230   <.0001

            普通相对风险的估计值（行 1/行 2）

    研究类型        方法              值           95% 置信限
    ------------------------------------------------------
    案例对照       Mantel-Haenszel   3.9699    2.4270    6.4937
     （优比）      Logit            4.2705    2.5663    7.1067

    Cohort       Mantel-Haenszel   3.0066    2.1165    4.2710
    （第 1 列风险）  Logit            2.9180    2.0654    4.1225

    Cohort       Mantel-Haenszel   0.8668    0.8047    0.9338
    （第 2 列风险）  Logit            0.9245    0.8765    0.9751
```

图 5.24　例 5.10SAS 程序图（3）

```
              对优比的齐性的
             Breslow-Day 检验
          ----------------------
          卡方            6.4051
          自由度             4
          Pr > 卡方       0.1709


          总样本大小 = 1976
```

图 5.25　例 5.10SAS 程序图（4）

表 5.12　毛色深浅程度与年龄的关系

| 毛色深浅程度 | 年　龄 | | |
|---|---|---|---|
| | 2 – | 3 – | 4 – |
| + | 215 | 131 | 148 |
| + + | 67 | 101 | 128 |
| + + + | 44 | 63 | 132 |

　　如果两个有序变量之间有相关关系,则需要进一步研究两个变量之间是否呈直线变化关系,这就需要进行趋势 $\chi^2$ 检验。进行趋势 $\chi^2$ 检验,首先应计算 $r \times c$ 列联表的 $\chi^2$ 值,然后将总的 $\chi^2$ 值分解成线性回归分量与偏离线性回归分量,若两分量有统计学意义,说明两分类变量存在相关关系,但关系不是简单的直线关系;若线性回归分量有统计学意义,偏离线性回归分量无统计学意义,说明两分类变量不仅存在相关关系,而且是线性关系,SAS 程序如图 5.26、图 5.27 所示。

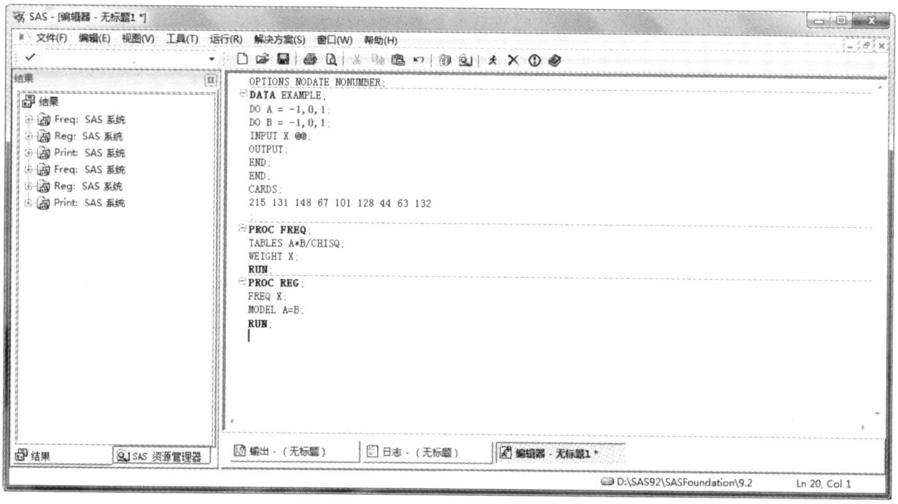

图 5.26　例 5.10SAS 程序图 (5)

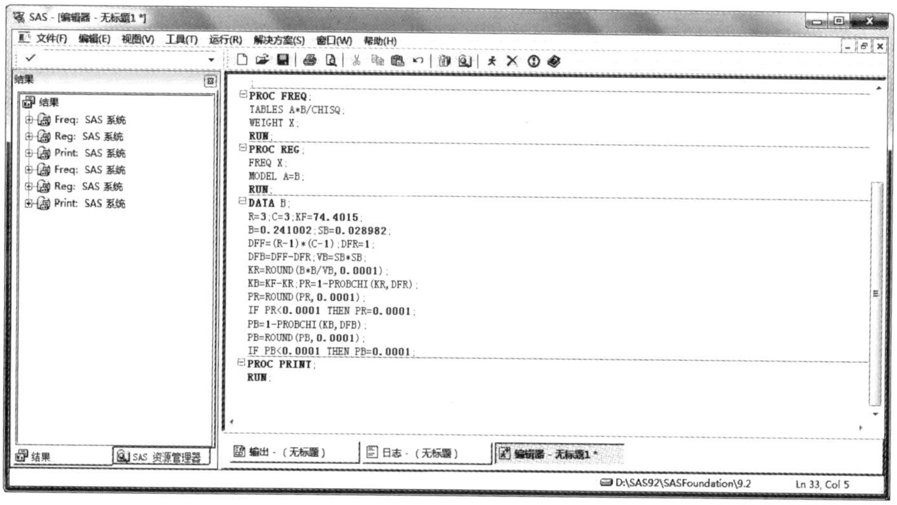

图 5.27　例 5.10SAS 程序图 (6)

SAS 输出结果为：①输出变量的频数分布及百分数；②输出$\chi^2$统计量以及检验结果，Chi-Square =74.401 5(总的$\chi^2$值)，$df=4$，$P<0.000\ 1$；③输出方差分析表，结果表明模型拟合数据较好($F=69.15$，$P<0.000\ 1$)，模型有显著性意义；④参数估计结果，自变量 $b$ 有显著性意义($P<0.000\ 1$)，常数项也有显著性意义($P=0.000\ 1$)；⑤输出线性趋势检验的检验结果，根据$\chi^2$和回归分析结果，将总的$\chi^2$值分解为线性回归分量$\chi^2$回归和偏线性回归分量，并进行显著性检验。Pr =0.000 1，表明线性回归分量有显著性统计学意义。Pb =0.154 2，表明偏线性回归分量无显著性统计学意义。据此可以得出结论，毛色深浅程度与年龄呈直线相关。

SAS 程序如图 5.28—图 5.32 所示。

SAS 系统

FREQ PROCEDURE

表 - A * B

| A（频数 / 百分比 / 行百分比 / 列百分比） | B = -1 | 0 | 1 | 合计 |
|---|---|---|---|---|
| -1 | 215<br>20.89<br>43.52<br>65.95 | 131<br>12.73<br>26.52<br>44.41 | 148<br>14.38<br>29.96<br>36.27 | 494<br>48.01 |
| 0 | 67<br>6.51<br>22.64<br>20.55 | 101<br>9.82<br>34.12<br>34.24 | 128<br>12.44<br>43.24<br>31.37 | 296<br>28.77 |
| 1 | 44<br>4.28<br>18.41<br>13.50 | 63<br>6.12<br>26.36<br>21.36 | 132<br>12.83<br>55.23<br>32.35 | 239<br>23.23 |
| 合计 | 326<br>31.68 | 295<br>28.67 | 408<br>39.65 | 1029<br>100.00 |

图 5.28 例 5.10SAS 程序图（7）

表 (A * B) 的统计量

| 统计量 | 自由度 | 值 | 概率 |
|---|---|---|---|
| 卡方 | 4 | 74.4015 | <.0001 |
| 似然比卡方 | 4 | 74.6365 | <.0001 |
| Mantel-Haenszel 卡方 | 1 | 64.8481 | <.0001 |
| Phi 系数 | | 0.2689 | |
| 列联系数 | | 0.2597 | |
| Cramer V 统计量 | | 0.1901 | |

样本大小 = 1029

图 5.29 例 5.10SAS 程序图（8）

SAS 系统

The REG Procedure
Model: MODEL1
Dependent Variable: A

| | |
|---|---|
| Number of Observations Read | 9 |
| Number of Observations Used | 9 |
| Sum of Frequencies Read | 1029 |
| Sum of Frequencies Used | 1029 |

Frequency: X

Analysis of Variance

| Source | DF | Sum of Squares | Mean Square | F Value | Pr > F |
|---|---|---|---|---|---|
| Model | 1 | 42.25265 | 42.25265 | 69.15 | <.0001 |
| Error | 1027 | 627.55493 | 0.61106 | | |
| Corrected Total | 1028 | 669.80758 | | | |

| | | | |
|---|---|---|---|
| Root MSE | 0.78170 | R-Square | 0.0631 |
| Dependent Mean | -0.24781 | Adj R-Sq | 0.0622 |
| Coeff Var | -315.43933 | | |

图 5.30 例 5.10SAS 程序图（9）

Parameter Estimates

| Variable | DF | Parameter Estimate | Standard Error | t Value | Pr > \|t\| |
|---|---|---|---|---|---|
| Intercept | 1 | -0.26702 | 0.02448 | -10.91 | <.0001 |
| B | 1 | 0.24100 | 0.02898 | 8.32 | <.0001 |

图 5.31　例 5.10SAS 程序图（10）

SAS 系统

| Obs | R | C | KF | B | SB | DFF | DFR | DFB | VB | KR | KB | PR | PB |
|---|---|---|---|---|---|---|---|---|---|---|---|---|---|
| 1 | 3 | 3 | 74.4015 | 0.24100 | 0.028982 | 4 | 1 | 3 | .000839956 | 69.1488 | 5.2527 | .0001 | 0.1542 |

图 5.32　例 5.10SAS 程序图（11）

# 第六章

## 回归与相关分析

### 第一节　回归与相关分析简介

　　前面各章所研究的问题都只涉及一种变量 $x$，例如，在不同品种母猪的产仔数性状比较试验中，每个品种的平均产仔数反映了产仔的集中点，而标准差反映了产仔数的离散程度，方差分析及多重比较可以检验不同品种产仔数平均值间的差异是否显著。但在实际生产中，产仔数 $x$ 不仅与品种有关，还与饲养管理水平、父本品种、母体本身体况等因素相关。因而在进行动物科学实验研究时，常常需要研究两个或两个以上的变量之间的关系。

　　变量之间的相互关系有两种：一种是因果关系，即一个变量的变化受另外一个或几个变量的影响，如圆面积 $S$ 与半径 $r$ 之间存在 $S = \pi r^2$，长方形面积 $S$ 与长 $a$ 和宽 $b$ 之间的关系可以表示为 $S = ab$ 等；另一种是平行关系，它们互为因果或共同受到另外因素的影响。如猪的体长和胸围之间的关系互为因果，饲料种类、环境条件的影响，它们之间的关系是平行关系。

　　统计学用回归分析（Regression Analysis）研究呈因果关系的相关变量之间的关系。表示原因的变量称为自变量，表示结果的变量称为因变量。研究"一因一果"，即研究一个自变量与一个因变量之间的回归分析称为一元回归分析；研究"多因一果"，即研究多个自变量与一个因变量之间的回归分析称为多元回归分析。一元回归分析分为直线回归和曲线回归两种；多元回归分析分为多元线性回归和多元非线性回归两种。回归分析的任务是揭示呈因果关系的变量之间的联系形式，并建立它们之间的回归方程，利用所建立的回归方程，由自变量（原因）来预测、控制因变量（结果）。

　　统计学用相关分析（Correlation Analysis）研究呈平行关系的相关变量之间的关系。对两个相关变量之间的直线关系进行分析称为直线相关分析，也称为简单相关分析；对多个相关变量进行相关分析时，研究一个变量与多个变量之间的线性相关称为复相关分析；研究其余变量保持不变的条件下两个变量之间的直线相关称为偏相关分析。进行相关分析时，变量不区分自变量和因变量。相关分析只能研究两个变量之间直线相关的程度和性质或一个变量与多个变量之间线性相关程度,不能用一个或多个变量去预测、控制另一个变量,这是回归分析与相关的主要区别。

# 第二节　回归分析

在动物科学研究中,人们对变量的相互关系进行分析时,除了要了解变量间相关的性质和密切程度(变量间是平衡或相互制约、部分主次的关系)外,更多的是要揭示出一个(或多个)变量随其他变量变化而变化的单向从属关系,即回归关系。习惯上将独立变化的变量称为自变量,而依赖自变量变化的变量称为因变量。确定变量间回归关系的分析即是回归分析,其主要内容就是通过建立回归方程来揭示变量间的这种回归关系,并据此从自变量的变化去估计因变量的变化。根据所涉及自变量数目的多少,又将两个变量间的回归(即只涉及一个自变量)称为直线回归(Linear Regression)或一元回归;而涉及多个自变量的回归称为多元回归(Multiple Regression)。

直线回归是用直线回归方程表示两个数量变量间依存关系的统计分析方法,属于双变量分析的范畴。如果某一个变量随着另一个变量的变化而变化,并且它们的变化在直角坐标系中呈直线趋势,就可以用一个直线方程来定量地描述它们之间的数量依存关系。直线回归分析的任务在于找出两个变量有依存关系的直线方程,以确定一条最接近于各实测点的直线,使各实测点与该线的纵向距离的平方和为最小。这个方程称为直线回归方程,据此方程描绘的直线就是回归直线。

多元线性回归分析也称为复线性回归分析,是一元线性回归分析或简单线性回归分析的推广,研究的是一组自变量 $X$ 如何直接影响一个因变量 $Y$。这里的自变量 $X$ 指的是能够独立自由变化的变量,因变量 $Y$ 指的是非独立的、受其他变量影响的变量。由于多元线性回归分析(包括一元线性回归分析)仅涉及一个因变量 $Y$,因此有时候也称为单变量线性回归分析。多元线性回归分析的手段,是借助于数学模型来计算总体中 $n$ 个自变量 $X$ 与一个因变量 $Y$ 之间的线性依存关系,并估计这个数学模型所拟合的相关变化规律的准确性。换句话说,多元线性回归分析可以从统计意义上确定在消除了其他自变量的影响后,每一个自变量的变化是否引起因变量的变化,并且估计出在其他自变量固定不变的情况下,每个自变量对因变量的数值影响的大小。多元线性回归模型包含多个解释变量,多个解释变量同时对被解释变量 $Y$ 发生作用,若要考察其中一个解释变量对 $Y$ 的影响,就必须结合其他解释变量保持不变来进行分析。因此多元线性回归模型中的回归系数称为偏回归系数,即反映了当模型中的其他变量不变时,其中一个解释变量对因变量 $Y$ 的均值的影响。因此,多元线性回归分析主要解决:①各个自变量对因变量的各自效应,即偏回归系数(partial regression coefficient);②建立由自变量描述和预测因变量的多元回归方程,并计算标准误;③对自变量进行选择,建立"最优"回归方程;④评定各个自变量对因变量的相对重要性,激进型通径分析(path analysis)。

(一)REG 过程

1.调用格式

PROC REG <选项列表>;

MODEL 应变量列表 = <自变量/选项列表>;

BY 变量名列表;

FREQ 变量名；

ID 变量名列表；

VAR 变量名列表；

WEIGHT 变量名；

ADD 变量名列表；

DELETE 变量名列表；

MTEST ＜方程式＜,…,方程式＞＞＜/选项列表＞；

OUTPUT ＜OUT＝数据集名＞ keyword＝变量名列表＜…keyword＝变量名列表＞；

PRINT 选项；

PLOT ＜y 变量名×x 变量名＞＜＝符号＞＜…y 变量名×x 变量名＞＜＝符号＞＜/选项列表＞；

上述语句中，PROC REG 语句和 MODEL 语句是必须的，其他语句都是可选择的。

2. 语句说明

（1）PROC REG 语句

用于调用 REG 过程进行回归分析。其常用的选项主要有：

①数据集选项 DATA＝SAS 数据集，指定分析数据集，如果缺省，则对最新创建的数据集进行分析；OUTEST＝SAS 数据集，要求将参数估计和选择的统计量输出到 SAS 数据集中等。

②结果输出选项 CORR，对在 MODEL 和 VAR 语句中列出的所有变量计算简单相关系数，并输出相关系数矩阵；SIMPLE，对用 REG 过程进行分析的每个变量输出所有观测值的总和、均值、标准差和平方和等简单统计量。

（2）MODEL 语句

定义所用的回归分析数学模型。在 MODEL 语句中出现的变量必须是用于分析数据集中的数值型变量。如想考虑模型中 X1 的二次项，不能在 MODEL 语句中使用 X1×X1，而必须用 DATA 步骤产生一个新变量（如 X1SQUARE＝X1×X1），然后再在 MODEL 语句中使用这个新变量。MODEL 语句常用的选项主要有：

①SELECTION＝模型选择方法。用于规定选择模型的方法，包括 MONE（全回归模型）、STEPWISE（逐步回归）、FORWARD（逐个选入）、BACKWARD（逐个剔除）、MAXR（最大 $R^2$ 增量法）、MINR（最小 $R^2$ 增量法）、RSQUARE（所有可能的 $R^2$）、CP（总平方误差法）和 ADJRSQ（调整的 $R^2$ 法），共 9 种方法。其中在畜牧实验数据分析中，以前 4 种方法最为常用。该选项缺省时，模型选择方法为 NONE。

②INCLUDE＝$n$。指定列在 MODEL 语句中的前 $n$ 个自变量必须包含在模型中，筛选变量的方法仅对 MODEL 语句中的其他变量进行。当使用 SELECTION＝NONE 选项时，该选项无效。

③NOINT。取消通常包含在模型中的常数项（即截距）。

④SLENTRY（或 SLE）＝概率值。对 FORWARD 和 STEPWISE 方法规定变量选入回归模型里的显著水平。对 FORWARD 方法，其缺省值为 0.50，而对 STEPWISE 方法则为 0.15。

⑤SLSTAY（或 SLS）＝概率值。对 BACKWARD 和 STEPWISE 方法规定变量保留在模型里的显著水平。对 BACKWARD 方法而言，其缺省值为 0.10，而对 STEPWISE 方法则为 0.15。

⑥结果输出选项。STB 为标准偏回归系数（即直接通经系数）；CLM 和 CLI 分别为条件总

体平均数的置信区间和观察值的预测区间;$P$ 为预测值;$R$ 为离回归误差分析;ALL 为所有输出项等。

（3）BY 语句

指定分类变量,以便得到由 BY 变量定义的几个观测组的独立分析。当出现 BY 语句时,过程要求输入数据实现已按 BY 变量进行了排序。

（4）WEIGHT 语句

指定加权系数变量。

（5）PRINT 语句

打印分析结果。其选项除了 MODEL 语句中的输出选项如 STB 外,还有 ANOVA(输出当前模型的方差分析表);MODELDATA(配合模型使用的数据)等。

（6）PLOT 语句

用于画散点图。

3.结果输出

REG 过程输出的结果包括方差分析过程及相关的统计量,参数的估计值及其有关统计量以及其他选择性的结果输出内容。在进行多元回归分析时,如果设定了模型选择方法,则会输出模型选择的具体过程。

（二）GLM 过程

用于回归分析时,其调用格式与方差分析时基本相同的,只需设定相应的选项即可用于进行灵活的回归分析。尽管如此,为方便叙述,现仍对 GLM 用于回归分析的使用作一简单介绍。

1.调用格式

PROC GLM 选项;

MODEL 因变量 = 自变量/选项;

应用 GLM 过程进行回归分析时,上述两个语句都是必需的。

2.语句说明

由于其他语句的功能及使用与方法分析是一样的,这里只对 MODEL 语句进行说明。

MODEL 语句的作用是用于定义回归分析的模型。使用选项 SOLUTION 即可给出回归模型相应的参数估计值,从而建立用自变量估计因变量的线性回归方程。

在利用 GLM 进行回归分析时,其方法不如 REG 过程灵活,无法进行模型选择的 STEPWISE、FORWARD、BACKWARD 等选择性操作,因而在实际进行回归分析时,一般都采用 REG 过程进行。

3.结果输出

采用 GLM 过程进行回归分析时,其输出结果包括回归模型的显著性检验(方差分析)、自变量对因变量影响的显著性检验,以及回归模型的参数估计值及其显著性检验等内容。

（三）直线回归分析的示例应用

例6.1　四川白鹅的雏鹅重(g)与 70 日龄重(g)的 12 对实际观测值见表6.1,建立四川白鹅 70 日龄重 $y$ 与雏鹅重 $x$ 的直线回归方程。

表 6.1  四川白鹅的雏鹅重与 70 日龄重 12 对实际观测值

| 雏鹅重 $x/g$ | 80 | 86 | 98 | 90 | 120 | 102 | 95 | 83 | 113 | 105 | 110 | 100 |
|---|---|---|---|---|---|---|---|---|---|---|---|---|
| 70 日龄重 $y/g$ | 2 350 | 2 400 | 2 720 | 2 500 | 3 150 | 2 680 | 2 630 | 2 400 | 3 080 | 2 920 | 2 960 | 2 860 |

试分析雏鹅重与 70 日龄重的测定结果是否存在直线回归关系。

SAS 程序如图 6.1 所示。

图 6.1  雏鹅重与 70 日龄重直线回归 SAS 程序

输出结果为：

1. 方差分析过程

方差分析结果表明模型拟合数据较好（$F=285.82$，$P<0.000\ 1$），说明回归方程是有意义的。其中 Root MSE 为误差均方的平方根（即剩余标准差），本例题中 Root MSE 为 52.427 54，剩余标准差与均数之比即为变异系数（C.V.）。决定系数（R-square）和矫正决定系数（Adj R-sq）的值为 0~1，它表示回归方程中由自变量可线性说明因变量变异的比例，反映的是所建立的回归方程的可靠性，决定系数越大，说明所建立的回归方程的可靠性越高。本例题中，相关系数 $R^2=0.969\ 5$，意味着因变量 $Y$ 的总体变异中 96.95% 被自变量 $X$ 所解释，表明所建立的回归方程具有很高的可靠性。

SAS 程序如图 6.2 所示。

图 6.2  例 6.1SAS 程序图（1）

2.回归模型的参数估计

本部分结果表明所建立的回归方程的各项参数的估计值,其中包括回归方程中的截距(常数项,Intercept)和自变量$X$的回归系数及其标准误,以及各项估计值的显著性检验。本例题中,常数项(截距)$a=582.69181$,$P=0.0013<0.01$,差异极显著,自变量$X$的回归系数$b=21.60849$,$P<0.0001$,差异极显著。表明各项的参数估计具有显著性意义。由此建立的由$X$估计$Y$的线性回归方程为:

$$Y=582.69181+21.60849X$$

结合方差分析过程中的决定系数值($R^2=0.9695$),可以认为所建立的回归方程具有较高的可靠性。

SAS程序如图6.3所示。

```
                  Parameter Estimates

                    Parameter      Standard
Variable    DF      Estimate         Error     t Value    Pr > |t|

Intercept    1     582.69181      126.71148       4.60      0.0013
X            1      21.60849        1.27813      16.91      <.0001
```

图6.3　例6.1SAS程序图(2)

3.回归方程预测的预测值、置信区间和准确性

本部分结果输出因变量$Y$的描述统计量,包括序号、观察值、预测值、预测值的标准误、预测值的95%置信区间、残差。本例题中用$Y$的观察值2350所预测的$Y$的值为2311,其标准误为28.2979,在该估计值95%的置信区间下限和上限分别为2247和2375,相应的剩余值(残差)为38.6287。

SAS程序如图6.4所示。

```
                    SAS 系统

                 The REG Procedure
                  Model: MODEL1
              Dependent Variable: Y

                 Output Statistics

      Dependent    Predicted    Std Error
Obs   Variable     Value      Mean Predict    95% CL Mean         Residual

 1      2350        2311        28.2979      2247    2375          38.6287
 2      2400        2441        22.3515      2390    2492         -41.0223
 3      2720        2700        15.8143      2665    2736          19.6758
 4      2500        2527        19.0827      2484    2571         -27.4562
 5      3150        3176        31.8532      3104    3248         -25.7110
 6      2680        2787        16.4766      2749    2824        -106.7582
 7      2630        2635        16.3817      2598    2673          -5.4987
 8      2400        2376        25.2087      2319    2433          23.8032
 9      3080        3024        24.4915      2969    3080          55.5484
10      2920        2852        17.9394      2811    2892          68.4164
11      2960        2960        21.7043      2911    3009           0.3739


      Sum of Residuals                                0
      Sum of Squared Residuals                    24738
      Predicted Residual SS (PRESS)               34697
```

图6.4　例6.1SAS程序图(3)

(四)多元直线回归分析的示例应用

例6.2　成年牛的体重是牛育种的重要指标。测定了20只大通牦牛成年牛的体长(LENHTH,cm)、胸围(CHEST,cm)和体重(WEIGHT,kg),数据见表6.2。

表 6.2    20 只大通牦牛成年牛的体长、胸围和体重数据表

| 序　号 | 体　长 | 胸　围 | 体　重 | 序　号 | 体　长 | 胸　围 | 体　重 |
|---|---|---|---|---|---|---|---|
| 1 | 151.5 | 186 | 462 | 11 | 138.0 | 172 | 387 |
| 2 | 156.2 | 186 | 496 | 12 | 142.5 | 192 | 446 |
| 3 | 146.0 | 193 | 458 | 13 | 141.5 | 180 | 396 |
| 4 | 138.1 | 193 | 463 | 14 | 149.0 | 183 | 426 |
| 5 | 146.2 | 172 | 388 | 15 | 154.2 | 193 | 506 |
| 6 | 149.8 | 188 | 485 | 16 | 152.0 | 187 | 457 |
| 7 | 155.0 | 187 | 455 | 17 | 158.0 | 190 | 506 |
| 8 | 144.5 | 175 | 392 | 18 | 146.8 | 189 | 455 |
| 9 | 147.2 | 175 | 398 | 19 | 147.3 | 183 | 478 |
| 10 | 145.2 | 185 | 437 | 20 | 151.3 | 191 | 454 |

试用 REG 过程绘制该品种牛由体长和胸围估计其成年体重的二元回归方程。

SAS 程序如图 6.5 所示。

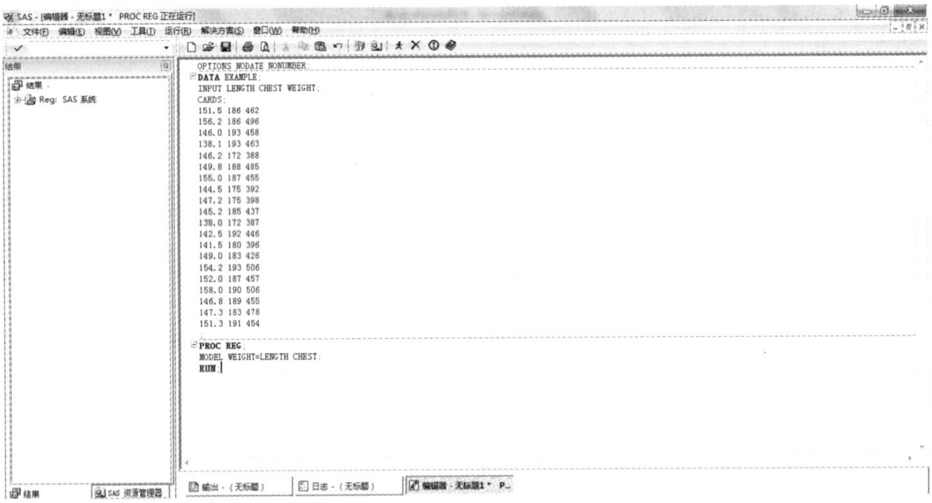

图 6.5    体长和胸围估计其成年体重二元回归分析 SAS 程序

输出结果为：

1.方差分析

二元线性回归模型的方差分析结果，$F = 36.22$，$P < 0.0001$，差异极显著，表明该回归方程具有显著的统计学意义。

SAS 程序如图 6.6 所示。

```
                              SAS 系统

                         The REG Procedure
                          Model: MODEL1
                     Dependent Variable: WEIGHT

                 Number of Observations Read      20
                 Number of Observations Used      20


                      Analysis of Variance

                                Sum of        Mean
     Source            DF      Squares      Square    F Value    Pr > F

     Model              2        22917       11459      36.22    <.0001
     Error             17   5378.37421   316.37495
     Corrected Total   19        28296


     Root MSE            17.78693    R-Square     0.8099
     Dependent Mean     447.25000    Adj R-Sq     0.7876
     Coeff Var            3.97696
```

图 6.6　例 6.2SAS 程序图（1）

**2. 回归模型的参数估计**

模型参数估计结果，$a = -669.937\,87(P < 0.000\,1)$，$b = 2.922\,12(P = 0.001\,5 < 0.01)$，$c = 3.700\,92(P < 0.000\,1)$，都达到了极显著水平，表明大通牦牛的成年体重（Y，WEIGHT）与体长（$X_1$，LENGTH）和胸围（$X_2$，CHEST）之间存在显著的线性关系，相应的回归方程为：

$$Y = -669.937\,87 + 2.922\,12X_1 + 3.700\,92X_2$$

决定系数 $R^2 = 0.809\,9$，表明所建立的由体长和胸围估计大通牦牛成年体重的回归方程具有较高的可靠性。

SAS 程序如图 6.7 所示。

```
                    Parameter Estimates

                        Parameter     Standard
     Variable    DF      Estimate        Error    t Value    Pr > |t|

     Intercept    1    -669.93787    132.66769      -5.05    <.0001
     LENGTH       1       2.92212      0.77220       3.78     0.0015
     CHEST        1       3.70092      0.62691       5.90     <.0001
```

图 6.7　例 6.2SAS 程序图（2）

**例 6.3**　青海省某地区统计局统计其地区 18 个养殖场的羊只占用资金情况、饲料投入费用、员工工资以及营业额等方面数据，见表 6.3。该地区统计局试图根据这些数据找到营业额与其他 3 个变量之间的关系，以便进行营业额预测并为未来藏羊养殖体系转型工作提供参考。根据这些数据建立回归模型并计算 $y$ 与 $X_1$，$X_2$ 和 $X_3$ 的相关系数。

**表 6.3　18 个养殖场羊只占用资金、饲料投入、员工工资及营业额统计表**

| 羊场序号 | 占用资金（$X_1$） | 饲料投入（$X_2$） | 员工工资（$X_3$） | 营业额（$Y$） |
|---|---|---|---|---|
| 1 | 75.2 | 30.6 | 21.1 | 1 091.4 |
| 2 | 77.6 | 31.3 | 21.4 | 1 133 |
| 3 | 80.7 | 33.9 | 22.9 | 1 242.1 |
| 4 | 76 | 29.6 | 21.4 | 1 003.2 |
| 5 | 79.5 | 32.5 | 21.5 | 1 283.2 |
| 6 | 81.8 | 27.9 | 21.7 | 1 012.2 |
| 7 | 98.3 | 24.8 | 21.5 | 1 098.8 |
| 8 | 67.7 | 23.6 | 21 | 826.3 |

续表

| 羊场序号 | 占用资金($X_1$) | 饲料投入($X_2$) | 员工工资($X_3$) | 营业额($Y$) |
|---|---|---|---|---|
| 9 | 74 | 33.9 | 22.4 | 1 003.3 |
| 10 | 151 | 27.7 | 24.7 | 1 554.6 |
| 11 | 90.8 | 45.5 | 23.2 | 1 199 |
| 12 | 102.3 | 42.6 | 24.3 | 1 483.1 |
| 13 | 115.6 | 40 | 23.1 | 1 407.1 |
| 14 | 125 | 45.8 | 29.1 | 1 551.3 |
| 15 | 137.8 | 51.7 | 24.6 | 1 601.2 |
| 16 | 175.6 | 67.2 | 27.5 | 2 311.7 |
| 17 | 155.2 | 65 | 26.5 | 2 126.7 |
| 18 | 174.3 | 65.4 | 26.8 | 2 256.5 |

SAS 程序如图 6.8 所示。

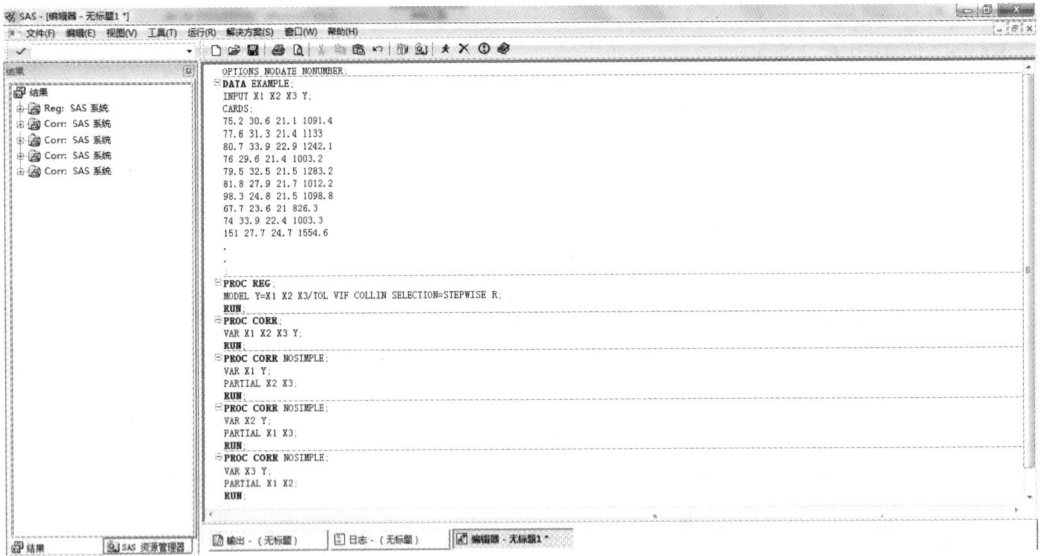

图 6.8　养殖场羊只占用资金、饲料投入、员工工资及营业额回归分析 SAS 程序

注：为展现完整的程序步骤，数据为部分数据。

输出结果为：

1. 方差分析

三元线性回归模型的方差分析结果，变量 $X_1$ 进入模型之中，模型检验结果为：$F = 130.22, P < 0.000\ 1$；模型有显著性意义。参数 $X_1$ 检验结果为 $F = 130.22, P < 0.0001$，参数 $X_1$ 有显著性意义。

SAS 程序如图 6.9 所示。

```
                              SAS 系统

                          The REG Procedure
                           Model: MODEL1
                         Dependent Variable: Y

               Number of Observations Read        18
               Number of Observations Used        18

                      Stepwise Selection: Step 1

            Variable X1 Entered: R-Square = 0.8905 and C(p) = 22.0181

                         Analysis of Variance

                              Sum of          Mean
  Source             DF      Squares         Square    F Value    Pr > F

  Model               1      2954426        2954426     130.14    <.0001
  Error              16       363235          22702
  Corrected Total    17      3317661


                  Parameter     Standard
  Variable         Estimate        Error   Type II SS  F Value  Pr > F

  Intercept       171.83371    113.29550        52223     2.30  0.1489
  X1               11.39687      0.99904      2954426   130.14  <.0001

              Bounds on condition number: 1, 1
```

图6.9    例6.3SAS程序图(1)

变量 $X_2$ 进入模型之中,模型检验结果为: $F = 168.11, P < 0.0001$,模型有显著性意义。参数 $X_1$ 检验结果为: $F = 42.10, P < 0.0001$,参数 $X_2$ 检验结果为: $F = 23.45, P = 0.0002 < 0.01$。参数 $X_1$ 和 $X_2$ 都有显著性意义。

SAS 程序如图6.10所示。

```
                      Stepwise Selection: Step 2

            Variable X2 Entered: R-Square = 0.9573 and C(p) = 2.0502

                         Analysis of Variance

                              Sum of          Mean
  Source             DF      Squares         Square    F Value    Pr > F

  Model               2      3175968        1587984     168.11    <.0001
  Error              15       141693     9446.17306
  Corrected Total    17      3317661


                  Parameter     Standard
  Variable         Estimate        Error   Type II SS  F Value  Pr > F

  Intercept        87.15817     75.14389        12708     1.35  0.2642
  X1                7.10727      1.09538       397677    42.10  <.0001
  X2               13.68444      2.82570       221542    23.45  0.0002

              Bounds on condition number: 2.8892, 11.557
```

图6.10    例6.3SAS程序图(2)

对上述变量的逐渐选择过程进行总结描述,这是所有留在模型中的变量满足停留允许水平 0.05,并且模型外的所有变量不满足进入允许水平,因此筛选过程结束。

SAS 程序如图6.11所示。

```
                          The REG Procedure
                           Model: MODEL1
                         Dependent Variable: Y

                     Summary of Stepwise Selection

        Variable  Variable  Number   Partial    Model
  Step  Entered   Removed  Vars In  R-Square  R-Square    C(p)   F Value   Pr > F

   1    X1                    1      0.8905    0.8905   22.0181   130.14   <.0001
   2    X2                    2      0.0668    0.9573    2.0502    23.45   0.0002
```

图6.11    例6.3SAS程序图(3)

模型的总体方差分析结果,逐步过程法得到的最后模型拟合很好( $F = 168.11, P < 0.0001$, $R^2 = 0.9573$ )。

SAS 程序如图6.12所示。

2.回归模型的参数估计

参数检验结果表明,变量 $X_1(P < 0.0001)$ 和 $X_2(P = 0.0002)$ 的偏回归系数与零差异均显著。共线性检验结果表明,观察第2列条件指数,条件数为 12.22692,大于10,因此数据可

能存在内相关性。从最后两行可以看出,变量 $X_1$ 和 $X_2$ 的方差比例值很大,因此这两个变量可能有共线性,但是由于条件数不是很大,共线性影响不大。

```
                         The REG Procedure
                           Model: MODEL1
                       Dependent Variable: Y

          Number of Observations Read          18
          Number of Observations Used          18

                        Analysis of Variance

                                   Sum of        Mean
    Source              DF        Squares      Square    F Value    Pr > F

    Model                2        3175968     1587984     168.11    <.0001
    Error               15         141693  9446.17306
    Corrected Total     17        3317661


        Root MSE             97.19142    R-Square     0.9573
        Dependent Mean     1399.15000    Adj R-Sq     0.9516
        Coeff Var             6.94846
```

图 6.12　例 6.3SAS 程序图(4)

SAS 程序如图 6.13 所示。

```
                          Parameter Estimates

                      Parameter      Standard                              Variance
   Variable    DF      Estimate        Error    t Value    Pr > |t|   Tolerance  Inflation

   Intercept    1      87.15817     75.14389       1.16      0.2642        .           0
   X1           1       7.10727      1.09538       6.49     <.0001     0.34612    2.88920
   X2           1      13.68444      2.82570       4.84      0.0002     0.34612    2.88920


                       Collinearity Diagnostics

                        Condition    --------Proportion of Variation--------
   Number   Eigenvalue      Index    Intercept          X1          X2

      1        2.91694    1.00000      0.01046     0.00392     0.00423
      2        0.06355    6.77482      0.97924     0.07116     0.11434
      3        0.01951   12.22692      0.01030     0.92492     0.88142
```

图 6.13　例 6.3SAS 程序图(5)

因变量 $Y$ 的描述统计量,包括序号、观察值、预测值、预测值的标准误、残差、残差的标准误和学生残差等,接下来是学生残差的直方图,最后一列是 Cook 的距离残差 D。因为所有的学生残差的绝对值小于 2(满足要求),所有的 Cook's D 小于 0.5,所以可以认为数据中没有极端点。据此可以得出结论:营业额与养殖占用资金和饲料投入的费用有关,其线性模型如下:

$$Y = 87.158\ 17 + 7.107\ 27X_1 + 13.684\ 44X_2$$

SAS 程序如图 6.14 所示。

```
                              SAS 系统

                         The REG Procedure
                           Model: MODEL1
                       Dependent Variable: Y

                           Output Statistics

        Dependent  Predicted   Std Error             Std Error    Student                Cook's
   Obs   Variable     Value   Mean Predict  Residual  Residual   Residual   -2-1 0 1 2      D

    1       1091       1040      31.1251    51.0309    92.073      0.554          |*        0.012
    2       1133       1067      30.0952    65.9944    92.415      0.714          |*        0.018
    3       1242       1125      29.5614   117.4823    92.587      1.269          |**       0.055
    4       1003       1032      30.7110   -29.1704    92.212     -0.316          |         0.004
    5       1283       1097      29.5000   186.2692    92.606      2.011          |****     0.137
    6       1012       1050      30.4368   -38.1291    92.303     -0.413          |         0.006
    7       1099       1125      41.8341   -26.3773    87.727     -0.301          |         0.007
    8     826.3000  891.2734     36.1213   -64.9734    90.230     -0.720        *|         0.028
    9       1003       1077      34.0433   -73.6990    91.034     -0.810        *|         0.031
   10       1555       1539      81.4084    15.1844    53.093      0.286          |         0.064
   11       1199       1355      39.7888  -156.1407    88.674     -1.761      ***|         0.208
   12       1483       1397      26.2216    85.9105    93.587      0.918          |*        0.022
   13       1407       1456      24.4480   -49.0367    94.066     -0.521        *|         0.006
   14       1551       1602      25.5090   -51.0148    93.784     -0.544        *|         0.007
   15       1601       1774      30.7275  -172.8261    92.206     -1.874      ***|         0.130
   16       2812       2255      52.1963    56.9101    81.986      0.694          |*        0.065
   17       2127       2080      47.8210    47.0042    84.613      0.556          |*        0.033
   18       2257       2221      50.3448    35.5815    83.136      0.428          |         0.022


            Sum of Residuals                          0
            Sum of Squared Residuals             141693
            Predicted Residual SS (PRESS)        185622
```

图 6.14　例 6.3SAS 程序图(6)

3.偏相关系数的估计

通过偏相关系数的检验结果可知:①给出 4 个变量的描述统计量,包括均数、标准差、累加值、最大值和最小值。②每一对变量的简单相关系数估计值以及统计检验结果,如 $X_1$ 和 $X_2$ 的简单相关系数为 0.808 63,$P < 0.000\ 1$。③每一对变量的偏相关系数,如 $X_1$ 与 $Y$ 的偏相关系数为 0.820 80,$P < 0.000\ 1$,差异极显著;$X_2$ 与 $Y$ 的偏相关系数为 0.762 26,$P < 0.000\ 1$,差异极显著;$X_3$ 与 $Y$ 的偏相关系数为 $-0.059\ 74$,$P = 0.826\ 0 > 0.05$,差异不显著。结果表明,$X_1$ 和 $X_2$ 与 $Y$ 有显著的相关性,$X_3$ 与 $Y$ 相关性差异不显著。与上述计算结果一致。

SAS 程序如图 6.15—图 6.18 所示。

```
                         CORR PROCEDURE

          4 变量:    X1      X2      X3      Y

                         简单统计量

变量         N      均值       标准差        总和        最小值        最大值
X1          18   107.68889   36.57855      1938       67.70000     175.60000
X2          18    39.94444   14.17985    719.00000    23.60000      67.20000
X3          18    23.59444    2.47659    424.70000    21.00000      29.10000
Y           18      1399    441.76525     25185      826.30000       2312

                    Pearson 相关系数, N = 18
                  当 H0: Rho=0 时, Prob > |r|

                X1          X2          X3           Y

X1          1.00000      0.80863     0.84174      0.94367
                         <.0001      <.0001       <.0001

X2          0.80863      1.00000     0.80395      0.91511
            <.0001                   <.0001       <.0001

X3          0.84174      0.80395     1.00000      0.84234
            <.0001       <.0001                   <.0001

Y           0.94367      0.91511     0.84234      1.00000
            <.0001       <.0001      <.0001
```

图 6.15　例 6.3SAS 程序图(7)

```
                    SAS 系统

                 CORR PROCEDURE

        2 Partial 变量:   X2      X3
        2         变量:   X1      Y

             Pearson 偏相关系数, N = 18
           当 H0: Partial Rho=0 时, Prob > |r|

                      X1          Y

          X1       1.00000      0.82080
                                <.0001

          Y        0.82080      1.00000
                   <.0001
```

图 6.16　例 6.3SAS 程序图(8)

```
                    SAS 系统

                 CORR PROCEDURE

        2 Partial 变量:   X1      X3
        2         变量:   X2      Y

            Pearson 偏相关系数, N = 18
          当 H0: Partial Rho=0 时, Prob > |r|

                      X2          Y

          X2       1.00000      0.76226
                                0.0006

          Y        0.76226      1.00000
                   0.0006
```

图 6.17　例 6.3SAS 程序图(9)

```
                        SAS 系统
                     CORR PROCEDURE
  2 Partial 变量:      X1     X2
  2        变量:      X3     Y

             Pearson 偏相关系数, N = 18
          当 H0: Partial Rho=0 时, Prob > |r|

                        X3              Y

    X3         1.00000         -0.05974
                                0.8260

    Y         -0.05974          1.00000
               0.8260
```

图 6.18　例 6.3SAS 程序图(10)

# 第三节　相关分析

在动物科学研究中,人们对变量的相互关系进行分析,当一个变量增大或减少时,另一个变量也会相应地随之增大或减少(或相反趋势),且这种增大或减少在一定范围内呈现一定的比例,则这种增大或减少在一定范围内呈现一定的比例,则表示两个变量间存在着线性相关的关系。两个线性相关的变量之间的性质和密切程度,通常用相关系数(correlation coefficient,$r$)的正负及大小来衡量。因此,线性相关分析的主要工作就是计算出变量间的相关系数并对其显著性进行检验。简言之,所谓相关分析,就是用一个指标来表明现象间相互依存关系的密切程度。

设有两个变量 $X$ 和 $Y$,变量 $Y$ 随着变量 $X$ 一起变化,并完全依赖于 $X$。当变量 $X$ 取某个数值时,$Y$ 根据确定的关系取相应的值,则称 $Y$ 是 $X$ 的函数,记为 $Y=f(X)$,其中 $X$ 称为自变量,$Y$ 称为因变量。各观测点落在一条线上。自变量取值一定时,因变量的取值带有一定随机性的两个变量之间的关系称为相关关系。当一个或几个相互联系的变量取一定数值时,与之相对应的另一变量的值虽然不确定,但它仍按某种规律在一定的范围内变化,变量间的这种相互关系,称为具有不确定性的相关关系。

与函数关系不同,相关变量的关系不能用函数关系来精确表达,一个变量的取值不能由另一个变量唯一确定。当变量 $X$ 取某个值时,变量 $Y$ 的取值可能有无数个,各个观测点分布在直线周围。按照相关程度划分,可分为完全相关、不完全相关和不相关;按相关方向划分,可分为正相关和负相关;按相关的形式划分,可分为线性相关和非线性相关;按变量多少划分,可分为单相关、负相关和偏相关。

在统计学中采用相关分析研究呈平行关系的相关变量间的关系。对两个变量间的直线关系进行相关分析,称为简单相关分析(simple correlation analysis),而对于多个变量进行相关分析时,研究一个变量与多个变量间的线性相关,则称为多元相关分析或复相关分析(multiple correlation analysis);研究其余变量保持不变的情况下两个变量间的线性相关,又称为偏相关分析(partial correlation analysis)。

(一)CORR 过程

1. 调用格式

PROC CORR <选项列表>;

BY <DESCENDING>变量名 -1 <...< DESCENDING >变量名 n > < NOTSORTED >;

FREQ 变量名;

VAR 变量名列表;

WITH 变量名列表；

PARTIAL 变量名列表；

WEIGHT 变量名；

2. 语句说明

（1）PROC CORR 语句

用于调用 CORR 过程进行相关分析。其常用的选项主要有：

①PEARSON。计算通常的 pearson 相关系数，即直线相关系数，缺省时系统会默认计算出该相关系数。

②SPEARMAN。计算 Spearman 等级相关系数（或秩相关系数）。

③NOSIMPLE。取消打印每个变量的描述性统计量（如平均数、标准差等）。如果该项缺省，则会打印出每个分析变量的基本统计量。

（2）VAR 语句

用于指明所要分析的变量，如果缺省，则系统默认对其他语句中没有提及的所有数值型变量进行分析。

（3）WITH 语句

用于设定放在左边的变量，与 VAR 语句配合使用，此时 VAR 语句的变量间和 WITH 语句的变量间的相关系数不给出，只输出 VAR 变量和 WITH 变量间的相关系数。如果该语句缺省，则系统会计算 VAR 语句中的所有变量之间的两两相关系数。

（4）PARTAIL 语句

在进行偏相关分析时，用于指明偏相关变量（即相对固定的那些变量）。需要注意的是，PARTAIL 语句指定的变量名不能出现在 VAR 和 WITH 语句中。

3. 结果输出

CORR（表6.4）过程执行后，其输出的结果包括简单统计量、相关系数及其显著性检验。在设定 PARTAIL 变量时，还可进行偏相关分析。

表6.4　PROC CORR 语句选项列表及其功能

| 选项（按字母顺序） | 功能描述 |
| --- | --- |
| Alpha | 计算并输出 Cronbach 系数 $\alpha$ |
| Best = n | 对于每个变量输出所指定的 $n$ 个相关系数 |
| Cov | 指定计算并输出协方差矩阵 |
| Csscp | 指定计算并输出矫正离均差平方和及离均差积和矩阵 |
| Data = 数据集名 | 指定要进行分析的数据集 |
| Exclnpwgt | 将 weight 语句指定变量值非正的记录排除分析过程 |
| Hoeffding | 指定计算并输出 Hodffding's D 统计量 |
| Kendall | 指定计算并输出 kendall tau-b 系数 |
| Nocorr | 禁止 pearson 相关系数的计算和输出 |
| Nomiss | 将含有缺失值的记录排除出计算过程之外 |
| Noprob | 禁止相关系数对应的 $p$ 值的计算和输出 |
| Nosimple | 禁止描述性统计结果的输出 |

续表

| 选项(按字母顺序) | 功能描述 |
|---|---|
| Outh = 数据集名 | 创建含有 Hodffding's D 统计量的输出数据集 |
| Outk = 数据集名 | 创建含有 Kendall 相关统计量的输出数据集 |
| Outp = 数据集名 | 创建含有 Spearman 相关统计量的输出数据集 |
| Pearson | 指定计算并输出 Pearson 积矩相关系数 |
| Rank | 将相关系数按照其绝对值从大到小的顺序显示在输出结果中 |
| Singular = p | 指定判断某变量为奇异的标准 |
| Spearman | 计算并输出 Spearman 秩相关系数 |
| Sscp | 计算并输出离均差平方和及离均差积和矩阵 |
| Wardef = 分母 | 指定计算方差、标准差及协方差时所用的分母项,默认值为自由度 $df$ |

(二)简单相关系数计算的示例应用

所谓的简单相关分析,又称直线相关分析或一元相关分析,就是只涉及一对(两个)变量的相关关系的分析。

例 6.4 10 只绵羊的胸围(cm)与体重(kg)的观测值见表 6.5,计算绵羊的胸围与体重的相关系数。

表 6.5 10 只绵羊的胸围与体重数据表

| 胸围 $X$/cm | 68 | 70 | 70 | 71 | 71 | 71 | 73 | 74 | 76 | 76 |
|---|---|---|---|---|---|---|---|---|---|---|
| 体重 $Y$/kg | 50 | 60 | 68 | 65 | 69 | 72 | 71 | 73 | 75 | 77 |

试进行两个性状的相关分析。

SAS 程序如图 6.19 所示。

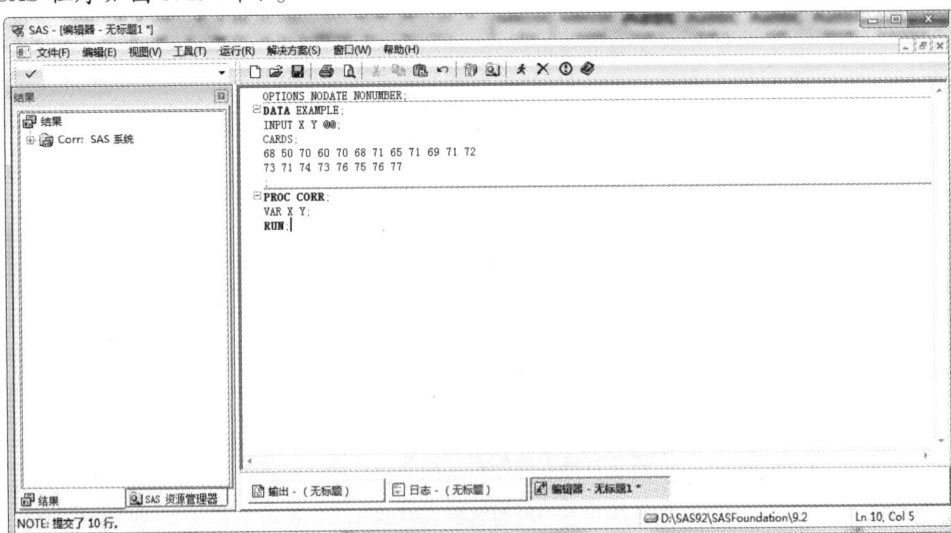

图 6.19 10 只绵羊的胸围与体重 SAS 程序

输出结果为：

1.分析变量的基本统计量

该部分输出了所有分析变量的平均数和标准差等基本统计量。本例中,胸围($X$)和体重($Y$)的平均数(Mean)分别为 72.000 0 cm 和 68.000 0 kg,标准差(Std Dev)分别为 2.666 7 和 8.013 88。

SAS 程序如图 6.20 所示。

```
                              SAS 系统
                          CORR PROCEDURE
                       2 变量:   X      Y

                              简单统计量

变量      N       均值       标准差       总和        最小值       最大值
X        10    72.00000    2.66667    720.00000    68.00000    76.00000
Y        10    68.00000    8.01388    680.00000    50.00000    77.00000
```

图 6.20   例 6.4SAS 程序图(1)

2.相关系数及其显著性检验

该部分输出所分析的相关变量间的简单相关系数,以及在假设 $r=0$ 前提下相应的概率,对所计算的相关系数进行显著性检验。本例中,胸围与体重间的相关系数为 0.847 49,$P=0.002\ 0<0.01$,差异极显著,说明胸围与体重呈现极显著相关关系。

SAS 程序如图 6.21 所示。

```
            Pearson 相关系数, N = 10
         当 H0: Rho=0 时, Prob > |r|

                  X              Y
    X        1.00000        0.84749
                            0.0020

    Y        0.84749        1.00000
             0.0020
```

图 6.21   例 6.4SAS 程序图(2)

(三)偏相关系数计算的示例应用

当对多个变量的相关性进行分析时,仅根据两个变量间的简单相关系数往往不能很好地说明彼此间的真正关系,只有在去除其他变量影响的情况下,计算出它们之间的相关系数,才能真正解释它们之间的相关关系。在多个相关变量中,其他变量保持固定不变,所研究的两个变量间的线性相关就称为偏相关(partial correlation)。这样计算出来的相关系数就称为偏相关系数(partial correlation coefficient)或净相关系数,它是表示两个变量偏相关的性质和程度的统计量,相应的分析就称为偏相关分析。

某屠宰场测定 10 头猪的宰前体重(WEI,kg)、屠宰率(DRE,%)、背膘厚(BF,cm)、眼肌面积(LA,cm$^2$)和胴体瘦肉率(LEAN,%)5 项育肥胴体指标,数据见表 6.6,是做固定宰前体重和屠宰率时,胴体瘦肉率与背膘厚、眼肌面积间的偏相关分析。

表 6.6   猪 5 项育肥胴体指标数据表

| 序　号 | 宰前体重 | 屠宰率 | 背膘厚 | 眼肌面积 | 瘦肉率 |
|---|---|---|---|---|---|
| 1 | 82.92 | 74.81 | 4.03 | 22.42 | 44.43 |
| 2 | 90.02 | 70.82 | 2.62 | 27.31 | 57.81 |

121

续表

| 序　号 | 宰前体重 | 屠宰率 | 背膘厚 | 眼肌面积 | 瘦肉率 |
|---|---|---|---|---|---|
| 3 | 90.04 | 71.94 | 2.86 | 26.87 | 56.41 |
| 4 | 88.73 | 72.34 | 3.65 | 23.01 | 45.96 |
| 5 | 90.83 | 73.44 | 3.42 | 25.02 | 52.01 |
| 6 | 87.96 | 68.95 | 4.02 | 27.95 | 56.77 |
| 7 | 88.27 | 70.33 | 4.93 | 19.88 | 42.72 |
| 8 | 88.60 | 71.51 | 3.68 | 27.42 | 53.98 |
| 9 | 87.02 | 71.95 | 3.26 | 24.49 | 53.33 |
| 10 | 83.03 | 74.60 | 5.11 | 19.51 | 40.13 |

SAS 程序如图 6.22 所示。

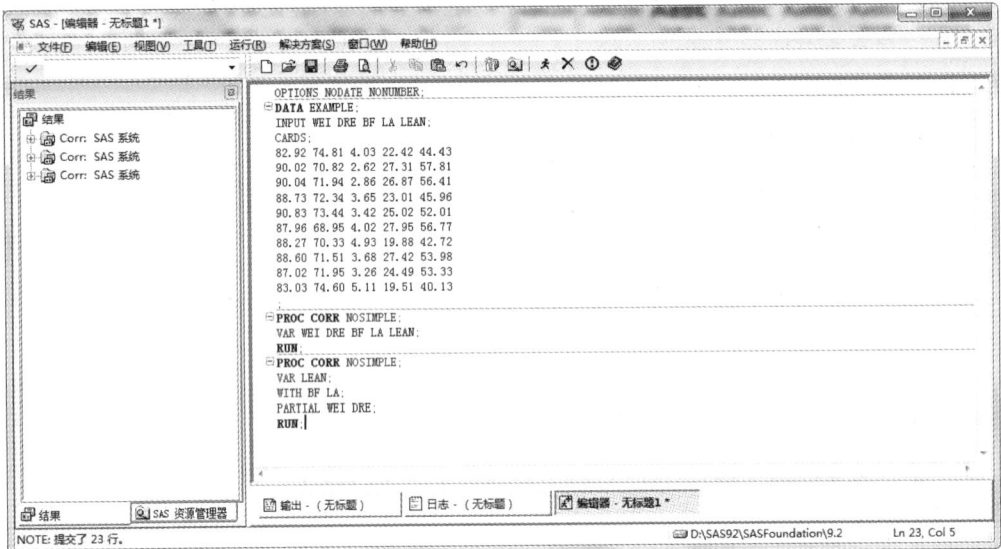

图 6.22　偏相关分析 SAS 程序

输出结果为：

1. 简单相关系数

该部分输出的是所有 5 项指标两两之间的简单相关系数。其中 WEI 和 LEAN 相关系数为 $0.66802(P=0.0348<0.05)$、BF 和 LA 相关系数为 $0.77284(P=0.0088<0.01)$、BF 和 LEAN 相关系数为 $0.82272(P=0.0035<0.01)$、LA 和 LEAN 相关系数为 $0.96359(P<0.0001)$，两两之间存在显著的相关性。

SAS 程序如图 6.23 所示。

2. 固定宰前体重（WEI）和屠宰率（DRE）时的偏相关分析

当固定宰前体重（WEI）和屠宰率（DRE）、瘦肉率（LEAN）与背膘厚度（BF）和眼肌面积（LA）的偏相关系数分别为 $-0.84495$ 和 $0.94126$ 时，都达到了极显著水平（$P<0.01$），也与简单相关系数的大小明显不同。偏相关分析的结果表明，胴体瘦肉率与背膘厚间呈较强的负

相关,而与眼肌面积则为较强的正相关。

SAS 程序如图 6.24 所示。

```
                    SAS 系统
                  CORR PROCEDURE

   5 变量:    WEI    DRE    BF    LA    LEAN

              Pearson 相关系数, N = 10
            当 H0: Rho=0 时, Prob > |r|

              WEI        DRE        BF        LA        LEAN
 WEI      1.00000   -0.56564   -0.62895    0.60293    0.66802
                     0.0883     0.0514     0.0650     0.0348
 DRE     -0.56564    1.00000    0.18444   -0.50864   -0.56278
          0.0883                0.6100     0.1333     0.0903
 BF      -0.62895    0.18444    1.00000   -0.77284   -0.82272
          0.0514     0.6100                0.0088     0.0035
 LA       0.60293   -0.50864   -0.77284    1.00000    0.96359
          0.0650     0.1333     0.0088                <.0001
 LEAN     0.66802   -0.56278   -0.82272    0.96359    1.00000
          0.0348     0.0903     0.0035     <.0001
```

图 6.23　例 6.4SAS 程序图(3)

```
                    SAS 系统
                  CORR PROCEDURE

   2 Partial 变量:   WEI      DRE
   2 With   变量:    BF       LA
   1        变量:    LEAN

            Pearson 偏相关系数, N = 10
          当 H0: Partial Rho=0 时, Prob > |r|

                      LEAN
            BF      -0.84495
                     0.0083
            LA       0.94126
                     0.0005
```

图 6.24　例 6.4SAS 程序图(4)

### (四)等级相关分析计算的示例应用

等级相关(rank correlation),又称为秩相关,是研究两个变量之间大小次序的相关分析,属于非参数分析的范畴。在相关分析中,要求所分析的两个变量均服从正态分布。若不满足这一条件,要定量地描述两变量的协同变化,可计算其等级相关系数。在动物科学研究中,畜禽的个体遗传评定,通过不同的遗传评定方法育种值估计的准确性就可以通过估计育种值与真实值之间的等级相关系数来进行衡量。等级相关系数越高,则表明遗传评定(或育种值估计)的准确性越高。

采用马修斯校正系数(Matthews correlation index,MCI)法和三态片段交迭准确率(SOV)法对 10 种某方法提取的蛋白质二级结构进行了预测,蛋白质二级结构真实值(TRUE)的数据采用计算机模拟产生,具体数据见表 6.7。

表 6.7　不同方法预测蛋白质二级结构评分表

| TRUE | 排　序 | MCI | 排　序 | SOV | 排　序 |
|------|------|------|------|------|------|
| 77.6 | 1 | 70.8 | 4 | 72.0 | 3 |
| 74.2 | 2 | 72.6 | 3 | 75.3 | 2 |
| 73.0 | 3 | 76.5 | 1 | 80.5 | 1 |
| 71.5 | 4 | 75.4 | 2 | 65.6 | 7 |

续表

| TRUE | 排　序 | MCI | 排　序 | SOV | 排　序 |
|------|------|------|------|------|------|
| 70.0 | 5 | 68.4 | 5 | 70.8 | 4 |
| 68.4 | 6 | 64.7 | 8 | 62.0 | 9 |
| 68.0 | 7 | 61.9 | 9 | 68.7 | 6 |
| 66.8 | 8 | 60.2 | 10 | 70.0 | 5 |
| 65.2 | 9 | 66.8 | 6 | 61.4 | 10 |
| 61.5 | 10 | 65.0 | 7 | 64.5 | 8 |

试比较两种预测方法预测蛋白质二级结构的准确性。

SAS 程序如图 6.25 所示。

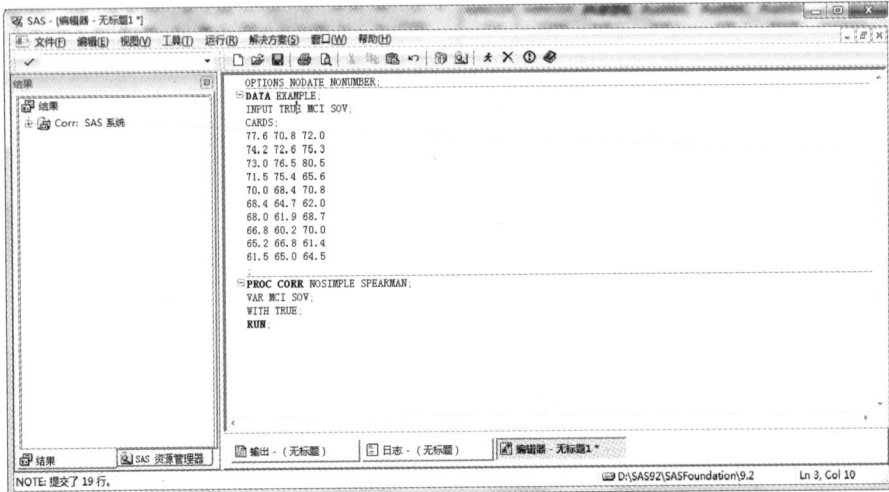

图 6.25　两种预测方法预测蛋白质二级结构的准确性 SAS 程序

输出结果为：

结果表明，马修斯校正系数（Matthews correlation index，MCI）法的蛋白质二级结构的准确性和三态片段交迭准确率（SOV）法的蛋白质二级结构的准确性与蛋白质二级结构真实值（TRUE）之间的等级相关关系数分别为 0.709 09 和 0.745 45，都达到了显著水平（$P < 0.05$）。其中 SOV 法的蛋白质二级结构的准确性与蛋白质二级结构真实值的等级相关系数高于 MCI 法，说明采用 SOV 法进行蛋白质二级结构的预测的准确定要高于 MCI 法。

SAS 程序如图 6.26 所示。

图 6.26　例 6.4SAS 程序图（5）

## 第四节　曲线回归分析

在动物科学试验中,试验动物的两个指标或性状之间的关系大多数不是直线关系,而是曲线关系。例如,畜禽在生长发育过程中的各类生理指标与年龄的关系;奶牛的泌乳量与泌乳天数的关系;细菌的繁殖速度与温度湿度的关系等。虽然在自变量 $X$ 的某一取值范围内,因变量 $Y$ 与自变量 $X$ 之间的关系是直线关系,但就自变量 $X$ 可能取值的整个范围而言,因变量 $Y$ 与自变量 $X$ 之间的关系通常不是直线关系而是曲线关系,因而,进行动物科学试验研究常常需要进行曲线回归分析(curvilinear regression analysis)。

曲线回归分析的基本任务是通过自变量 $X$ 与因变量 $Y$ 的 $n$ 对实际观察值,建立 $Y$ 与 $X$ 之间的回归方程,通常有两种方法:①利用相关专业知识,确定回归方程,如细菌数量的增长通常符合指数函数的形式 $y=aebx$,仔畜的体重增长通常符合 $S$ 形曲线形式,即 Logistic 曲线;②另一种是没有现成的实践经验指导,需要作出散点图,观察散点图的时间分布趋势,选用与散点图实测点分布趋势最接近的函数来拟合实测点,用来拟合的函数种类很多,其中许多曲线函数可以通过变量转换转化为直线函数,这种曲线函数称为可直线化的曲线函数。

(一)非线性模型

1.非线性模型

非线性模型(non-linear model)是相对于线性模型而言的,其自变量 $X$ 与因变量 $Y$ 之间不能在坐标空间表示为线性对应的关系,通常也将这种变量间的关系称为曲线回归。与线性模型不同,非线性模型各偏导数并非都是常数。其一般形式为:

$$Y=f(x,\beta)+\varepsilon$$

其中,$f(x,\beta)$ 为某种形式的函数,根据不同的情况而异。从广义的角度来看,线性模型仅是非线性模型的一种特殊形式,它最简单,也最有用,应用范围最广。由于生物体的复杂性,并且受到许多外界环境的影响,因此在很多情况下各种变量之间大量存在的非线性关系。

2.非线性模型的建立和参数估计

(1)非线性模型的建立

非线性模型的特点决定了其形式的多样性,不同的变量间,甚至是相同的变量在不同的实验环境中都有不同的线性关系。因此进行变量间非线性关系分析的关键就是建立一个合适的非线性模型。通常非线性模型的建立主要有两种方法,即推理建模和经验建模。

(2)非线性模型的差数估计

当建立或选择了某种非线性模型后,对非线性为题的处理转化成了确定模型中各参数的问题。其参数的估计主要有两种类型:线性化后的最小二乘法和直接法。

(二)非线性回归分析的 SAS 过程

1.调用格式

NLIN 过程的调用格式为:

PROC NLIN 选项;

MODEL 因变量=模型表达式;

PARMS 参数=初始值;

DER. 参数[.参数] = 偏导表达式；

2.语句说明

（1）PROC NLIN 语句

该语句调用 NLIN 过程进行非线性回归分析。其选项主要包括：

①METHOD = 循环迭代方法。用于选择非线性回归的具体分析方法。循环迭代方法有 GAUSS、MARQUARDT、NEWTON、GRADIENT 和 DUD 法。

②SMETHOD = 步长。用于确定迭代过程中的步长，包括 HALVE、GOLDEN、ARMGOLD 和 CUBIC 法。

（2）MODEL 语句

用于定义非线性回归模型，可直接给出非线性回归方程的表达式。

（3）PARMS 语句

用于设定参数的初始值。参数初始值的设定有时会对计算结果产生很大的影响，当迭代不能收敛时，可以尝试设定不同的初始值进行重新运算。

（4）DER 语句

给出非线性回归方程对参数的一阶或二阶偏导，当 METHOD = DUD 时不需要给出，当 METHOD = GAUSS 时，必须给出一阶或二阶偏导。

3.结果输出

NLIN 过程执行后，其输出结果包括循环迭代过程、非线性最小二乘拟合的回归平方和与残差（离回归）平方和、模型参数的估计值及其标准误记忆参数估计值的置信区间和参数估计值间的渐进相关系数等。

（三）非线性模型回归分析应用示例

求解非线性回归模型参数的方法有两大类，一是将非线性回归经线性化的转换后再估计出相应的参数，此时可以用直线回归分析 REG 过程或者 GLM 过程进行相关参数的估计；二是直接应用 NLIN 过程进行分析，这一方法适用于所有的线性回归分析。

例6.5 黑龙江雌性鲟鱼的体长（cm）和体重（kg）8 对观测值列于表6.8 中，对鲟鱼体重和体长进行曲线回归分析，试分析体重和体长是否符合模型 $Y = (a + b \times X)/X$。

表6.8 黑龙江雌性鲟鱼体长和体重数据表

| 体　长 | 70.70 | 98.25 | 112.57 | 122.48 | 138.46 | 148.00 | 152.00 | 162.00 |
|---|---|---|---|---|---|---|---|---|
| 体　重 | 1.00 | 4.85 | 6.59 | 9.01 | 12.34 | 15.50 | 21.25 | 22.11 |

SAS 程序如图6.27 所示。

输出结果为：

采用 GAUSS-NOWTON 进行迭代求解，经10 次迭代后，误差平方和的变化满足收敛标准，停止迭代。结果得到 $a = -2\,524.1$，$b = 33.067\,9$，相应的残差平方和为98.737 8。根据此建立的非线性回归方程为：

$$Y = (-2\,524.1 + 33.067\,9X)/X$$

相关指数 $R^2 = 1 - SSE/SSCT = 1 - 98.737\,8/409.1 = 0.758\,6$，表明所建立的回归方程拟合度较低，即该回归方程估测的有一定的可靠度但是可靠度不高。

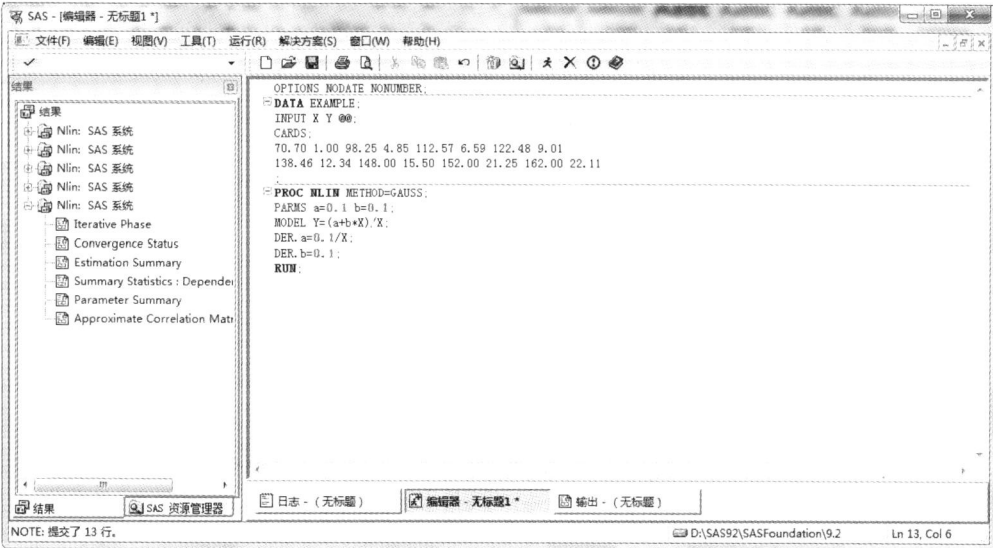

图 6.27　黑龙江雌性鲟鱼体长和体重非线性回归 SAS 程序

SAS 程序如图 6.28—图 6.30 所示。

```
                              SAS 系统

                       The NLIN Procedure
                       Dependent Variable Y
                       Method: Gauss-Newton

                         Iterative Phase
                                                    Sum of
             Iter          a            b          Squares

               0        0.1000        0.1000        1463.5
               1       -3155.1       41.3099         184.0
               2       -2484.4       32.5497       99.0751
               3       -2536.5       33.2297       98.7707
               4       -2523.1       33.0554       98.7380
               5       -2524.9       33.0790       98.7380
               6       -2523.8       33.0842       98.7378
               7       -2524.1       33.0683       98.7378
               8       -2524.1       33.0676       98.7378
               9       -2524.1       33.0681       98.7378
              10       -2524.1       33.0679       98.7378


       NOTE: Convergence criterion met.
```

图 6.28　例 6.5SAS 程序图(1)

```
                       Estimation Summary

          Method                        Gauss-Newton
          Iterations                              10
          Subiterations                           20
          Average Subiterations                    2
          R                                 1.177E-6
          PPC(a)                            3.166E-6
          RPC(a)                            0.000033
          Object                            1.51E-10
          Objective                        98.73782
          Observations Read                        8
          Observations Used                        8
          Observations Missing                     0


                              Sum of        Mean
        Source           DF   Squares      Square    F Value   Pr > F

        Model             1     310.3       310.3      18.86   0.0049
        Error             6   98.7378     16.4563
        Corrected Total   7     409.1


                                  Approx
        Parameter  Estimate     Std Error   Approximate 95% Confidence Limits

        a           -2524.1       5812.4      -16746.6       11698.5
        b          33.0679       51.5161      -92.9874         159.1
```

图 6.29　例 6.5SAS 程序图(2)

```
                            Approx
Parameter       Estimate    Std Error   Approximate 95% Confidence Limits
a               -2524.1     5812.4      -16746.6       11698.5
b               33.0679     51.5161     -92.9874       159.1


                Approximate Correlation Matrix
                          a               b
a               1.0000000           -0.9604635
b               -0.9604635          1.0000000
```

图 6.30　例 6.5SAS 程序图(3)

### (四)动物科学重常用得非线性模型应用示例

#### 1.泌乳曲线

母畜自产羔(产犊、产仔)开始泌乳,其产奶量随着时间的推移呈规律性的变化,具体表现为:泌乳初期产奶量迅速增加,经一定时间后达到泌乳最高峰,然后逐渐下降,直至干乳。当以时间为横坐标,产奶量为纵坐标来描述这种变化过程时,即构成了泌乳曲线(milking curve)。其数学模型为 $y = ax^b e^{-cx}$,其中,$y$ 为产奶量,$x$ 为时间,$a$、$b$、$c$ 为相应的参数(均为正值),其中 $a$ 反映了母畜的产奶潜力,$b$ 反映了产奶量上升至最高峰的速率,$c$ 反映了产奶量达到顶峰后下降的速率。

**例 6.6**　为了研究某品种奶牛泌乳期产奶量的变化规律,测定并记录了 10 个月的产奶量见表 6.9,试进行回归分析。

表 6.9　产奶量变化规律

| 月　份 | 1 | 2 | 3 | 4 | 5 | 6 | 7 | 8 | 9 | 10 |
|---|---|---|---|---|---|---|---|---|---|---|
| 产奶量 | 1 200 | 1 260 | 1 310 | 1 420 | 1 320 | 1 280 | 1 200 | 1 140 | 930 | 840 |

SAS 程序如图 6.31 所示。

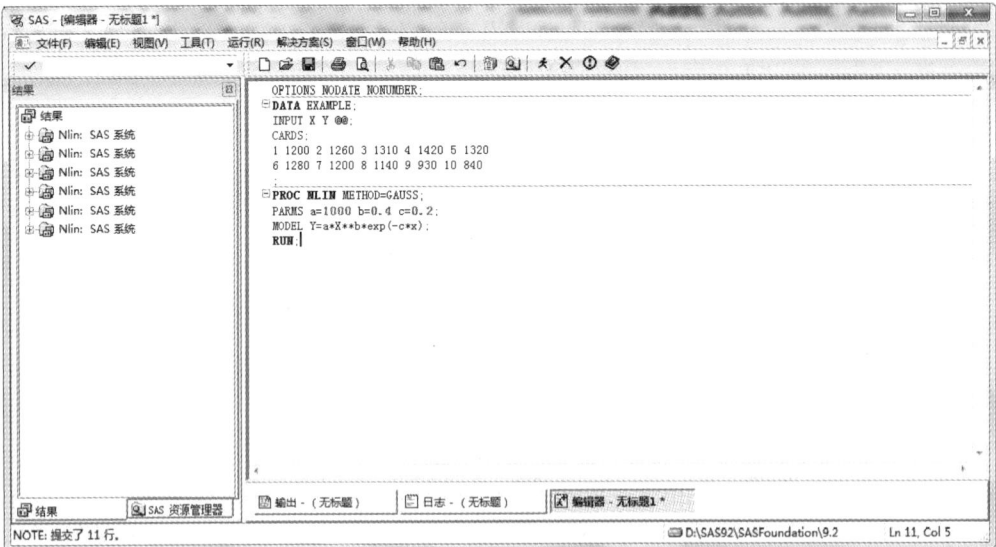

图 6.31　泌乳曲线 SAS 程序

输出结果为：

采用 GAUSS-NEWTON 法进行迭代求解，经 6 次迭代后，误差平方和的变化满足收敛标准，停止迭代。结果得到 $a = 1\ 301.0, b = 0.422\ 1, c = 0.133\ 8$，相应的残差平方和为 32 287.0。据此建立的非线性回归方程为：

$$y = 1\ 301x^{0.422\ 1}e^{-0.133\ 8x}$$

相关指数 $R^2 = 1 - 32\ 287/14\ 451\ 000 = 0.997\ 8$，表明所建立的回归方程拟合度较高，即该回归方程估测的可靠度较高。

SAS 程序如图 6.32—图 6.34 所示。

```
                          SAS 系统

                     The NLIN Procedure
                    Dependent Variable Y
                    Method: Gauss-Newton

                       Iterative Phase

                                                   Sum of
          Iter      a         b         c         Squares

            0     1000.0    0.4000    0.2000     3156653
            1     1241.9    0.2562    0.0262     2354955
            2     1268.6    0.3510    0.0999     98204.4
            3     1299.5    0.4215    0.1330     32368.6
            4     1300.9    0.4224    0.1338     32287.0
            5     1301.0    0.4221    0.1338     32287.0
            8     1301.0    0.4221    0.1398     32287.0


          NOTE: Convergence criterion met.
```

图 6.32　例 6.6SAS 程序图（1）

```
                      Estimation Summary

          Method                      Gauss-Newton
          Iterations                            6
          R                              1.718E-6
          PPC(b)                         8.608E-7
          RPC(c)                         5.919E-6
          Object                         2.059E-9
          Objective                     32286.98
          Observations Read                   10
          Observations Used                   10
          Observations Missing                 0


          NOTE: An intercept was not specified for this model.

                        Sum of       Mean                Approx
          Source    DF  Squares     Square    F Value    Pr > F

          Model      3  14418713   4806238    1042.02    <.0001
          Error      7    32287.0    4612.4
          Uncorrected Total  10  14451000


                            Approx
          Parameter  Estimate  Std Error   Approximate 95% Confidence Limits

          a           1301.0    57.4661        1165.1      1436.9
          b           0.4221     0.0871        0.2162      0.6280
          c           0.1338     0.0216        0.0827      0.1849
```

图 6.33　例 6.6SAS 程序图（2）

```
               Approximate Correlation Matrix
                     a            b            c

          a    1.0000000   -0.5013536   -0.2347447
          b   -0.5013536    1.0000000    0.9490132
          c   -0.2347447    0.9490132    1.0000000
```

图 6.34　例 6.6SAS 程序图（3）

## 2.生长曲线

随着日龄的增长，动物体尺体重或某部分会随之发生规律性变化。如果以时间为横坐标，以体尺体重（或身体某部分）作为纵坐标，所得的曲线一般表现为 S 形曲线，这就是描述动物生长规律的生长曲线（growth curve）。它反映了生物整体或个体各组成部分生长成熟的内在动力与这种动力进行表达时所处的环境之间的终身相互关系。除此之外，利用生长曲线的参数，还可以预测生长速度、饲料需要量以及选择反应等，通过配合生长曲线分析，还可以比较不同选种方法对生长速度的选择效果,从而提高选种的效果和效率。描述动物生长过程较为常用的模型为 Logistic 模型,以体重随时间的生长曲线为例,其一般形式为: $y = a/(1 + e^{-k(x-b)})$ ,其中,$y$ 为时间为 $x$ 时的体重,参数 $a$ 表示体重极限,$k$ 为接近这一极限的速率,$b$ 为达到最大生长率的时间,当 $x = b$ 时,体重 $y = a/2$ ,生长曲线达到拐点。

例 6.7    肉用四川白鹅的日龄(d)与体重(g)8 对观测值见表 6.10,对肉用四川白鹅的体重与日龄进行曲线回归分析。

表 6.10    肉用四川白鹅的体重与日龄数据表

| 日　龄 | 0 | 7 | 14 | 21 | 28 | 42 | 56 | 70 |
|---|---|---|---|---|---|---|---|---|
| 体　重 | 105 | 214 | 335 | 560 | 790 | 1 290 | 2 010 | 2 950 |

SAS 程序如图 6.35 所示。

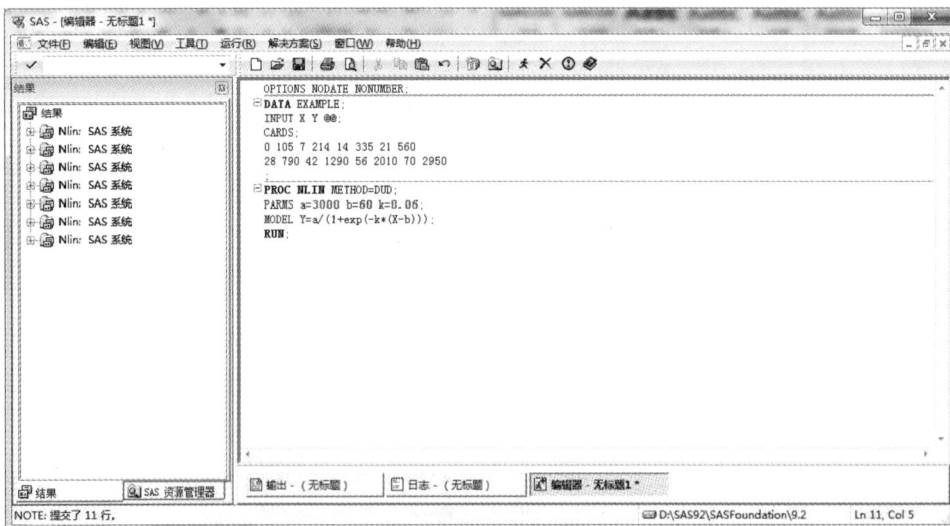

图 6.35    肉用四川白鹅的体重与日龄生长规律 SAS 程序

输出结果为:

采用试位法(DUD)进行迭代求解,经 6 次迭代后,误差平方和的变化满足收敛标准,停止迭代。结果得到 $a = 4\ 773.6$ ,$b = 61.175\ 7$ ,$k = 0.052\ 5$ ,相应的残差平方和为 $4\ 299.2$ ,$P < 0.000\ 1$ ,有极显著的意义。据此建立的非线性回归方程为:

$$y = \frac{4\ 773.6}{1 + e^{-0.052\ 5(x - 61.175\ 7)}}$$

相关指数 $R^2 = 1 - 4\ 299.2/15\ 513\ 446 = 0.999\ 7$ ,表明所建立的回归方程拟合度很高,该回归方程估测的可靠程度达到了很高水平。

SAS 程序如图 6.36、图 6.37 所示。

```
                              SAS 系统

                        The NLIN Procedure
                        Dependent Variable Y
                        Method: Gauss-Newton

                          Iterative Phase
                                                       Sum of
          Iter        a          b          k         Squares

            0      3000.0     60.0000     0.0600     2068513
            1      4997.9     64.4330     0.0442      109058
            2      4656.8     59.6926     0.0524     27254.1
            3      4742.9     60.9408     0.0527     21509.8
            4      4772.9     61.1709     0.0525     21496.3
            5      4773.5     61.1747     0.0525     21496.2
            6      4773.6     61.1757     0.0525     21496.2


    NOTE: Convergence criterion met.


                          Estimation Summary

          Method                    Gauss-Newton
          Iterations                           6
          R                            5.145E-6
          PPC(k)                       5.973E-7
          RPC(a)                       0.000024
          Object                       5.546E-9
          Objective                    21496.24
          Observations Read                   8
          Observations Used                   8
          Observations Missing                0


    NOTE: An intercept was not specified for this model.

                          Sum of        Mean                Approx
    Source         DF     Squares      Square     F Value    Pr > F

    Model           3    15491950     5163983     1201.14    <.0001
    Error           5     21496.2      4299.2
    Uncorrected Total 8  15513446
```

图 6.36　例 6.7 SAS 程序图(1)

```
                              Approx
    Parameter    Estimate    Std Error    Approximate 95% Confidence Limits

    a              4773.6        697.3        2981.1        6566.1
    b             61.1757       5.9098       45.9841       76.3674
    k              0.0525       0.00463       0.0406        0.0644


                   Approximate Correlation Matrix
                        a              b              k

    a           1.0000000      0.9930349     -0.9203441
    b           0.9930349      1.0000000     -0.9371983
    k          -0.9203441     -0.9371983      1.0000000
```

图 6.37　例 6.7 SAS 程序图(2)

### 3. 产蛋曲线

当人们从动态角度考察某一群家禽的平均产蛋量时,会发现其在整个产蛋周期内呈现规律性的变化。在其他条件不变的情况下,当全群进入产蛋期后,产蛋量经过一个短暂的缓慢上升后会迅速增加,达到产蛋顶峰后又逐渐下降,直到产蛋结束。当用时间作为横坐标,以产蛋量作为纵坐标来描述这种变化时就构成了产蛋曲线(egg-laying curve)。1987 年我国学者杨宁在总结以前研究成果的基础上提出产蛋曲线模型,其一般形式为:$y = (ae^{-bx})/(1 + e^{-c(x-d)})$,其中 $y$ 为对应时间为 $x$ 的产蛋量,$x$ 为产蛋时间,参数 $a$ 表示群体的最大产蛋潜力,$b$ 反映群体产蛋能力的衰减速率,$c$ 反映开产日龄的变异情况,$d$ 为开产日龄平均数的指示参数。应用产蛋曲线模型,可以对整个产蛋过程的动态变化进行相对精确的描述,同时还可以根据产蛋曲线的规律性变化,对整个产蛋期及全年产蛋量进行较为准确的预测。

**例 6.8**　为研究某品种蛋鸡在产蛋年度中产蛋量的变化规律,记录了 12 个产蛋月的平均产蛋量,具体数据见表 6.11,试进行回归分析。

表 6.11　某品种蛋鸡 12 个月平均产蛋量数据表

| 月　份 | 1 | 2 | 3 | 4 | 5 | 6 | 7 | 8 | 9 | 10 | 11 | 12 |
|---|---|---|---|---|---|---|---|---|---|---|---|---|
| 产蛋量 | 13 | 17 | 21 | 23 | 26 | 26 | 25 | 23 | 19 | 17 | 14 | 12 |

SAS 程序如图 6.38 所示。

输出结果为:

采用试位法(DUD)进行迭代求解,经 9 次迭代后,误差平方和的变化满足收敛标准,停止迭代。结果得到 $a = 132.0, b = 0.199\ 6, c = 0.522\ 0, d = 4.779\ 0$,相应的残差平方和为 1.777 1, $P < 0.000\ 1$,有极显著的意义。据此建立的非线性回归方程为:

$$y = \frac{132e^{-0.199\ 6x}}{1 + e^{-0.522(x-4.779)}}$$

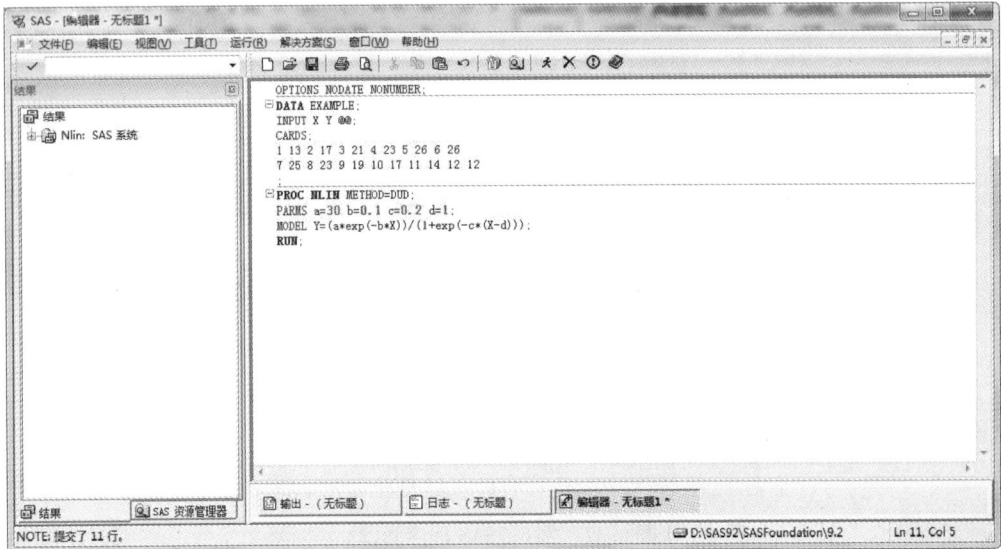

图 6.38　某品种蛋鸡产蛋量变化规律的 SAS 程序

相应相关指数 $R^2 = 1 - 1.777\ 1/4\ 924 = 0.999\ 6$,表明所建立的回归方程拟合度很高,该回归方程估测的可靠程度达到了很高水平。

SAS 程序如图 6.39—图 6.41 所示。

SAS 系统

The NLIN Procedure
Dependent Variable Y
Method: Gauss-Newton

Iterative Phase

| Iter | a | b | c | d | Sum of Squares |
|---|---|---|---|---|---|
| 0 | 30.0000 | 0.1000 | 0.2000 | 1.0000 | 1057.0 |
| 1 | 32.9856 | 0.1069 | 0.2072 | 1.9379 | 1044.3 |
| 2 | 39.3705 | 0.1209 | 0.2277 | 3.4457 | 1042.4 |
| 3 | 49.1782 | 0.1408 | 0.2768 | 4.5075 | 989.4 |
| 4 | 71.5238 | 0.1783 | 0.4315 | 4.4930 | 597.8 |
| 5 | 121.9 | 0.2091 | 0.5366 | 5.0829 | 172.3 |
| 6 | 132.6 | 0.1988 | 0.5163 | 4.7721 | 2.5294 |
| 7 | 131.9 | 0.1995 | 0.5221 | 4.7767 | 1.7772 |
| 8 | 132.0 | 0.1996 | 0.5220 | 4.7790 | 1.7771 |
| 9 | 132.0 | 0.1996 | 0.5220 | 4.7790 | 1.7771 |

NOTE: Convergence criterion met.

图 6.39　例 6.8SAS 程序图(1)

```
                        Estimation Summary

           Method                         Gauss-Newton
           Iterations                               9
           Subiterations                            8
           Average Subiterations             0.888889
           R                                 5.367E-7
           PPC(a)                            2.29E-7
           RPC(a)                            5.643E-6
           Object                            2.552E-9
           Objective                         1.777148
           Observations Read                       12
           Observations Used                       12
           Observations Missing                     0


           NOTE: An intercept was not specified for this model.

                              Sum of      Mean              Approx
           Source         DF  Squares     Square   F Value  Pr > F

           Model           4  4922.2      1230.6   5539.46  <.0001
           Error           8  1.7771      0.2221
           Uncorrected Total  12  4924.0
```

图 6.40　例 6.8SAS 程序图（2）

```
                                 Approx
           Parameter   Estimate  Std Error   Approximate 95% Confidence Limits

           a           132.0     19.9604     85.9832          178.0
           b           0.1996    0.0139      0.1674           0.2317
           c           0.5220    0.0155      0.4864           0.5577
           d           4.7790    0.3457      3.9818           5.5762


                       Approximate Correlation Matrix
                      a            b            c            d

           a   1.0000000    0.3927991   -0.6360554    0.9859893
           b   0.9927991    1.0000000   -0.5666496    0.9630043
           c  -0.6360554   -0.5666496    1.0000000   -0.7317384
           d   0.9859893    0.9630043   -0.7317384    1.0000000
```

图 6.41　例 6.8SAS 程序图（3）

# 第五节　典型相关分析

在动物科学试实际数据分析中,有时还需要描述两组变量之间的相关性,例如畜禽生长发育性状与繁殖性状之间、某些数量性状与某些环境因素之间的相关性等。第二节相关分析方法就无法解决此类问题,而必须引入一种新的相关分析方法——典型相关分析( canonical correlations analysis)。

典型相关分析是研究描述观察对象的两组指标(变量)之间相关性的一种统计分析方法,如在动物生产中,大通牦牛的体型可以用体高、体长、胸围、胸宽、腹围、管围等体尺指标来描述,生长速度可以用某一月龄的体重、某一阶段的增长速率来描述,因而,研究大通牦牛体型和生长速度两方面特性的关系就可以归结为研究这两个指标相关性的问题,此时就需要采用典型相关分析来进行。对于两组多个指标,不仅两组指标间具有相关性,而且同一组内的不同指标间也有一定的相关性。组间和组内指标间的相关关系较为复杂,因此用简单相关分析系数和复相关分析系数很难全面真实反映两组指标之间的关系。典型相关分析就是将两组的多个指标分别线性组合为少数几对典型变量( canonical variable),并用典型相关系数( canonical correlation coefficient)来描述每对典型变量间的相关关系。

（一）CANCORR 过程

在 SAS 统计分析系统中,典型相关分析是通过 CANCORR 过程来完成的。

PROC CANCORR 选项列表;

VAR 变量名列表;

WITH 变量名列表；

PARTIAL 变量名列表；

FREQ 变量名；

WEIGHT 变量名；

上述语句中，通常只有 VAR 和 WITH 语句经常同 PROC CANCORR 语句一起使用，且 WITH 语句是必需的，其余语句都是可选择性语句。

(二)语句说明

1. PROC CANCORR 语句

该语句调用 CANCORR 过程进行典型相关分析，主要选项有：

(1)数据集选项

DATA ＝输入数据集，用于指定分析数据集，如果省略该选项，则对最近创建的数据集进行分析；OUT ＝输出数据集，储存所有的原始数据和典型相关变量得分；OUT － STAT ＝输出数据集，储存典型相关系数统计量。

(2)结果输出选项

ALL 所有输出项；NOPRINT 不输出分析结果；SHORT 只输出典型相关系数和多元分析统计数；SIMPLE 简单统计量（平均数和标准差）；CORR 相关系数等。VNAME ＝"标签"，规定 VAR 语句中的变量标签，缺省时为 VAR 变量；VPREFIX ＝前缀名，规定来自 VAR 语句的典型变量名的前缀；WNAME ＝"标签"，规定 WITH 语句中的变量标签，缺省时为 WITH 变量；WPREFIX ＝前缀名，规定来自 WITH 语句的典型变量名的前缀，要求与 VPREFIX 相同。

(3)多元回归选项

VDEP|WREG，规定用 VAR 变量作为因变量，而 WITH 变量作为回归变量进行多元回归分析；WDEP|VREG，规定以 WITH 变量作为因变量，而 VAR 变量作为自变量进行多元回归分析。以下选项则只有在规定结果输出的选项不为 ALL 时才起作用，其中 NOINT 规定模型中不包含回归截距；STB 为标准偏回归系数；T 为对回归系数进行 $t$ 检验。

2. VAR 语句

列出被分析的两组变量中的第一组变量。这些变量必须都是数值型变量。如果省略 VAR 语句，则在其他语句中没有提到的所有数据型变量组成第一组变量。

3. WITH 语句

WITH 语句是一个必须语句，用于列出被分析的两组变量中的第二组变量，这些变量必须是数值型变量。

4. PARTIAL 语句

该语句用于给出当用户希望基于偏相关矩阵进行典型相关分析。

5. FREQ 语句

该语句用于给出说明如果输入数据集中有一个变量的值表示观测中其他值出现的频数的变量名。

6. WEIGHT 语句

该语句用于给出如果用户想计算加权乘积矩阵相关系数的加权数变量名。

(三)结果输出

在不对输出结果做特殊规定的情况下，CANCORR 过程会输出每个分析变量的平均数和标准差,变量间的相关系数、典型相关系数及校正的典型相关系数以及这些典型相关系数的渐进标准误、典型相关系数的平方、特征值及其贡献率、典型相关系数的显著性检验结果,典型变量与原始变量间的相关系数及典型冗余分析等。

(四)典型相关系数计算的示例应用

检测中国 10 个地方品种猪的生长发育性状指标和胴体性状指标共 7 项指标,其中生长发育性状包括体重、体长、体高和胸围 4 项指标,胴体性状包括屠宰率、瘦肉率和腹脂率 3 项指标,具体数据见表 6.12,试进行典型相关分析。

表 6.12　猪生长发育性状和胴体性状数据表

| 序　号 | 生长发育性状 | | | | 胴体性状 | | |
|---|---|---|---|---|---|---|---|
| | 体重/kg | 体长/cm | 体高/cm | 胸围/cm | 屠宰率/% | 瘦肉率/% | 腹脂率/% |
| 1 | 86.40 | 114.70 | 57.20 | 103.90 | 61.09 | 46.70 | 4.56 |
| 2 | 62.10 | 105.20 | 56.10 | 90.90 | 66.50 | 47.30 | 3.28 |
| 3 | 57.50 | 93.75 | 51.53 | 98.25 | 68.26 | 40.30 | 4.91 |
| 4 | 49.80 | 86.80 | 51.50 | 91.00 | 69.40 | 39.60 | 6.60 |
| 5 | 46.50 | 93.00 | 59.50 | 84.30 | 65.92 | 38.82 | 5.64 |
| 6 | 38.89 | 92.00 | 47.00 | 77.00 | 69.20 | 42.64 | 8.70 |
| 7 | 65.74 | 108.40 | 57.10 | 94.10 | 63.90 | 46.70 | 4.99 |
| 8 | 81.90 | 115.80 | 63.20 | 103.60 | 71.30 | 33.90 | 6.40 |
| 9 | 75.50 | 114.60 | 61.30 | 94.80 | 65.80 | 46.20 | 5.10 |
| 10 | 52.29 | 98.74 | 53.97 | 85.79 | 67.28 | 44.76 | 5.22 |

SAS 程序如图 6.42 所示。

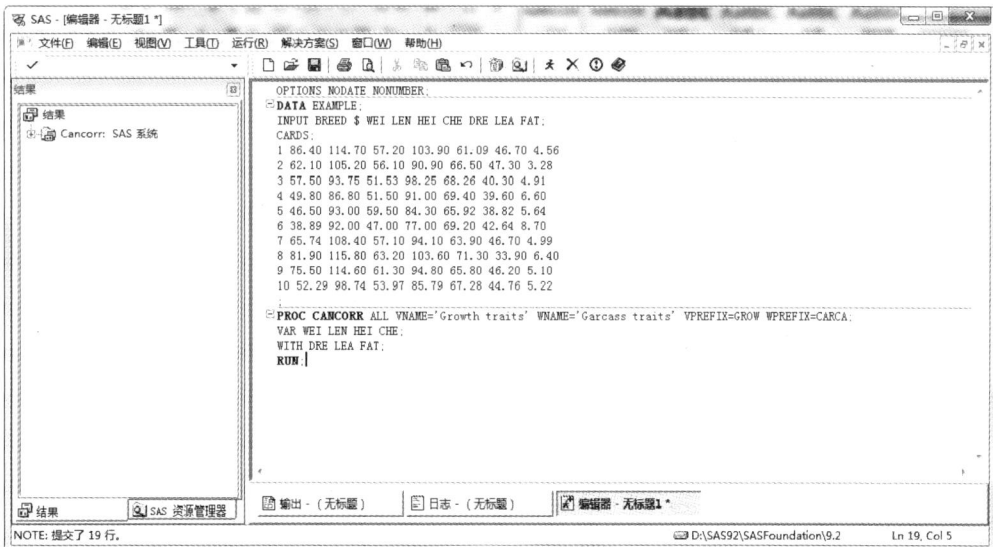

图 6.42　猪生长发育性状和胴体性状典型相关分析 SAS 程序

输出结果为:

1. 分析变量的简单统计量

在该部分中,系统会计算出每个分析变量的平均数(Means)和标准差(Std Dev)。如本例中体重(WEI)的平均数为 61.662,标准差为 15.720 374。

SAS 程序如图 6.43 所示。

```
                        SAS 系统

                  The CANCORR Procedure

          Growth traits           4
          Garcass traits          3
          Observations           10

          Means and Standard Deviations

                                     Standard
          Variable      Mean         Deviation
          WEI        61.662000       15.720374
          LEN       102.299000       10.809081
          HEI        55.840000        4.943411
          CHE        92.364000        8.506348
          DRE        66.865000        2.943321
          LEA        42.692000        4.441233
          FAT         5.540000        1.449989
```

图 6.43　简单统计量 SAS 程序图

2. 分析变量间的相关系数

计算出所有分析变量间的简单相关系数(Correlations)。如本例中体重(WEI)与体长(LEN)间的简单相关系数为 0.918 5,屠宰率(DRE)与瘦肉率(LEA)间的相关系数为 -0.732 9,体重(WEI)与屠宰率(DRE)间的相关系数为 -0.381 1。

SAS 程序如图 6.44 所示。

```
                          SAS 系统

                   The CANCORR Procedure

          Correlations Among the Original Variables

          Correlations Among the Growth traits

               WEI        LEN        HEI        CHE
    WEI     1.0000     0.9185     0.7094     0.8960
    LEN     0.9185     1.0000     0.7478     0.6749
    HEI     0.7094     0.7478     1.0000     0.5619
    CHE     0.8960     0.6749     0.5619     1.0000

          Correlations Among the Garcass traits

               DRE        LEA        FAT
    DRE     1.0000    -0.7329     0.5560
    LEA    -0.7329     1.0000    -0.4941
    FAT     0.5560    -0.4941     1.0000

   Correlations Between the Growth traits and the Garcass traits

               DRE        LEA        FAT
    WEI    -0.3811     0.1198    -0.4708
    LEN    -0.3909     0.2535    -0.4200
    HEI    -0.2043    -0.1402    -0.4269
    CHE    -0.2229    -0.1036    -0.4754
```

图 6.44　相关系数 SAS 程序图

3. 两组变量间的典型相关系数

计算出分析的两组变量间的 $n$ 个典型相关系数(Canonical Correlation)及其近似标准误(Approx Standard Error)等。本例中生长发育性状与胴体性状间的第 1 典型相关系数 $r_1$ = 0.939 075,第 2 典型相关系数为 $r_2$ = 0.520 895,第 3 典型相关系数为 $r_3$ = 0.346 940;第 1 到第 3 个典型相关系数的近似标准为分别为 0.039 380、0.242 889 和 0.293 211。

SAS 程序如图 6.45 所示。

The CANCORR Procedure

Canonical Correlation Analysis

| | Canonical Correlation | Adjusted Canonical Correlation | Approximate Standard Error | Squared Canonical Correlation |
|---|---|---|---|---|
| 1 | 0.939075 | 0.909298 | 0.039380 | 0.881861 |
| 2 | 0.520895 | 0.226694 | 0.242889 | 0.271332 |
| 3 | 0.346940 | . | 0.293211 | 0.120367 |

图 6.45 典型相关系数 SAS 程序图

**4. 特征值及其贡献率**

计算出 $n$ 个特征值 $\lambda$ 及其贡献率。本例中,第 1 个到第 3 个特征值(Eigenvalue)分别为 7.464 6、0.372 4 和 0.136 8,贡献率(Proportion)分别为 0.936 1、0.046 7 和 0.017 2,前两个特征值的累积贡献率(Cumulative)为 0.982 8。

**5. 典型相关系数的显著性检验**

对所计算的典型相关系数进行显著性检验。在进行实际数据分析时,根据第一部分计算的结果即可作出判断。检验结果,第 1 到第 3 典型相关系数的 $P$ 值分别为 0.440 7、0.901 9 和 0.725 7($P > 0.05$),差异均不显著。

SAS 程序如图 6.46 所示。

| | Eigenvalues of Inv(E)*H = CanRsq/(1-CanRsq) | | | | Test of H0: The canonical correlations in the current row and all that follow are zero | | | | |
|---|---|---|---|---|---|---|---|---|---|
| | Eigenvalue | Difference | Proportion | Cumulative | Likelihood Ratio | Approximate F Value | Num DF | Den DF | Pr > F |
| 1 | 7.4646 | 7.0923 | 0.9361 | 0.9361 | 0.07572227 | 1.13 | 12 | 8.2288 | 0.4407 |
| 2 | 0.3724 | 0.2355 | 0.0467 | 0.9828 | 0.64096027 | 0.33 | 6 | 8 | 0.9019 |
| 3 | 0.1368 | | 0.0172 | 1.0000 | 0.87963281 | 0.34 | 2 | 5 | 0.7257 |

Multivariate Statistics and F Approximations

S=3    M=0    N=0.5

| Statistic | Value | F Value | Num DF | Den DF | Pr > F |
|---|---|---|---|---|---|
| Wilks' Lambda | 0.07572227 | 1.13 | 12 | 8.2288 | 0.4407 |
| Pillai's Trace | 1.27356042 | 0.92 | 12 | 15 | 0.5496 |
| Hotelling-Lawley Trace | 7.97382607 | 2.49 | 12 | 2.7273 | 0.2627 |
| Roy's Greatest Root | 7.46462094 | 9.33 | 4 | 5 | 0.0154 |

NOTE: F Statistic for Roy's Greatest Root is an upper bound.

图 6.46 显著性检验 SAS 程序图

**6. 典型变量中原指标的典型系数**

本部分用实际测量指标(变量)来线性表达典型变量的系数。本例中,生长发育性状:

第 1 典型变量 GROW1 = 0.092 9WEI + 0.028 4LEN − 0.202 9HEI − 0.185 2CHE

第 2 典型变量 GROW2 = − 0.330 9WEI + 0.212 8LEN + 0.002HEI + 0.301CHE

第 3 典型变量 GROW3 = − 0.357 6WEI + 0.394 6LEN − 0.117 6HEI + 0.339 3CHE

胴体性状:

第 1 典型变量 CARCA1 = 0.108 9DRE + 0.276 8LEA + 0.560 9FAT

第 2 典型变量 CARCA2 = 0.406 9DRE + 0.062 1LEA + 0.177 9FAT

第 3 典型变量 CARCA3 = 0.319 2DRE − 0.017 7LEA − 0.624 6FAT

SAS 程序如图 6.47 所示。

```
                    The CANCORR Procedure

                  Canonical Correlation Analysis

           Raw Canonical Coefficients for the Growth traits

                     GROW1           GROW2           GROW3

     WEI      0.0929278472     -0.330987047     -0.357618204
     LEN      0.0283526027      0.2127559398      0.3946387039
     HEI     -0.20296849        0.0020037358     -0.117632538
     CHE     -0.185207134       0.3010083496      0.339289684

           Raw Canonical Coefficients for the Garcass traits

                    CARCA1          CARCA2          CARCA3

     DRE      0.108885102       0.4069773749      0.3192335161
     LEA      0.2768189641      0.0621219118      0.1779328196
     FAT      0.5609255246     -0.017742748      -0.624554923
```

图 6.47　典型系数 SAS 程序图（1）

以下为采用标准化的指标来线性表达典型变量，其中，

生长发育性状：

第 1 典型变量 GROW1 = 1.460 9WEI + 0.306 5LEN − 1.003 4HEI − 1.575 4CHE

第 2 典型变量 GROW2 = − 5.203 2WEI + 2.299 7LEN + 0.009 9HEI + 2.560 5CHE

第 3 典型变量 GROW3 = − 5.621 9WEI + 4.265 7LEN − 0.581 5HEI + 2.886 1CHE

胴体性状：

第 1 典型变量 CARCA1 = 0.320 5DRE + 1.229 4LEA + 0.813 3FAT

第 2 典型变量 CARCA2 = 1.197 9DRE + 0.275 9LEA − 0.025 7FAT

第 3 典型变量 CARCA3 = 0.939 6DRE + 0.790 2LEA − 0.905 6FAT

SAS 程序如图 6.48 所示。

```
                         SAS 系统

                    The CANCORR Procedure

                  Canonical Correlation Analysis

       Standardized Canonical Coefficients for the Growth traits

                     GROW1        GROW2        GROW3

     WEI          1.4609       -5.2032      -5.6219
     LEN          0.3065        2.2997       4.2657
     HEI         -1.0034        0.0099      -0.5815
     CHE         -1.5754        2.5605       2.8861

       Standardized Canonical Coefficients for the Garcass traits

                    CARCA1        CARCA2       CARCA3

     DRE          0.3205        1.1979       0.9396
     LEA          1.2294        0.2759       0.7902
     FAT          0.8133       -0.0257      -0.9056
```

图 6.48　典型系数 SAS 程序图（2）

7. 典型结构

本部分给出的是典型变量与实测值（原始值）变量间的相关系数，包括 4 种典型结构矩阵，即两组实测值变量与其本组典型变量和相对组（另一组）典型变量间的相关系数。本例中为生长发育性状实测值变量与其典型变量间的相关、胴体性状实测值变量与其典型变量间的相关、生长发育性状实测值变量与胴体性状典型变量间的相关以及胴体性状实测值变量与生长发育性状典型变量间的相关。

SAS 程序如图 6.49、图 6.50 所示。

```
                    The CANCORR Procedure
                    Canonical Structure
  Correlations Between the Growth traits and Their Canonical Variables

                          GROW1        GROW2        GROW3
              WEI       -0.3810      -0.7897       0.4696
              LEN       -0.1653      -0.7440       0.6150
              HEI       -0.6230      -0.5229       0.2418
              CHE       -0.6234      -0.5440       0.4011

  Correlations Between the Garcass traits and Their Canonical Variables

                          CARCA1       CARCA2       CARCA3
              DRE       -0.1283       0.9814      -0.1431
              LEA        0.5927      -0.5893       0.5491
              FAT        0.3841       0.5040      -0.7736
```

图 6.49　典型结构 SAS 程序图（1）

```
  Correlations Between the Growth traits and the Canonical Variables of the Garcass traits

                          CARCA1       CARCA2       CARCA3
              WEI       -0.3578      -0.4114       0.1629
              LEN       -0.1552      -0.3876       0.2134
              HEI       -0.5851      -0.2724       0.0839
              CHE       -0.5854      -0.2834       0.1392

  Correlations Between the Garcass traits and the Canonical Variables of the Growth traits

                          GROW1        GROW2        GROW3
              DRE       -0.1205       0.5112      -0.0496
              LEA        0.5566      -0.3069       0.1905
              FAT        0.3607       0.2625      -0.2684
```

图 6.50　典型结构 SAS 程序图（2）

8. 典型冗余分析

计算典型变量对实测值变量的贡献率,以及实测值变量中的总变异由典型变量解释的比例,包括原实测值变量和标准化的实测值变量与典型变量的结果。在实际分析中,通常取标准化实测值变量的结果。

本例中,生长发育性状第 1 到第 3 典型变量对实测值变量体重(WEI)、体长(LEN)、体高(HEI)和胸围(CHE)的贡献率(标准化结果)分别为 0.237 3、0.436 6 和 0.204 5;胴体性状第 1 到第 3 典型变量对实测值变量体重(WEI)、体长(LEN)、体高(HEI)和胸围(CHE)的贡献率(标准化结果)分别为 0.209 3、0.118 5 和 0.024 6;胴体性状第 1 到第 3 典型变量对实测值变量屠宰率(DRE)、瘦肉率(LEA)和腹脂率(FAT)的贡献率(标准化结果)分别为 0.171 8、0.521 4 和 0.306 8;生长发育性状第 1 到第 3 典型变量对实测值变量屠宰率(DRE)、瘦肉率(LEA)和腹脂率(FAT)的贡献率(标准化结果)分别为 0.151 5、0.141 5 和 0.036 9。

SAS 程序如图 6.51、图 6.52 所示。

9. 复相关系数的平方

该部分输出每个变量同相对变量组中前 $n$ 个典型变量复相关系数的平方,它反映的是某一典型变量相对变量组中每个变量的预测能力(其中 $n$ 可从 1 到典型变量的个数),相应的复相关系数平方的值越大,则预测能力越高。

根据复相关系数的平方可以看出,胴体性状第 1 典型变量对体长指标的预测能力较差(复相关系数的平方为 0.024 1),对体重、体高和胸围的预测能力稍微高一点(复相关系数的平方分别为 0.128 0、0.342 3 和 0.342 7);生长发育性状第 1 典型变量对屠宰率(DRE)的预测能力较差(复相关系数的平方为 0.014 5),对瘦肉率(LEA)和腹脂率(FAT)的预测能力稍微高一点(复相关系数的平方分别为 0.309 8 和 0.130 1)。

SAS 系统

The CANCORR Procedure

Canonical Redundancy Analysis

Raw Variance of the Growth traits Explained by

| Canonical<br>Variable<br>Number | Their Own<br>Canonical Variables | | | The Opposite<br>Canonical Variables | |
|---|---|---|---|---|---|
| | Proportion | Cumulative<br>Proportion | Canonical<br>R-Square | Proportion | Cumulative<br>Proportion |
| 1 | 0.1664 | 0.1664 | 0.8819 | 0.1468 | 0.1468 |
| 2 | 0.5358 | 0.7022 | 0.2713 | 0.1454 | 0.2921 |
| 3 | 0.2426 | 0.9448 | 0.1204 | 0.0292 | 0.3213 |

Raw Variance of the Garcass traits Explained by

| Canonical<br>Variable<br>Number | Their Own<br>Canonical Variables | | | The Opposite<br>Canonical Variables | |
|---|---|---|---|---|---|
| | Proportion | Cumulative<br>Proportion | Canonical<br>R-Square | Proportion | Cumulative<br>Proportion |
| 1 | 0.2421 | 0.2421 | 0.8819 | 0.2135 | 0.2135 |
| 2 | 0.5158 | 0.7579 | 0.2713 | 0.1399 | 0.3535 |
| 3 | 0.2421 | 1.0000 | 0.1204 | 0.0291 | 0.3826 |

图 6.51　典型冗余分析 SAS 程序图（1）

The CANCORR Procedure

Canonical Redundancy Analysis

Standardized Variance of the Growth traits Explained by

| Canonical<br>Variable<br>Number | Their Own<br>Canonical Variables | | | The Opposite<br>Canonical Variables | |
|---|---|---|---|---|---|
| | Proportion | Cumulative<br>Proportion | Canonical<br>R-Square | Proportion | Cumulative<br>Proportion |
| 1 | 0.2373 | 0.2373 | 0.8819 | 0.2093 | 0.2093 |
| 2 | 0.4366 | 0.6740 | 0.2713 | 0.1185 | 0.3278 |
| 3 | 0.2045 | 0.8785 | 0.1204 | 0.0246 | 0.3524 |

Standardized Variance of the Garcass traits Explained by

| Canonical<br>Variable<br>Number | Their Own<br>Canonical Variables | | | The Opposite<br>Canonical Variables | |
|---|---|---|---|---|---|
| | Proportion | Cumulative<br>Proportion | Canonical<br>R-Square | Proportion | Cumulative<br>Proportion |
| 1 | 0.1718 | 0.1718 | 0.8819 | 0.1515 | 0.1515 |
| 2 | 0.5214 | 0.6932 | 0.2713 | 0.1415 | 0.2930 |
| 3 | 0.3068 | 1.0000 | 0.1204 | 0.0369 | 0.3299 |

图 6.52　典型冗余分析 SAS 程序图（2）

SAS 程序如图 6.53 所示。

Canonical Redundancy Analysis

Squared Multiple Correlations Between the Growth traits and the First M Canonical Variables of the Garcass traits

| M | 1 | 2 | 3 |
|---|---|---|---|
| WEI | 0.1280 | 0.2972 | 0.3238 |
| LEN | 0.0241 | 0.1743 | 0.2198 |
| HEI | 0.3423 | 0.4165 | 0.4236 |
| CHE | 0.3427 | 0.4230 | 0.4424 |

Squared Multiple Correlations Between the Garcass traits and the First M Canonical Variables of the Growth traits

| M | 1 | 2 | 3 |
|---|---|---|---|
| DRE | 0.0145 | 0.2758 | 0.2783 |
| LEA | 0.3098 | 0.4040 | 0.4403 |
| FAT | 0.1301 | 0.1990 | 0.2711 |

图 6.53　典型冗余分析 SAS 程序图（3）

# 第七章

## 协方差分析

### 第一节　简　介

在动物科学试验中,经常会遇到分析的变量本身受到其他一个(或几个)变量的影响。例如,不同精粗比饲粮对藏羊增重影响的对比试验,试验的主要目的是研究不同的精粗比饲料对藏羊体重变化的影响,但藏羊体重变化除了受到饲料因素(精粗比不同的饲料、处理因素)的影响外,还会受到试验单元(藏羊)初始重、年龄、性别等(非处理因素)的影响。如果直接对试验的结果数据进行方差分析,由于人们在试验过程中缺乏对非处理因素的有效控制,这些非处理因素的自变量就会直接影响到试验结果分析的准确性及精确性,甚至会得出错误结论。因此,在实际分析过程中,协方差分析(covariance analysis,ANOCOV)用于消除这些非处理因素对试验分析结果的影响。

所谓的协方差分析(又称为相关变量分析),是将回归分析和方差分析结合起来的一种统计方法,可以利用回归方法来消除自变量对试验结果的影响,从而提高试验结果的可靠性。协方差分析主要有两个作用:①对试验进行统计控制,为了提高实验的正确性,对处理效应以外的任何因素都要严格控制,使其保持一致,称为试验控制。在很多情况下,人们即使尽最大努力也无法满足试验控制的要求,如研究精粗比日粮对藏羊体重变化的影响,根据试验控制需求藏羊的初始体重相同,但实际情况很难达到。研究发现,羊的增重与初始体重之间呈线性关系,这时可以利用藏羊的初始体重 $m_1$ 与试验期增重 $m_2$ 的直线关系,将藏羊增重都校正为与藏羊初始体重相同的增重,这样就排除了藏羊初始体重对增重的影响,由于校正的藏羊增重是应用直线回归分析将初始体重控制一致而得到的,所以称为统计控制。这种将直线回归与方差分析相结合的统计方法称为回归模型的协方差分析(ANOCOV of regression model)。②估计协方差分量,进行方差分析,可根据均方 MS 是期望均方 EMS 的无偏估计值求得方差分量的估计值,这在动物遗传、育种、繁殖、生态、环保等领域的研究是很有必要的。估计协方差分量的协方差分析称为相关模型的协方差分析(ANOCOV of correlation model)。

进行协方差分析的数据资料必须要满足以下 3 个条件:①自变量 $X$ 应是固定的,同时自变量本身不受试验处理因素的影响,即自变量 $X$ 应在试验开始前就进行准确无误的度量。②各处理内自变量与因变量的关系是线性的,而且各个处理的回归系数的方差是齐性的。只有这样才能够将各个处理的回归系数集合成一个公共的回归系数。③试验的随机误差 $e_{ij}$ 服从正态分布,且其平均数为 0,并具有一个公共的方差 $\sigma^2$,即 $e_{ij} \sim N(0, \sigma^2)$。在动物科学实验过程中,当试验材料的初始值明显不一致时应考虑协方差分析进行结果数据的处理,如当试验动物的性别、初始年龄、体重、健康状况等明显不一致;一个试验结束后,需要继续在该试验材料上进行另一个试验时;当试验动物的遗传基因和营养状况不同时,可以考虑协方差分析。

## 第二节　协方差分析的 SAS 过程

(一)调用格式

PROC GLM 选项列表;

CLASS 变量名列表;

MOEDL 因变量 = 效应 协变量/选项;

LSMEANS 效应/选项;

(二)语句说明

利用 GLM 过程进行协方差分析时,除了 MOEDL 语句需作相应的调整外,其余语句的使用及其功能与前面叙述的方差分析和回归分析相同,在此不再赘述。

1. MODEL 语句

在 MODEL 语句中,模型等号右边除了给出试验处理效应的分类变量(即效应)外,还应该给出影响因变量的协变量(或自变量),其余也与方差分析和回归分析时相同。

2. LSMEANS 语句

LSMEANS 语句用于计算校正后的均数(即最小二乘均数),通过相应的选项,还可以进行各均数间的显著性检验。其选项的设定与功能和方差分析相同。

(三)结果输出

采用 GLM 过程进行协方差分析时,其输出结果包括回归模型显著性检验、处理效应及协变量回归关系显著性检验的方差分析过程,相应回归模型的参数估计值、校正均数(最小二乘均数)及其差异显著性检验等内容。

## 第三节　协方差分析的示例应用

例 7.1　为了寻找一种较好的哺乳仔猪食欲增进剂,以增加仔猪食欲,提高断奶重,现对哺乳仔猪进行以下试验:试验设对照饲粮和由 3 种食欲增进剂配制的饲粮 1、饲粮 2 和饲粮 3 共 4 个处理,每个处理重复 12 次,选择初生重尽量相同的青海互助八眉猪哺乳仔猪 48 头,完全随机分为 4 组,每组 12 头,分别饲喂 4 种饲粮。哺乳仔猪初生重 $x$,50 日龄重 $y$ 的观测值列于表 7.1,试对该资料进行回归模型的协方差分析。

表 7.1 试验猪初生重、50 日龄重实验数据列表

| 处　　理 | 对照饲粮 | | 饲粮 1 | | 饲粮 2 | | 饲粮 3 | |
|---|---|---|---|---|---|---|---|---|
| 变　　量 | 0 d 重 | 50 d 重 | 0 d 重 | 50 d 重 | 0 d 重 | 50 d 重 | 0 d 重 | 50 d 重 |
| 观测值 | 1.50 | 12.40 | 1.35 | 10.20 | 1.15 | 10.00 | 1.20 | 12.40 |
| | 1.85 | 12.00 | 1.20 | 9.40 | 1.10 | 10.60 | 1.00 | 9.80 |
| | 1.35 | 10.80 | 1.45 | 12.20 | 1.10 | 10.40 | 1.15 | 11.60 |
| | 1.45 | 10.00 | 1.20 | 10.30 | 1.05 | 9.20 | 1.10 | 10.60 |
| | 1.40 | 11.00 | 1.40 | 11.30 | 1.40 | 13.00 | 1.00 | 9.20 |
| | 1.45 | 11.80 | 1.30 | 11.40 | 1.45 | 13.50 | 1.45 | 13.90 |
| | 1.50 | 12.50 | 1.15 | 12.80 | 1.30 | 13.00 | 1.35 | 12.80 |
| | 1.55 | 13.40 | 1.30 | 10.90 | 1.70 | 14.80 | 1.15 | 9.30 |
| | 1.40 | 11.20 | 1.35 | 11.60 | 1.40 | 12.30 | 1.10 | 9.60 |
| | 1.50 | 11.60 | 1.15 | 8.50 | 1.45 | 13.20 | 1.20 | 12.40 |
| | 1.60 | 12.60 | 1.35 | 12.20 | 1.25 | 12.00 | 1.05 | 11.20 |
| | 1.70 | 12.50 | 1.20 | 9.30 | 1.30 | 12.80 | 1.10 | 11.00 |

SAS 程序如图 7.1 所示。

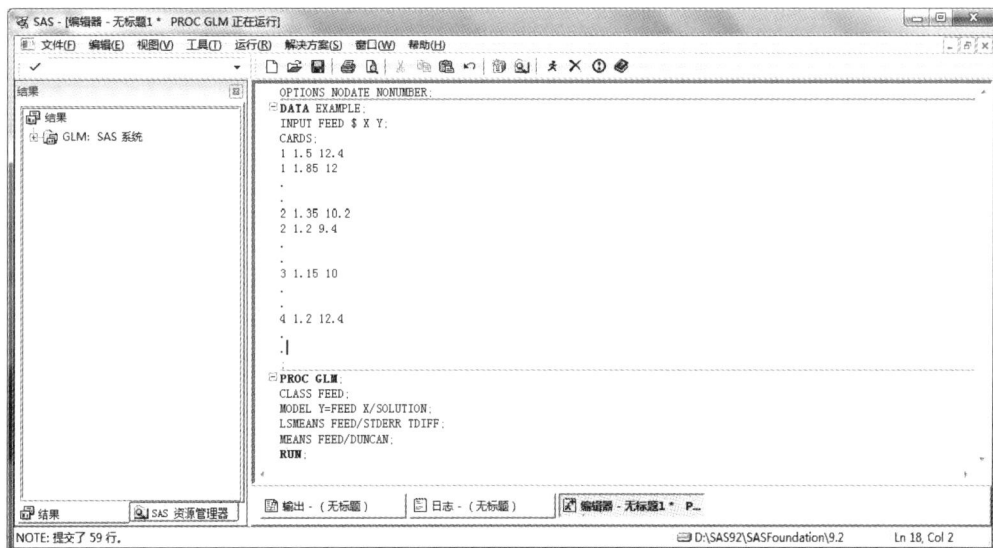

图 7.1 试验猪初生重、50 日龄重资料协方差分析 SAS 过程

输出结果为：

1. 方差分析

该部分输出的内容包括回归模型的显著性检验、处理效应及协变量与因变量回归关系的显著性检验等。

（1）回归模型检验

方差分析结果，$F = 17.01$，$P < 0.000\ 1$，表明回归模型显著成立。

SAS 程序如图7.2所示。

```
                                        The GLM Procedure

Dependent Variable: Y

                                        Sum of
     Source                 DF          Squares        Mean Square     F Value     Pr > F

     Model                   4       59.29542503       14.82385626       17.01     <.0001

     Error                  43       37.46769997        0.87134186

     Corrected Total        47       96.76312500


                    R-Square      Coeff Var      Root MSE       Y Mean

                    0.612789      8.139134       0.933457      11.46875
```

图7.2　例7.1SAS 程序图（1）

（2）处理效应及协变量与因变量回归关系的检验

本部分自动输出Ⅰ型和Ⅲ型平方和，实际应用过程中一般选取Ⅲ型平方和的计算结果。本题中，不同类型的饲料（FEED）对仔猪50 d 体重的影响（$F = 7.82$，$P = 0.000\ 3 < 0.01$），达到了显著水平，表明不同增进剂日粮饲喂的仔猪调整后的断奶体重间有显著性差异；调整后的断奶体重与初生重（$X$）间呈显著的直线关系（$F = 54.65$，$P = 0.000\ 1 < 0.01$），说明进行协方差分析有实际意义。

SAS 程序如图7.3所示。

```
     Source                 DF         Type I SS        Mean Square     F Value     Pr > F

     FEED                    3       11.68062500        3.89354167        4.47      0.0081
     X                       1       47.61480003       47.61480003       54.65      <.0001


     Source                 DF       Type III SS        Mean Square     F Value     Pr > F

     FEED                    3       20.43464720        6.81154907        7.82      0.0003
     X                       1       47.61480003       47.61480003       54.65      <.0001
```

图7.3　例7.1SAS 程序图（2）

2.回归模型的参数估计

该部分输出了回归模型中各参数的估计值及其准确性。本题中，模型的截距（INTERCEPT）为2.840 2（$P = 0.018\ 1 < 0.05$），协变量 $X$ 的回归系数为7.199 8（$P = 0.000\ 1 < 0.01$）。调整后的50日龄体重（$Y$）与初生重（$X$）的直线回归方程为：$Y = 2.840\ 2 + 7.199\ 8X$。

SAS 程序如图7.4所示。

```
                                                Standard
     Parameter          Estimate                  Error       t Value     Pr > |t|

     Intercept       2.840209420  B           1.15596788        2.46       0.0181
     FEED      1    -1.973266803  B           0.52226390       -3.78       0.0005
     FEED      2    -1.238309896  B           0.40131079       -3.09       0.0035
     FEED      3    -0.163306116  B           0.40812678       -0.40       0.6910
     FEED      4     0.000000000  B                .                .           .
     X               7.199818553              0.97396838        7.39       <.0001

NOTE: The X'X matrix has been found to be singular, and a generalized inverse was used to solve the normal equations.
      Terms whose estimates are followed by the letter 'B' are not uniquely estimable.
```

图7.4　例7.1SAS 程序图（3）

3.最小二乘均数（已校正）及其显著性差异检验

不同增进剂日粮饲喂的哺乳仔猪50 d 体重校正后的均数（最小二乘均数），除了对照组与饲粮1（$P = 0.106\ 5 > 0.05$）、饲粮2与饲粮3（$P = 0.691\ 0 > 0.05$）的差异不显著外，其余饲粮间的仔猪50 d 体重的差异达到了显著水平（$P < 0.01$）；其均数的大小顺序为：饲粮3 > 饲粮2 > 饲粮1 > 对照组。

SAS 程序如图 7.5 所示。

SAS 系统

The GLM Procedure
Least Squares Means

| FEED | Y LSMEAN | Standard Error | Pr > \|t\| | LSMEAN Number |
|---|---|---|---|---|
| 1 | 10.3392039 | 0.3354973 | <.0001 | 1 |
| 2 | 11.0741608 | 0.2712950 | <.0001 | 2 |
| 3 | 12.1491646 | 0.2696968 | <.0001 | 3 |
| 4 | 12.3124707 | 0.3119953 | <.0001 | 4 |

Least Squares Means for Effect FEED
t for H0: LSMean(i)=LSMean(j) / Pr > \|t\|

Dependent Variable: Y

| i/j | 1 | 2 | 3 | 4 |
|---|---|---|---|---|
| 1 | | -1.64865 | -4.15501 | -3.77829 |
| | | 0.1065 | 0.0002 | 0.0005 |
| 2 | 1.648651 | | -2.81693 | -3.08566 |
| | 0.1065 | | 0.0073 | 0.0035 |
| 3 | 4.155005 | 2.816933 | | -0.40014 |
| | 0.0002 | 0.0073 | | 0.6910 |
| 4 | 3.778294 | 3.085663 | 0.400136 | |
| | 0.0005 | 0.0035 | 0.6910 | |

NOTE: To ensure overall protection level, only probabilities associated with pre-planned comparisons should be used.

图 7.5　例 7.1SAS 程序图（4）

4.普通均数(未校正)的多重比较

未校正的普通均数间多重比较结果,对照组的仔猪 50 d 体重与饲粮 2、饲粮 3 的差异均不显著($P > 0.05$),与饲粮 1 差异显著($P < 0.05$);饲粮 1 与饲粮 2 间的差异显著($P < 0.05$),其 50d 体重均数的大小顺序依次为:饲粮 2 > 对照组 > 饲粮 3 > 饲粮 1,与上述校正后的均数及其显著性检验结果不同。

SAS 程序如图 7.6 所示。

SAS 系统

The GLM Procedure

Duncan's Multiple Range Test for Y

NOTE: This test controls the Type I comparisonwise error rate, not the experimentwise error rate.

| Alpha | 0.05 |
|---|---|
| Error Degrees of Freedom | 43 |
| Error Mean Square | 0.871342 |

| Number of Means | 2 | 3 | 4 |
|---|---|---|---|
| Critical Range | .7685 | .8082 | .8341 |

Means with the same letter are not significantly different.

| Duncan Grouping | | Mean | N | FEED |
|---|---|---|---|---|
| | A | 12.0667 | 12 | 3 |
| | A | | | |
| B | A | 11.8167 | 12 | 1 |
| B | | | | |
| B | C | 11.1500 | 12 | 4 |
| | C | | | |
| | C | 10.8417 | 12 | 2 |

图 7.6　例 7.1SAS 程序图（5）

**例 7.2**　用 3 种不同比例的精粗比日粮对青海省海南州哇玉香卡农场藏羊进行了 2 个批次的育肥试验(育肥期 6 个月),育肥初始重和结束重的体重数据列于表 7.2,试进行不同饲料和批次对育肥藏羊试验末重影响的协方差分析。

表7.2　藏羊不同饲料和不同批次育肥试验数据表

| 批　　次 | 饲料 1 | | 饲料 2 | | 饲料 3 | |
|---|---|---|---|---|---|---|
| | 初重 $X$ | 末重 $Y$ | 初重 $X$ | 末重 $Y$ | 初重 $X$ | 末重 $Y$ |
| 第一批 | 13.6 | 100.3 | 12.8 | 99.2 | 12.0 | 102.1 |
| | 12.9 | 98.5 | 10.7 | 89.6 | 12.4 | 103.8 |
| | 11.7 | 85.4 | 12.3 | 92.8 | 12.7 | 109.8 |
| | 11.9 | 93.8 | 14.6 | 102.3 | 13.1 | 111.6 |
| 第二批 | 18.5 | 119.4 | 18.2 | 112.2 | 16.4 | 117.2 |
| | 18.2 | 114.7 | 16.9 | 105.3 | 17.2 | 117.9 |
| | 17.3 | 103.8 | 17.9 | 111.8 | 18.7 | 124.4 |
| | 17.8 | 112.4 | 17.5 | 108.0 | 17.5 | 121.6 |

SAS 程序如图 7.7 所示。

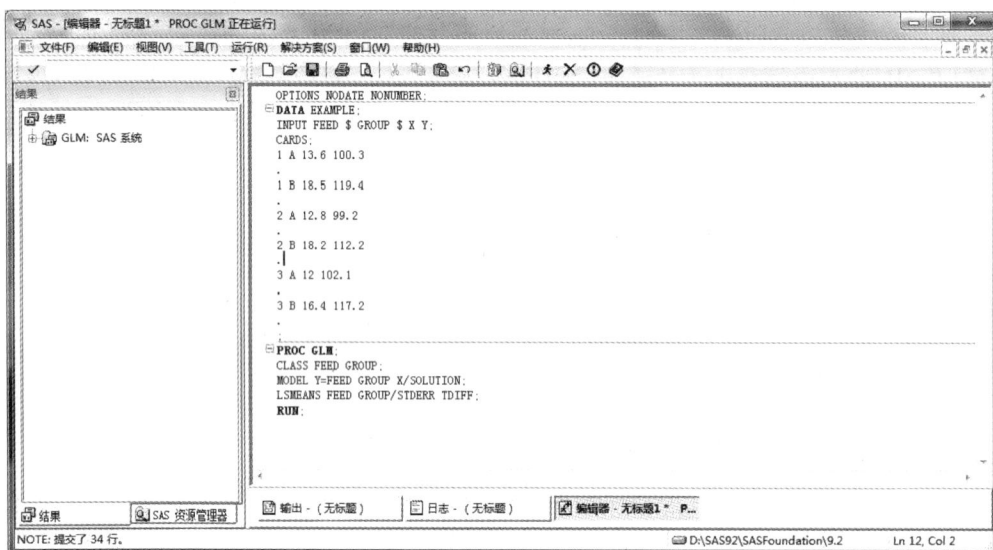

图7.7　藏羊不同饲料和不同批次育肥试验协方差分析 SAS 程序

输出结果：

1. 方差分析

(1) 回归模型的方差分析

$F = 70.86, P = 0.0001 < 0.01$，达到了极显著水平。

SAS 程序如图 7.8 所示。

(2) 处理效应及协变量对因变量影响的显著性检验

方差分析结果表明，不同饲料校正后的末重均数存在显著性差异（$F = 41.68$, $P = 0.0001 < 0.01$），不同批次末重均数间差异显著（$F = 6.53, P = 0.0193 < 0.05$）。调整后的末重均数 $Y$ 与初始重 $X$ 间呈直线关系。

SAS 程序如图 7.9 所示。

SAS 系统

The GLM Procedure

Dependent Variable: Y

| Source | DF | Sum of Squares | Mean Square | F Value | Pr > F |
|---|---|---|---|---|---|
| Model | 4 | 2295.570537 | 573.892634 | 70.86 | <.0001 |
| Error | 19 | 153.889046 | 8.099423 | | |
| Corrected Total | 23 | 2449.459583 | | | |

| R-Square | Coeff Var | Root MSE | Y Mean |
|---|---|---|---|
| 0.937174 | 2.670267 | 2.845949 | 106.5792 |

图 7.8　例 7.2SAS 程序图（1）

| Source | DF | Type I SS | Mean Square | F Value | Pr > F |
|---|---|---|---|---|---|
| FEED | 2 | 586.260833 | 293.130417 | 36.19 | <.0001 |
| GROUP | 1 | 1342.510417 | 1342.510417 | 165.75 | <.0001 |
| X | 1 | 366.799287 | 366.799287 | 45.29 | <.0001 |

| Source | DF | Type III SS | Mean Square | F Value | Pr > F |
|---|---|---|---|---|---|
| FEED | 2 | 675.2132004 | 337.6066002 | 41.68 | <.0001 |
| GROUP | 1 | 52.9097478 | 52.9097478 | 6.53 | 0.0193 |
| X | 1 | 366.7992871 | 366.7992871 | 45.29 | <.0001 |

图 7.9　例 7.2SAS 程序图（2）

**2. 回归模型的参数估计**

参数估计结果表明,模型截距(INTERCEPT)为 35.740 7($P = 0.011\ 2 < 0.05$),协变量 $X$ 的回归系数为 4.857 4($P = 0.000\ 1 < 0.01$),表明 $X$ 与因变量 $Y$ 存在如下的线性关系:$Y = 35.740\ 7 + 4.857\ 4X$。

SAS 程序如图 7.10 所示。

| Parameter | | Estimate | Standard Error | t Value | Pr > \|t\| |
|---|---|---|---|---|---|
| Intercept | | 35.74065666 B | 12.72684227 | 2.81 | 0.0112 |
| FEED | 1 | -11.16614145 B | 1.43326330 | -7.79 | <.0001 |
| FEED | 2 | -11.44846174 B | 1.42528938 | -8.03 | <.0001 |
| FEED | 3 | 0.00000000 B | . | . | . |
| GROUP | A | 9.89555615 B | 3.87167965 | 2.56 | 0.0193 |
| GROUP | B | 0.00000000 B | . | . | . |
| X | | 4.85743768 | 0.72180527 | 6.73 | <.0001 |

NOTE: The X'X matrix has been found to be singular, and a generalized inverse was used to solve the normal equations. Terms whose estimates are followed by the letter 'B' are not uniquely estimable.

图 7.10　例 7.2SAS 程序图（3）

**3. 最小二乘均数及其显著性检验**

（1）不同饲料的最小二乘均数及其显著性检验

3 种饲料的末重的最小二乘均数分别为:102.950 6 g、102.670 2 g 和 114.116 7 g,且第 1 种饲料与第 3 种饲料、第 2 种饲料与第 3 种饲料间差异显著($P < 0.01$),第 1 种饲料和第 2 种饲料间差异不显著($P > 0.05$)。

SAS 程序如图 7.11 所示。

（2）不同批次的最小二乘均数及其显著性检验

两个批次末重的最小二乘分别为 111.526 9 g 和 101.631 4 g,两个批次差异显著($P = 0.019\ 3 < 0.05$)。

SAS 程序如图 7.12 所示。

SAS 系统

The GLM Procedure
Least Squares Means

| FEED | Y LSMEAN | Standard Error | Pr > \|t\| | LSMEAN Number |
|---|---|---|---|---|
| 1 | 102.950560 | 1.009968 | <.0001 | 1 |
| 2 | 102.670239 | 1.006199 | <.0001 | 2 |
| 3 | 114.116701 | 1.009713 | <.0001 | 3 |

Least Squares Means for Effect FEED
t for H0: LSMean(i)=LSMean(j) / Pr > \|t\|

Dependent Variable: Y

| i/j | 1 | 2 | 3 |
|---|---|---|---|
| 1 | | 0.196601 0.8462 | -7.79071 <.0001 |
| 2 | -0.1966 0.8462 | | -8.03097 <.0001 |
| 3 | 7.790712 <.0001 | 8.030974 <.0001 | |

NOTE: To ensure overall protection level, only probabilities associated with pre-planned comparisons should be used.

图 7.11　例 7.2SAS 程序图（4）

| GROUP | Y LSMEAN | Standard Error | H0:LSMEAN=0 Pr > \|t\| | H0:LSMean1=LSMean2 t Value | Pr > \|t\| |
|---|---|---|---|---|---|
| A | 111.526945 | 2.021126 | <.0001 | 2.56 | 0.0193 |
| B | 101.631389 | 2.021126 | <.0001 | | |

图 7.12　例 7.2SAS 程序图（5）

**例 7.3**　为比较 3 种精饲料对育肥藏羊的增重效果的影响。将 24 只藏羊随机分为 3 组，每组 8 只，分别测量每只藏羊的试验初始年龄（$X_1$）、育肥期采食量（$X_2$）和所增体重（$Y$）的数据见表 7.3，试对比 3 种饲料对育肥期增重效果的影响。

表 7.3　藏羊初始年龄、采食量及增重数据表

| 饲料 1 | | | 饲料 2 | | | 饲料 3 | | |
|---|---|---|---|---|---|---|---|---|
| $X_1$ | $X_2$ | $Y$ | $X_1$ | $X_2$ | $Y$ | $X_1$ | $X_2$ | $Y$ |
| 60 | 281.7 | 87 | 66 | 309.8 | 84 | 68 | 259.3 | 92 |
| 70 | 274.0 | 97 | 66 | 317.8 | 93 | 65 | 241.2 | 86 |
| 58 | 253.8 | 87 | 70 | 326.1 | 105 | 66 | 248.5 | 94 |
| 65 | 261.4 | 94 | 68 | 322.1 | 100 | 67 | 242.8 | 99 |
| 67 | 272.8 | 92 | 67 | 323.5 | 97 | 68 | 255.7 | 92 |
| 55 | 272.2 | 87 | 66 | 321.3 | 92 | 67 | 254.3 | 86 |
| 56 | 272.3 | 82 | 65 | 311.8 | 89 | 65 | 244.6 | 92 |
| 67 | 293.2 | 94 | 70 | 324.5 | 93 | 70 | 243.8 | 100 |

SAS 程序如图 7.13 所示。

输出结果为：

1. 方差分析

（1）回归模型检验

对模型的检验结果，$F = 4.45$，$P = 0.010\ 5 < 0.05$，达到了显著水平。

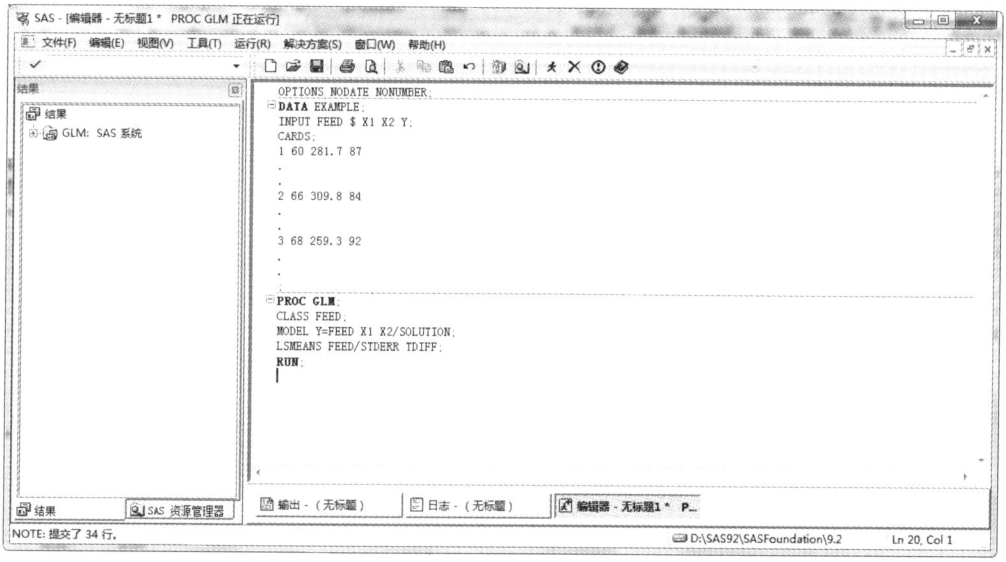

图 7.13　藏羊初始年龄、采食量及增重协方差分析 SAS 分析

SAS 程序如图 7.14 所示。

```
                                    The GLM Procedure

Dependent Variable: Y

                                         Sum of
       Source              DF           Squares      Mean Square    F Value    Pr > F
       Model                4       352.3429821       88.0857455       4.45    0.0105
       Error               19       376.1570179       19.7977378
       Corrected Total     23       728.5000000

                    R-Square     Coeff Var     Root MSE      Y Mean
                    0.483655      4.823268     4.449465     92.25000
```

图 7.14　例 7.3SAS 程序图（1）

（2）处理效应与协变量对因变量影响的显著性检验

分析结果表明,不同饲料对增重的影响差异不显著($F=0.27,P=0.763\,1>0.05$);初始日龄对增重的影响差异极显著($F=12.42,P=0.002\,3<0.01$);采食量对增重的影响差异不显著($F=0.00,P=0.982\,0>0.05$)。

SAS 程序如图 7.15 所示。

```
       Source              DF       Type I SS      Mean Square    F Value    Pr > F
       FEED                 2      69.7500000       34.8750000       1.76    0.1987
       X1                   1     282.5826465      282.5826465      14.27    0.0013
       X2                   1       0.0103356        0.0103356       0.00    0.9820

       Source              DF     Type III SS      Mean Square    F Value    Pr > F
       FEED                 2      10.8593794        5.4296897       0.27    0.7631
       X1                   1     245.9651674      245.9651674      12.42    0.0023
       X2                   1       0.0103356        0.0103356       0.00    0.9820
```

图 7.15　例 7.3SAS 程序图（2）

2. 回归模型参数估计

参数模型估计结果表明,截距(INTERCEPT)为 23.931\,5($P=0.425\,0>0.05$),$X_1$ 的回归系数为 1.015\,1($P=0.002\,3<0.01$),$X_2$ 的回归系数为 0.002\,7($P=0.982\,0>0.05$),说明 $Y$

与 $X_1$ 和 $X_2$ 间存在如下的线性关系: $Y = 23.931\ 5 + 1.0151X_1 + 0.002\ 7X_2$。

SAS 程序如图 7.16 所示。

| Parameter | | Estimate | Standard Error | t Value | Pr > \|t\| |
|---|---|---|---|---|---|
| Intercept | | 23.93148014 B | 29.35225737 | 0.82 | 0.4250 |
| FEED | 1 | 2.13085867 B | 4.22848857 | 0.50 | 0.6201 |
| FEED | 2 | 1.05146842 B | 8.78525061 | 0.12 | 0.9060 |
| FEED | 3 | 0.00000000 B | . | . | . |
| X1 | | 1.01506752 | 0.28798238 | 3.52 | 0.0023 |
| X2 | | 0.00274946 | 0.12033372 | 0.02 | 0.9820 |

NOTE: The X'X matrix has been found to be singular, and a generalized inverse was used to solve the normal equations. Terms whose estimates are followed by the letter 'B' are not uniquely estimable.

图 7.16 例 7.3SAS 程序图（3）

3. 最小二乘均数及其显著性检验

3 种饲料的增重最小二乘均数分别为: 93.320 1 kg、92.240 7 kg 和 91.189 2 kg, 彼此间的差异均未达到显著水平($P > 0.05$), 表明 3 种饲料对猪增重的影响差异不显著。

SAS 程序如图 7.17 所示。

The GLM Procedure
Least Squares Means

| FEED | Y LSMEAN | Standard Error | Pr > \|t\| | LSMEAN Number |
|---|---|---|---|---|
| 1 | 93.3200830 | 1.8951597 | <.0001 | 1 |
| 2 | 92.2406927 | 4.8330599 | <.0001 | 2 |
| 3 | 91.1892243 | 4.2737595 | <.0001 | 3 |

Least Squares Means for Effect FEED
t for H0: LSMean(i)=LSMean(j) / Pr > \|t\|

Dependent Variable: Y

| i/j | 1 | 2 | 3 |
|---|---|---|---|
| 1 | | 0.187443 0.8533 | 0.503929 0.6201 |
| 2 | -0.18744 0.8533 | | 0.119686 0.9060 |
| 3 | -0.50393 0.6201 | -0.11969 0.9060 | |

NOTE: To ensure overall protection level, only probabilities associated with pre-planned comparisons should be used.

图 7.17 例 7.3SAS 程序图（4）

# 第八章

## 非参数检验

### 第一节　简　介

参数检验是在已知总体分布的条件下,对一些主要的参数(如均值、百分数、方差、相关系数等)进行的检验。有时还需要根据某些总体参数满足一定的条件,如两个样品平均数假设检验的 $t$ 检验和多样品平均数假设检验的 $F$ 检验,都是已知样品所属总体是正态分布,检验以正态分布为基础,推断两个或多个总体平均数是否相同,即推断两个或多个样本是否来自同一个总体。但同时在动物科学试验中,常常会碰到不知道样品所述总体分布的情况,这时进行的假设检验就需要采用非参数检验(non-parametric test)。非参数检验不依赖于总体分布的形式,应用时可以不考虑样本所属总体为何种分布以及分布是否已知。非参数检验是对两个或多个样本所属总体位置是否相同进行检验,不对总体分布的参数进行统计推断。由于非参数检验不能充分利用样本中所有的观测值的数量信息,检验的效率和灵敏度低于参数检验。一般而言,非参数检验适用于以下 3 种情况:①顺序类型的数据资料,这类数据的分布类型形态一般是未知的;②虽然是连续数据,但总体分布形态未知或非正态,这和卡方检验一样,称为自由分布检验;③总体分布虽然正态,数据也是连续类型,但样本量极小,如 10 以下。动物科学试验中常用的非参数检验一般包括符号检验(sign test)、秩和检验(rank-sum test)和等级相关分析(rank correlation analysis)。

### 第二节　符号检验

动物科学实验中常用的符号检验主要有两种:单个样本的符号检验和配对样本的符号检验,通常采用 PROC UNIVARIATE 过程进行符号检验。试验资料的符号检验是根据各样本观测值之差的正、负符号多少推断两个总体位置(中心数)是否相同。观测值之差正值用" ＋ "表示、负值用" － "表示。可以设想,若两个总体位置相同,则" ＋ "或" － "出现的次数应该相同;若" ＋ "或" － "出现的次数不同,超过一定的临界值就推断两个总体位置(中心数)显著或极显著不同。

（1）单个样本的符号检验

单个样品的符号检验用于判断一个样本是否来自某个已知中位数的总体，即样本所属总体中位数是否与某一已知总体的中位数相同。

**例 8.1** 已知某品种成年公黄牛胸围总体平均数为 140 cm，今在某地随机抽测 10 头该品种成年公黄牛胸围列于表 8.1。用符号检验法检验某地该品种成年公黄牛胸围总体平均数与该品种成年公黄牛胸围总体平均数 140 cm 是否相同？

表 8.1　成年公黄牛胸围符号检验计算表

| 牛　号 | 1 | 2 | 3 | 4 | 5 | 6 | 7 | 8 | 9 | 10 |
|---|---|---|---|---|---|---|---|---|---|---|
| 胸　围 | 128.1 | 144.4 | 150.3 | 146.2 | 140.6 | 139.7 | 134.1 | 124.3 | 147.9 | 143 |

SAS 程序如图 8.1 所示。

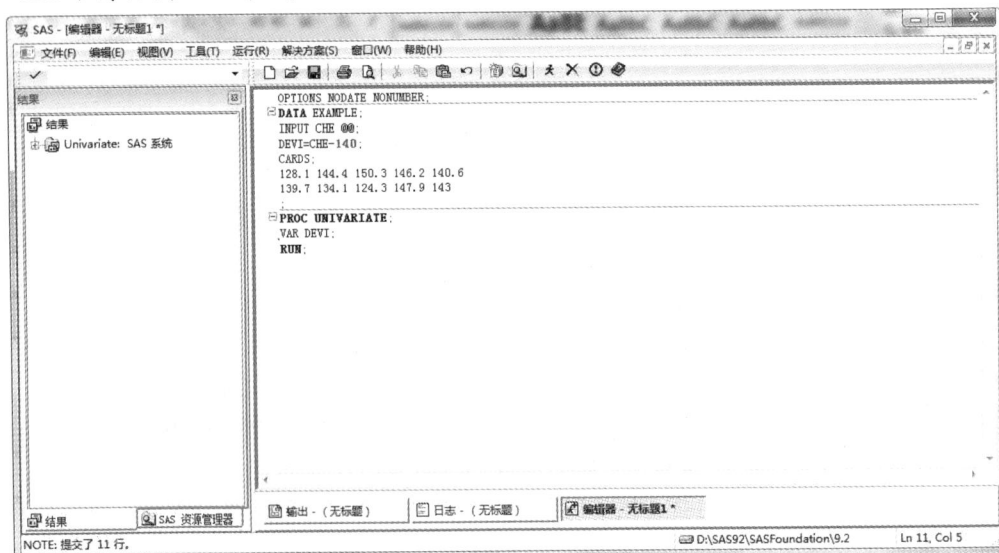

图 8.1　成年公黄牛胸围符号检验 SAS 程序

输出结果为：

输出结果主要包括：①和矩有关统计量，样本容量、权重总和等；②样本基本统计量，均数、中位数等；③总体均数为 0 的秩和检验结果；④百分位数；⑤极端值统计，列出了变量中最小的 5 个值和最大的 5 个值。

总体均数为 0 的假设检验，通过符号秩（Signed Rank，总体均数为 0 的秩和检验）可知，$P = 0.845\ 7 > 0.05$，成年公黄牛胸围与 140 cm 差异不显著。

结论：该地该品种成年公黄牛胸围总体平均数与该品种成年公黄牛胸围总体平均数 140 cm 相同。

SAS 程序如图 8.2 所示。

SAS 系统

UNIVARIATE PROCEDURE
变量：　DEVI

矩

| N | 10 | 权重总和 | 10 |
|---|---|---|---|
| 均值 | -0.14 | 观测总和 | -1.4 |
| 标准差 | 8.55351779 | 方差 | 73.1626667 |
| 偏度 | -0.7873016 | 峰度 | -0.382491 |
| 未校平方和 | 658.66 | 校正平方和 | 658.464 |
| 变异系数 | -6109.6556 | 标准误差均值 | 2.70485982 |

基本统计测度

| 位置 | | 变异性 | |
|---|---|---|---|
| 均值 | -0.14000 | 标准差 | 8.55352 |
| 中位数 | 1.80000 | 方差 | 73.16267 |
| 众数 | . | 极差 | 26.00000 |
| | | 四分位极差 | 12.10000 |

位置检验：Mu0=0

| 检验 | --统计量--- | -------P 值------- | |
|---|---|---|---|
| Student t | t | -0.05176 | Pr > \|t\| | 0.9599 |
| 符号 | M | 1 | Pr >= \|M\| | 0.7539 |
| 符号秩 | S | 2.5 | Pr >= \|S\| | 0.8457 |

图 8.2　例 8.1SAS 程序图

（2）配对样本的符号检验

配对样本设计有两种情况：①对同对的两个受试对象分别给予两种处理，目的是推断两种处理的效应有无差别；②进行同一受试对象处理前后的比较，目的是推断该处理有无作用。

例 8.2　超声刺激前后 15 头猪的心率测定值见表 8.2，用符号检验法检验噪声对猪的心率有无影响。

表 8.2　超声刺激前后猪的心率数据表

| 序　号 | 1 | 2 | 3 | 4 | 5 | 6 | 7 | 8 | 9 | 10 | 11 | 12 | 13 | 14 | 15 |
|---|---|---|---|---|---|---|---|---|---|---|---|---|---|---|---|
| 刺激前 | 61 | 70 | 68 | 73 | 85 | 81 | 65 | 62 | 72 | 84 | 76 | 60 | 80 | 79 | 71 |
| 刺激后 | 75 | 79 | 85 | 77 | 84 | 87 | 88 | 76 | 74 | 81 | 85 | 78 | 88 | 80 | 84 |

SAS 程序如图 8.3 所示。

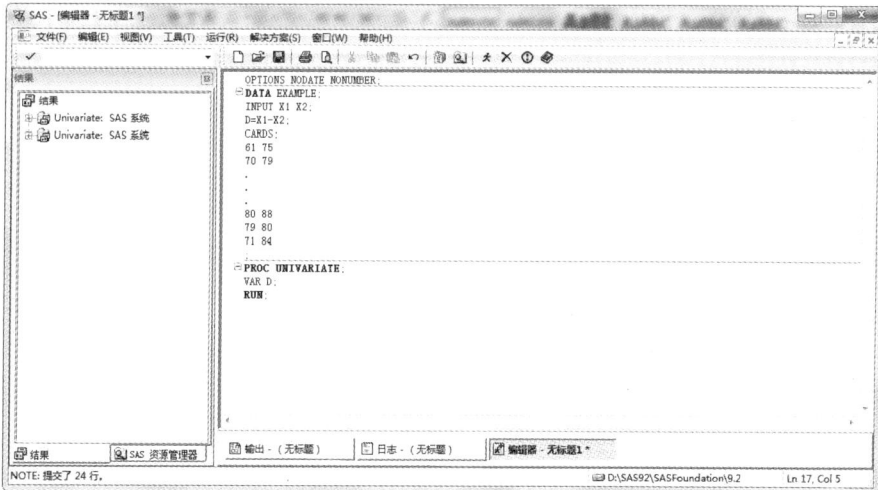

图 8.3　超声刺激前后猪的心率符号检验 SAS 程序

结果输出为：

总体均数为 0 的假设检验，通过符号秩（Signed Rank，总体均数为 0 的秩和检验）可知，$P=0.000\,7<0.01$，超声刺激前后猪的心率差异极显著。

结论：噪声刺激后猪的心率极显著高于刺激前猪的心率。

SAS 程序如图 8.4 所示。

```
                         SAS 系统
                   UNIVARIATE PROCEDURE
                        变量：  D
                          矩
N                    15      权重总和              15
均值          -8.9333333      观测总和            -134
标准差      7.55424825        方差          57.0666667
偏度      -0.1381844          峰度          -0.776481
未校正平方和      1996        校正平方和    798.933333
变异系数    -84.56248         标准误差均值   1.95049851

                       基本统计测度
            位置                      变异性
均值      -8.9333          标准差         7.55425
中位数    -9.0000          方差          57.06667
众数     -14.0000          极差          26.00000
                          四分位极差     12.00000

注意：显示的众数是 2 个众数中最小的众数，其计数为 2。

                     位置检验：Mu0=0
检验          --统计量---      ------P 值------
Student t     t    -4.58003   Pr > |t|    0.0004
符号          M    -5.5       Pr >= |M|   0.0074
符号秩        S    -54.5      Pr >= |S|   0.0007
```

图 8.4　例 8.2SAS 程序图

# 第三节　秩和检验

秩和检验（rank-sum test）是将观测值按由小到大的次数排列，编定秩次，求出秩次和（简称秩和），对两个或多个样本所属总体位置（中位数）是否相同进行的假设检验。

在 SAS 统计分析中，对于秩和检验主要是由 npar1way 过程来完成的，基本语句格式如下：

PROC NPAR1WAY ＜选项＞;

BY 变量名列表;

EXACT 统计量选项 ＜/ 运算选项＞;

FREQ 变量名列表;

OUTPUT ＜OUT＝数据集名＞ ＜选项＞;

VAR 变量名列表;

各语句选项说明：

DATA＝数据集名:指定要进行分析的数据集;

MEDIAN:运用中位数评分进行分析，即进行中位数检验;

NOPRINT:禁止所有的输出，用在仅需要创建输出数据集时;

ST:运用 Siegel-Tukey 评分进行分析;

ANOVA:对原始数据进行方差分析;

EDF:要求计算基于经验分布的统计量;

MISSING:指定分组变量的缺失值为一有效的分组水平;

SAVAGE:运用 Savage 评分进行分析;

VW:运用 Van der Waerden 评分进行分析计算;

CORRECT = NO:在两个样本时,禁止 Wilcoxon 和 Siegel-Tukey 检验的连续性校正过程;

KLOTZ:运用 Klotz 评分进行分析;

MOOD:运用 Mood 评分进行分析;

SCORES = DATA:以原始数据为评分值进行分析;

WILCOXON:对两样本进行 Wilcoxon 秩和检验,对多个样本进行 Kruskal-Wallis 检验;

EXACT 语句:要求 SAS 对指定的统计量(选项)进行精确概率的计算;

VAR 语句:用以指定要进行分析的变量,变量必须为数值型。若省略此语句,SAS 将对除了 BY 语句、CLASS 语句以及 FREQ 语句中指定的变量之外所有的数值型变量进行分析。

(1)两组资料的秩和检验(Wilcoxon 秩和检验)

Wilcoxon 秩和检验用于推断计量资料或者等级资料的两个样本所来自的总体分布是否有差别。在理论上无效假设 $H_0$ 应为两个总体分布相同,即两个样本来自同一总体。由于秩和检验对于两个总体分布的性状差别不敏感,对于位置相同、形状不同但类似的两个总体分布,推断不出两个总体分布有差别,故对立的备择假设 $H_A$ 不能认为两个总体分布不同,只能认为两个总体分布的位置不同。

例8.3 研究中不同能量水平饲料对 5 ~ 6 周龄肉用仔鸡增重(g)的影响,资料列于表 8.3。用秩和检验法检验 2 种不同能量水平饲料的肉用仔鸡增重是否相同。

表8.3 两种不同饲料对肉用仔鸡增重数据表

| 饲 料 | 肉用仔鸡增重/g | | | | | | | | |
|---|---|---|---|---|---|---|---|---|---|
| A | 603 | 585 | 598 | 620 | 617 | 650 | | | |
| B | 489 | 457 | 512 | 567 | 512 | 585 | 591 | 531 | 467 |

SAS 程序如图 8.5 所示。

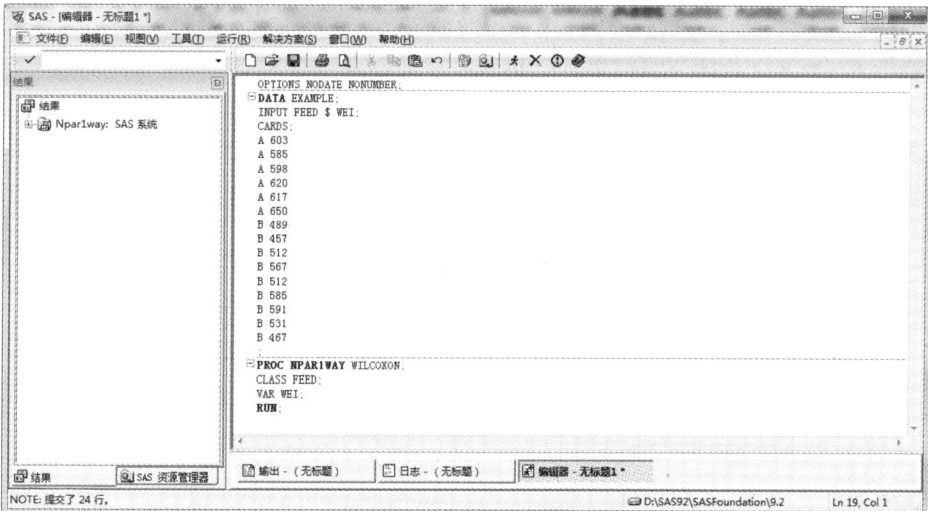

图8.5 2 种不同饲料对肉用仔鸡增重秩和检验 SAS 程序

结果输出为：

输出结果主要包括：①两组数据的基本信息（样本容量、秩和等），零假设下各组统计量的期望值及标准差，平均秩和；②近似 $Z$ 检验所得到的统计量和所对应的单、双侧概率值；③近似 $t$ 检验所得到的统计量和所对应的单、双侧概率值；④输出 Kruskal-Wallis 检验的结果。

本例中，由近似 $Z$ 检验双侧概率值 $P=0.003\,2<0.01$ 可知，饲料 A 和饲料 B 对肉用仔鸡增重差异极显著，表现为饲料 A 肉用仔鸡增重极显著高于饲料 B 肉用仔鸡的增重。

SAS 程序如图 8.6 所示。

```
                            SAS 系统

                     The NPAR1WAY Procedure

          Wilcoxon Scores (Rank Sums) for Variable WEI
                 Classified by Variable FEED

                    Sum of      Expected    Std Dev      Mean
      FEED   N     Scores      Under H0    Under H0     Score
      A      6     73.50        48.0       8.470116    12.250000
      B      9     46.50        72.0       8.470116     5.166667

              Average scores were used for ties.


                  Wilcoxon Two-Sample Test

          Statistic              73.5000

          Normal Approximation
          Z                       2.9516
          One-Sided Pr > Z        0.0016
          Two-Sided Pr > |Z|      0.0032

          t Approximation
          One-Sided Pr > Z        0.0053
          Two-Sided Pr > |Z|      0.0105

       Z includes a continuity correction of 0.5.
```

图 8.6 例 8.3SAS 程序图

（2）多组资料的秩和检验（Kruskal-Wallis 秩和检验）

多个样本比较的 Kruskal-Wallis 秩和检验法，又称为 H 法。此方法的基本思路与 Wilcoxon 秩和检验基本相同，都是基于各组混合编秩后，各组秩和应相等的假设。Kruskal-Wallis 法用于推断计量资料或等级资料的多个独立性样本所来自的多个总体分布是否有差别。在理论上检验假设 $H_0$ 应为多个总体分布相同，即多个样本来自同一总体。由于 $H$ 检验对多个总体分布的形状差别不敏感，这在实际应用中检验假设 $H_0$ 可写作多个总体分布位置相同，对立的备择假设 $H_A$ 为多个总体分布位置不全相同。

例 8.4 研究 3 种不同制剂杀灭钩虫的效果，用 11 只大鼠试验，分为 3 组，每组大鼠先人工感染 500 条钩蚴，钩蚴感染后第 8 天，3 组分别服用 A、B、C 3 种制剂，第 10 天全部解剖检查每只大鼠体内活虫数，检查结果列于表 8.4，用 H 法检验 3 种制剂杀灭钩虫的效果是否相同。

表 8.4 3 种制剂杀灭钩虫效果统计表

| 制剂序号 | 活虫数 | | | | |
|---|---|---|---|---|---|
| A | 279 | 338 | 334 | 198 | 303 |
| B | 229 | 274 | 310 | | |
| C | 210 | 285 | 117 | | |

SAS 程序如图 8.7 所示。

图 8.7　3 种制剂杀灭钩虫效果 $H$ 检验 SAS 过程

结果输出为：

输出结果主要包括：①两组数据的基本信息(样本容量、秩和等)，零假设下各组统计量的期望值及标准差，平均秩和；②输出 Kruskal-Wallis 检验的结果。

本例中，根据输出的 Kruskal-Wallis 检验的结果，$P = 0.304\,9 > 0.05$，表明 3 种制剂杀灭钩虫的效果差异不显著。

SAS 程序如图 8.8 所示。

图 8.8　例 8.4SAS 程序图（1）

例 8.5　某种激素 4 种剂量对大鼠耻骨间隙宽度增加量影响的试验，重复数 $n = 5$，大鼠耻骨间隙宽度增加量见表 8.5，用 $H$ 法检验 4 种剂量的大鼠耻骨间隙的增加量是否相同。

表 8.5　某种激素 4 种剂量大鼠耻骨间隙增加量数据表

| 剂　量 | 耻骨间隙增加量/mm | | | | |
|--------|------|------|------|------|------|
| A | 0.15 | 0.30 | 0.40 | 0.40 | 0.50 |
| B | 1.20 | 1.35 | 1.40 | 1.50 | 1.90 |
| C | 2.50 | 1.20 | 1.40 | 2.00 | 2.20 |
| D | 1.80 | 1.60 | 2.50 | 2.20 | 2.30 |

SAS 程序如图 8.9 所示。

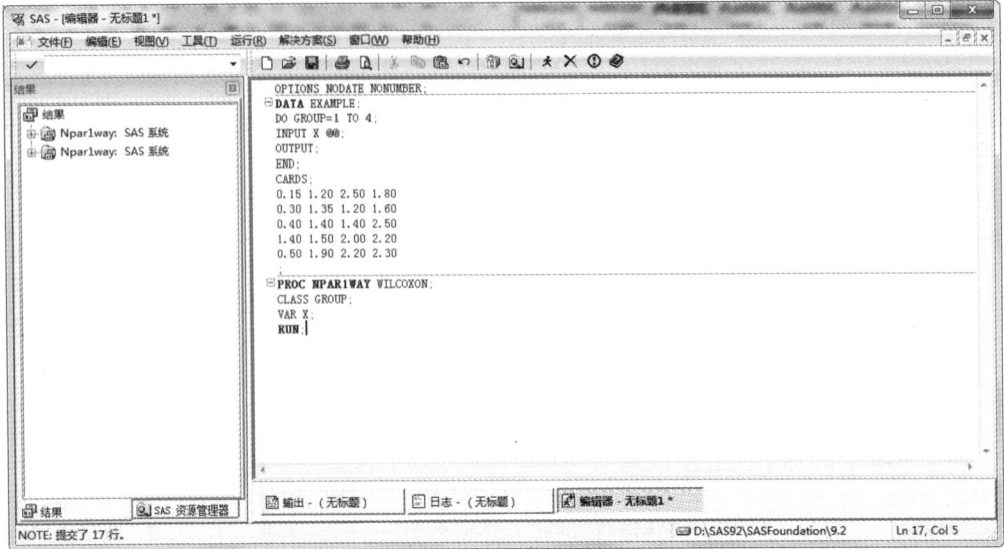

图 8.9　某种激素 4 种剂量大鼠耻骨间隙增加量 $H$ 检验的 SAS 过程

结果输出为：

本例中，根据输出的 Kruskal-Wallis 检验的结果，$P = 0.0086 < 0.01$，表明 4 种剂量对大鼠耻骨间隙宽度增加量差异极显著。

SAS 程序如图 8.10 所示。

SAS 系统

The NPAR1WAY Procedure

Wilcoxon Scores (Rank Sums) for Variable X
Classified by Variable GROUP

| GROUP | N | Sum of Scores | Expected Under H0 | Std Dev Under H0 | Mean Score |
|---|---|---|---|---|---|
| 1 | 5 | 19.00 | 52.50 | 11.426251 | 3.80 |
| 2 | 5 | 46.50 | 52.50 | 11.426251 | 9.30 |
| 3 | 5 | 65.50 | 52.50 | 11.426251 | 13.10 |
| 4 | 5 | 79.00 | 52.50 | 11.426251 | 15.80 |

Average scores were used for ties.

Kruskal-Wallis Test

Chi-Square       11.6585
DF                     3
Pr > Chi-Square   0.0086

图 8.10　例 8.4SAS 程序图（2）

# 第四节　等级相关分析

若两个变量 $x, y$ 服从正态分布，它们之间的关系可采用直线相关分析进行研究。若两个相关变量 $x, y$ 不服从正态分布，它们之间的关系只能采用等级相关分析进行研究。设相关变量 $x, y$ 有 $n$ 对观察值 $x_i, y_i (i = 1, 2, \cdots, n)$。等级相关分析是先按两个相关变量 $x, y$ 有 $n$ 对观测值的大小次序，分别由小到大确定观测值 $x_i, y_i$ 的等级（秩次），再分析两个相关变量的等级（秩次）之间是否相关。统计学用等级相关系数（coefficient of rank correlation）表示两个相关变量等级相关的程度和性质。等级相关系数绝对值的大小表示两个相关变量等级相关程度的大小,等级相关系数的正、负号表示相关变量等级相关的性质。

(1)等级相关(秩相关)

等级相关(秩相关)是用双变量等级数据作为直线相关分析,这类方法由于对原变量分布不作要求,故而属于非参数统计方法。适用于以下类型资料:①不服从双变量分布而不宜做积差相关分析;②总体分布类型未知;③原始数据用等级表示。当两变量不符合双变量正态分布的假设时,需要用 SPEARMAN 秩相关来描述变量间的相互变化关系。

例8.6　10 只大鼠进食量 $x$ 和增重 $y$ 的观测值列于表8.6,试对大鼠的进食量和增重进行假设检验。

表8.6　大鼠进食量与增重的数据表

| 鼠　号 | 1 | 2 | 3 | 4 | 5 | 6 | 7 | 8 | 9 | 10 |
|---|---|---|---|---|---|---|---|---|---|---|
| $X/g$ | 820 | 780 | 720 | 867 | 690 | 787 | 934 | 679 | 639 | 820 |
| $Y/g$ | 165 | 158 | 130 | 180 | 134 | 167 | 186 | 145 | 120 | 158 |

SAS 程序如图 8.11 所示。

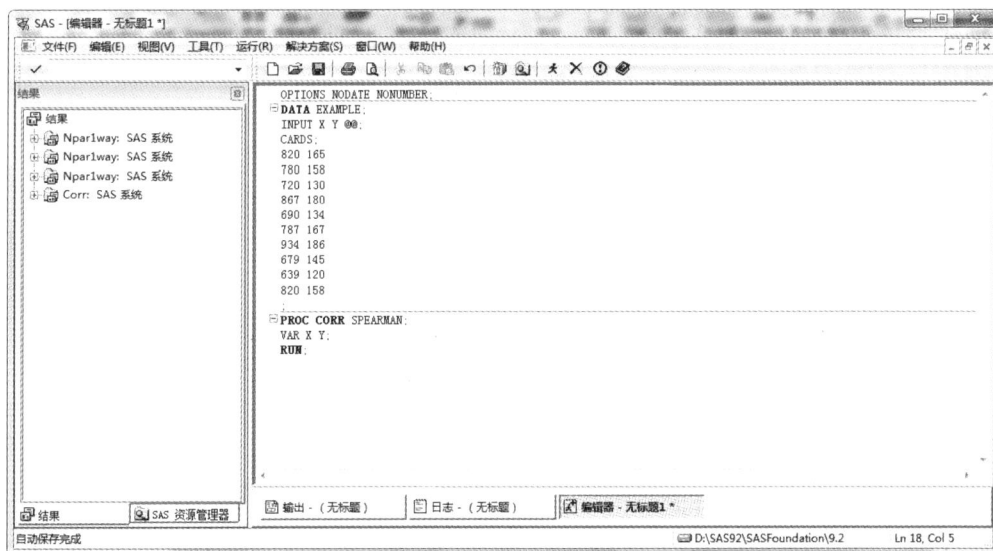

图8.11　大鼠进食量与增重等级相关分析 SAS 过程

结果输出为:

输出结果主要包括:①描述性统计量(均值、标准差、中位数、最小值和最大值);②变量的相关系数矩阵(Var 语句所列变量中任何两者之间的相关系数),相关系数不为0。

本例中,相关系数 $r=0.89939$,$P=0.0004<0.01$,可以得出结论大鼠的进食量与增重呈极显著正等级相关。

SAS 程序如图 8.12 所示。

图 8.12

(2)等级分组资料的非参数检验

等级资料(有序资料)是对性质和类别的等级进行分组,再观察每组观察单位个数所得到的资料。如在兽医临床学资料中的一些定性指标,如疗效的评价、疾病的临床分期、疾病严重程度等,对这些指标常采用分成若干个等级,然后分类计数的办法来解决量化问题,这样的资料在统计学上称为等级资料。

例 8.7   某兽药治疗 A 型禽流感和 B 型禽流感的病禽,疗效见表 8.7,试比较该药对两种类型禽流感的疗效。

表 8.7   某兽药对两种不同类型禽流感的治疗效果表

| 疗　效 | 控　制 | 显　效 | 有　效 | 痊　愈 |
|---|---|---|---|---|
| A 型 | 65 | 18 | 30 | 13 |
| B 型 | 42 | 6 | 23 | 11 |

SAS 程序如图 8.13 所示。

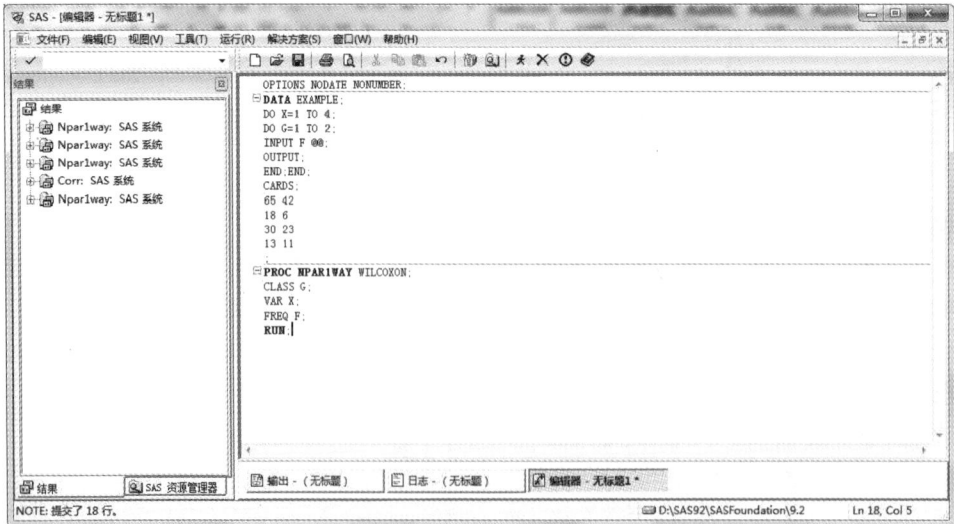

图 8.13   某兽药对两种不同类型禽流感的治疗效果非参数检验的 SAS 程序

结果输出为：

输出结果主要包括：①两组数据的基本信息(样本容量、秩和等)，零假设下各组统计量的期望值及标准差，平均秩和；②近似 $Z$ 检验所得到的统计量和所对应的单、双侧概率值；③近似 $t$ 检验所得到的统计量和所对应的单、双侧概率值；④输出 Kruskal-Wallis 检验的结果。

本例中，由近似 $Z$ 检验双侧概率值 $\mu=0.5413$，$P=0.5883>0.05$ 可知，该药治疗 A 型禽流感和 B 型禽流感的疗效差异不显著。

(3)随机区组资料的非参数检验

FriedmanM 检验用于推断随机区组设计的多个相关样本所来自的多个总体分布是否有差别。

**例8.8**　8 头仔猪在相同条件下分别接受 4 种不同的噪声刺激，它们的反应率(%)资料见表8.8，试问 4 种不同的噪声刺激仔猪的反应率是否有差别。

表8.8　8头仔猪对4种不同噪声刺激的反应率数据表

| 噪声 | 1 | 2 | 3 | 4 | 5 | 6 | 7 | 8 |
|---|---|---|---|---|---|---|---|---|
| A | 8.4 | 11.6 | 9.4 | 9.8 | 8.3 | 8.6 | 8.9 | 7.8 |
| B | 9.6 | 12.7 | 9.1 | 8.7 | 8.0 | 9.8 | 9.0 | 8.2 |
| C | 9.8 | 11.8 | 10.4 | 9.9 | 8.6 | 9.6 | 10.6 | 8.5 |
| D | 11.7 | 12.0 | 9.8 | 12.0 | 8.6 | 10.6 | 11.4 | 10.8 |

SAS 程序如图8.14 所示。

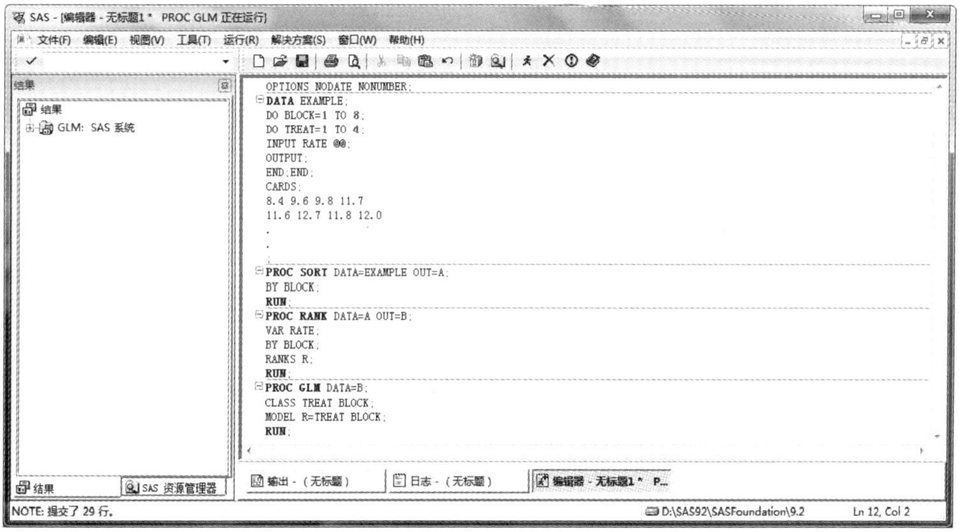

图8.14　8头仔猪对4种不同噪声刺激的反应率的非参数检验 SAS 过程

结果输出为：

①说明假设的模型很好地解释了观测值($P=0.0065<0.05$，$R^2=0.631329$)，或者说，有理由拒绝 $H_0$。

②效应因子 TREAT 对因变量 $R$ 有显著性影响($P<0.0001$)，因此可得，仔猪对 4 种噪声的反应率差异极显著。

SAS 程序如图 8.15 所示。

SAS 系统

The GLM Procedure

Dependent Variable: R   变量 RATE 的秩

| Source | DF | Sum of Squares | Mean Square | F Value | Pr > F |
|---|---|---|---|---|---|
| Model | 10 | 24.93750000 | 2.49375000 | 3.60 | 0.0065 |
| Error | 21 | 14.56250000 | 0.69345238 | | |
| Corrected Total | 31 | 39.50000000 | | | |

| R-Square | Coeff Var | Root MSE | R Mean |
|---|---|---|---|
| 0.631329 | 33.30952 | 0.832738 | 2.500000 |

| Source | DF | Type I SS | Mean Square | F Value | Pr > F |
|---|---|---|---|---|---|
| TREAT | 3 | 24.93750000 | 8.31250000 | 11.99 | <.0001 |
| BLOCK | 7 | 0.00000000 | 0.00000000 | 0.00 | 1.0000 |

| Source | DF | Type III SS | Mean Square | F Value | Pr > F |
|---|---|---|---|---|---|
| TREAT | 3 | 24.93750000 | 8.31250000 | 11.99 | <.0001 |
| BLOCK | 7 | 0.00000000 | 0.00000000 | 0.00 | 1.0000 |

图 8.15   例 8.8SAS 程序图

# 第九章

# 聚类分析

## 第一节　聚类分析简介

### 一、聚类统计量

聚类分析是将样本个体或指标变量按其具有的特征进行分类的一种统计方法。在采用聚类分析对样品(或指标)进行分类时,是通过比较样本中各对象间或各指标间的性质和特征,将彼此相近的样本分在一起,而差异较大的分在不同的类。

在进行聚类分析时,用于描述样品(或指标)间差异或相似程度的统计量称为聚类统计量,主要包括距离(Distance)和相似系数(Similarity Coefficient)两类。

(1)距离

距离是描述样本间差异程度的统计量,设从一个样本随机抽取一个容量为 $n$ 的样本,每个样品观测 $m$ 个变量,且设为观测得到了第 $i$ 个样品的第 $j$ 个变量的观测值。这样,每个样品就是 $m$ 维空间的一个向量,记为 $X_i$,则 $X_i = (x_{i1}, x_{i2}, \cdots, x_{im})$,$(i = 1, 2, \cdots, n)$。如果用 $d_{ij}$ 表示第 $i$ 个样品 $X_i$ 与第 $j$ 个样品 $X_j$ 之间的距离,距离聚类满足 3 个条件:①当 $X_i = X_j$ 时,$d_{ij} = 0$,即某一样品与其自身的距离为零;②对所有样品 $X_i$ 与 $X_j$ 而言,$d_{ij} \geqslant 0$ 且 $d_{ij} = d_{ji}$,即不同样品间的距离总是大于等于零;③对所有样品 $X_i$、$X_j$ 与 $X_k$ 而言,$d_{ij} \leqslant d_{ik} + d_{kj}$,即 1 个样品与其他两个样品之间的距离之和大于或等于该两个样品间的距离。在聚类分析中,距离的形式有欧氏距离、绝对值距离、明考夫斯基距离、马氏距离和切比雪夫距离等,生物统计中常用的为欧氏距离和绝对值距离。

(2)相似系数

相似系数是描述变量之间相似程度的统计量,一般来说,变量 $X_i$ 与变量 $X_j$ 间的相似系数 $C_{ij}$ 应满足以下两个条件:①当 $X_i = \alpha X_j$($\alpha$ 是一个不为零的常数)时,$C_{ij} = \pm 1$;②对所有变量 $X_j$ 和 $X_j$ 而言,$|C_{ij}| \leqslant 1$,且 $C_{ij} = C_{ji}$。$|C_{ij}|$ 越接近于 1,说明变量 $X_i$ 与变量 $X$ 的关系越密切,$|C_{ij}|$ 越接近于 0,则说明变量 $X_i$ 与变量 $X_j$ 的关系越不密切。在实际应用中,常将相似系数

统一为非负数,即用 $|C_{ij}|$ 的值来作为相似系数。生物统计中常用的相似系数有相关系数和匹配系数。

## 二、聚类方法

在聚类分析中,通常根据分类对象的不同分为样品聚类分析(Q 型聚类)和指标型聚类分析(R 型聚类)两大类。Q 型聚类分析是对样本进行分类处理,对样品进行聚类的目的是将分类不明确的样品按性质相似程度分为若干组,从而发现同类样品的共性和不同样品间的差异。R 型聚类分析是对指标进行分类处理。对指标进行聚类的目的是将分类不明确的指标按性质相似程度分为若干组从而在尽量不损失信息的条件下,用一组少量的指标来替代原来的多个指标。

常用的聚类方法主要有系统聚类法(Hierachical cluster method)、逐步聚类法(K-means method)和分解聚类法(Decompose clustering)。

(1)系统聚类法

系统聚类法是在动物科学试验中应用最多的一种聚类方法。其基本思路是先将每个样品或变量各自看成一类,然后定义样品或变量间的距离(或相似系数)和类与类间的距离(或相似系数)。聚类过程是首先将距离最小(或相似系数最大)的两类合并成一类,再按类间距离(或相似系数)的定义计算新类与其他类间的距离(或相似系数),再将距离最近(或相似系数最大)的两类合并,如此往复,直至将所有的样品都聚为一类为止。根据类与类间距离定义方法的不同,又可将系统聚类法分为最短距离法(Single linkage)、最长距离法(Complete method)、中间距离法(Median method)、重心法(Centroid method)、类平均法(Average linkage)和可变类平均法(Flexible-beta method)等不同方法。在动物科学试验中常用的是类平均法。

(2)逐步聚类法

逐步聚类法又称为动态聚类法,其基本思想是先将各样品或变量初始分成若干类,然后再依据某种标准进行调整,直至得出最佳分类为止。

(3)分解聚类法

分解聚类法的过程与系统聚类法相反。它是先将各样品或变量看成一类,然后依据某种标准将其分为两类,再用同样的标准将这两类各自分成两类,如此继续,直至分裂到每一种中只有一个样品或变量为止。最后,从中选择最终分类。

无论是聚类统计量(类间距离或相似系数)的计算,还是最终分类数的确定,选用的聚类方法不同,结果也不完全一致。简言之,聚类分析的结果具有一定的不确定性,在实际应用中,聚类分析还需要结果专业知识的解释来选择适宜的聚类方法和最终的分类,以保证聚类分析的结果尽可能与实际相符。

# 第二节 聚类分析 SAS 过程

在 SAS 系统中,用于聚类分析的过程主要有以下 3 个过程:PROC CLUSTER、PROC VAR-CLUS 和 PROC TREE 过程。

## 一、PROC CLUSTER 过程

PROC CLUSTER 过程用于样品(Q 型聚类)分析。

（一）调用格式

PROC CLUSTER 选项；

VAR 变量名列表；

COPY 变量名列表；

ID 变量；

其中，只有 PROC CLUSTER 语句是必需的，其他语句都是可选择性的。

（二）语句说明

（1）PROC CLUSTER 语句

该语句调用 CLUSTER 过程进行聚类分析。其常用的选项主要有：

①数据集选项 DATA = SAS 数据集，指定输入的 SAS 数据集，如果省略该选项，则系统默认对最新创建的数据集进行分析；OUTTREE = SAS 数据集，生成一个输出数据集，提供 TREE 过程调用以绘制树状图。

②聚类方法选项 METHOD = 聚类方法。CLUSTER 过程提供了 11 种不同的聚类分析方法。其中 WARD 为离差平方和法、AVERAGE 为类平均法、CENTROID 为重心法、COMPLETE 为最长距离法、SINNGLE 为最短距离法、MEDIAN 为中间距离法、DENSITY 为密度法、FIEXI-BLE 为可变距离法、TWOSTAGE 为两段连锁密度法。

③控制聚类之前的数据处理 NOEIGEN 禁止计算立方聚类标准的特征值；NONORM 防止把距离规范为单位均值或单位均方；NOSQUARE 阻止过程在 METHOD = AVERAGE、CEN-TROID、MEDIAN 或 WARD 方法中输入的距离被平方；STD 对变量进行标准化等。

④打印输出选项 SIMPLE 用于规定打印各变量的简单统计量；NOPRINT 要求禁止打印输出。

（2）VAR 语句

规定聚类分析中用到的数值型变量。缺省时默认为其他语句中没有提到的所有数值型变量。

（3）COPY 语句

该语句指明从输入数据集中拷贝一些变量到 OUTTREE = 输出数据集中。

（4）ID 语句

用于指定聚类过程中的打印输出积 OUTTREE = 数据集中的样品名。

（三）结果输出

CLUSTER 过程执行后，会自动输出系统聚类的简单过程及类间的距离，结合 TREE 过程，输出相应的系统聚类图。

## 二、PROC VARCLUS 过程

PROC VARCLUS 过程用于进行指标或变量聚类分析（R 型聚类分析），即将多个指标（变量）分成少数几个互不重叠的类。

（一）调用格式

PROC VARCLUS 选项；

VAR 变量名列表；

PARTIAL 变量名列表;

WEIGHT 变量;

FREQ 变量。

其中,只有 PROC VARCLUS 语句是必需的,其他语句都是可选择性的。

(二)语句说明

(1)PROC VARCLUS 语句

该语句调用 VARCLUS 过程进行聚类分析。其常用的选项主要有:

①数据集选项 DATA=SAS 数据集,指定输入的 SAS 数据集,如果省略该选项,则系统默认对最新创建的数据集进行分析;分析数据集可以使用通常的 SAS 数据集,也可使用 TYPE=CORR(相关系数矩阵)、COV(协方差矩阵)等数据集;OUTSTAT=SAS 数据集,生成一个 SAS 输出数据集,其中包含平均数、标准差、相关系数、类得分系数和类的结构;OUTTREE=SAS 数据集,生成一个输出数据集,提供 TREE 过程调用以绘制树状图。

②确定分类个数的选项 MAXC=n,规定最大分类个数,缺省值为变量个数;MINC=n,规定最小分类个数;MAXEIGEN=n,规定每一类中第二特征值允许的最大值,当分析数据为相关系数矩阵时,其缺省值为1,当分析数据为协方差矩阵时,缺省值为变量方差的均值,其他情况的缺省值为0。

③控制输出选项。CORR 规定输出相关系数矩阵,SIMPLE 要求输出简单统计量,SUMMARY 规定只输出最后的聚类分析汇总表。

(2)VAR 语句。规定聚类分析中用到的数值型变量。缺省时默认为其他语句中没有提到的所有数值型变量。

(3)PARTIAL 语句。如果想基于偏相关来分类,则用该语句列出偏相关中被偏离出去的变量。

(4)WEIGHT 语句。指明加权变量。

(5)FREQ 语句。如果数据集中有一个变量代表该观测中其他变量出现的频数,则用该语句列出这一变量。

(三)结果输出

在没有对其输出结果做特殊限制的情况下,VARCLUS 过程的结果中会输出聚类分析的具体过程及聚类分析小结。结合 TREE 过程,还可以输出相应的系统聚类图。

### 三、PROC TREE 过程

PROC TREE 过程使用由上述两个过程产生的数据集来画相应的聚类图或树状图。

(一)调用格式

PROC TREE 选项;

ID 变量名列表。

其中,只有 PROC TREE 语句是必需的,ID 语句为选择性语句。

(二)语句说明

(1)PROC TREE 语句

该语句调用 TREE 过程来绘制聚类图,其常用的选项主要有:

①数据集选项。DATA=SAS 数据集,指明用于分析的数据集;OUT=SAS 数据集,用于生

成一个SAS输出数据集。

②树形结构控制选项HORIZOTAL。规定树状图水平取向,且根在左侧,如果没有该选项,则输出垂直树状图,且根在上面;TREECGAR='字母',规定树状图中有子状态栏的类字符,缺省值为'X'。

（2）ID语句

ID语句规定树状图中的叶变量。

(三)结果输出

如果没有规定结果输出的特殊选项,则只输出聚类的树状图。

# 第三节　聚类分析实例应用

## 一、样品聚类分析(Q型聚类)实例应用

例9.1　现有青海省8个地区牦牛成年体重(kg)、体长(cm)和体高(cm)数据见表9.1,试利用该牦牛的数据资料进行8个地区间的牦牛的关系进行聚类分析。

表9.1　青海省8个地区牦牛体尺体重数据表

| 地　区 | 体重(WEI, kg) | 体长(LEN, cm) | 体高(HEI, cm) |
|---|---|---|---|
| A | 288.90 | 125.07 | 116.47 |
| B | 259.17 | 125.51 | 111.57 |
| C | 212.93 | 113.25 | 102.08 |
| D | 239.00 | 123.00 | 107.80 |
| E | 555.50 | 163.10 | 128.70 |
| F | 291.01 | 129.31 | 116.83 |
| G | 461.00 | 133.00 | 128.00 |
| H | 298.10 | 141.30 | 123.40 |

SAS程序如图9.1所示。

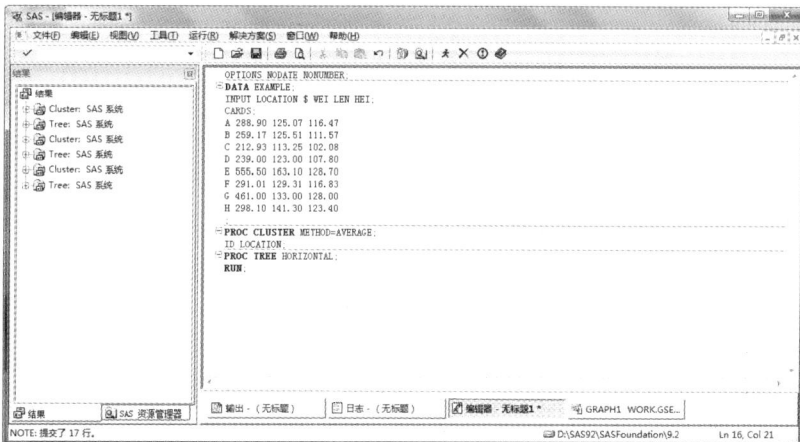

图9.1　例9.1SAS程序图（1）

输出结果为：

输出结果主要包括：①协方差（相关）矩阵的特征值；②系统聚类过程；③系统聚类图。

1. 协方差（相关）矩阵的特征值

本部分结果中给出的数据包括：特征值（Eigenvalue）、相邻两个特征值之差（Difference）、特征值占总方差的比例（Proportion）以及累计比例（Cumulative）。本例题中，第一特征值为 14 390.305 6，占总方差的比例为 0.994 3；第二特征值为 64.484 4，占总方差的比例为 0.004 5；第三特征值为 185 448，占总方差的比例为 0.001 3,3 个特征值占总方差的比例为 1.000 0。

SAS 程序如图 9.2 所示。

```
                    The CLUSTER Procedure
                Average Linkage Cluster Analysis

                 Eigenvalues of the Covariance Matrix

            Eigenvalue    Difference    Proportion    Cumulative

     1      14390.3056    14325.8212      0.9943        0.9943
     2         64.4844       45.9396      0.0045        0.9987
     3         18.5448                    0.0013        1.0000

     Root-Mean-Square Total-Sample Standard Deviation    69.45822

     Root-Mean-Square Distance Between Observations      170.1372
```

图 9.2　例 9.1SAS 程序图（2）

2. 系统聚类过程

本部分给出了数据的聚类结果，从聚类过程可以看出,8 个地方牦牛聚为 8 类，根据平均距离最短的原则首先将地区 A 和地区 F 聚类为 CL7，其次将 CL7 与地区 H 聚类为 CL6，在此将地区 B 与地区 D 聚类为 CL5，以此类推，最后将 CL3 与 CL2 聚为一类。随着类别的合并，其平局距离逐渐增大。

SAS 程序如图 9.3 所示。

```
                    Cluster History
                                            Norm    T
                                            RMS     i
     NCL    --Clusters Joined---    FREQ    Dist    e

      7     A          F              2     0.0279
      6     CL7        H              3     0.1046
      5     B          D              2     0.1215
      4     CL5        C              3     0.2346
      3     CL6        CL4            6     0.364
      2     E          G              2     0.5829
      1     CL3        CL2            8     1.481
```

图 9.3　例 9.1SAS 程序图（3）

3. 系统聚类图

本部分根据上述聚类过程绘制出系统聚类图，从聚类结果可知,8 个地区牦牛被聚为 3 类，其中地区 A、地区 F 和地区 H 聚为第一类，地区 B、地区 D 和地区 C 聚为第二类，地区 E 和地区 G 聚为第三类，具体如图 9.4 所示。

注：采用不同的聚类方法进行聚类分析时，聚类结果不完全一致，在实际分析中，需要结合专业知识和实际情况确定最终的聚类结果。

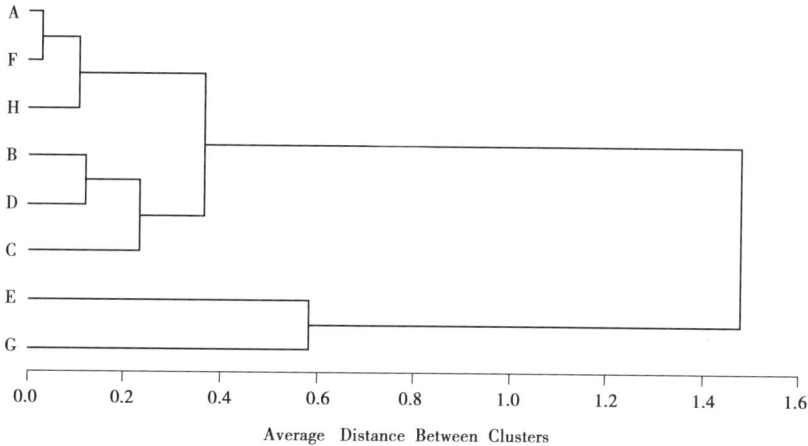

图9.4 例9.1SAS程序图（4）

**例**9.2 现检测了6个品系绵羊的4个基因位点的基因型,并计算各位点等位基因 A 的频率,数据见表9.2,试用类平均法对6个品系绵羊品种间的关系进行聚类分析。

表9.2 6个品系绵羊的4个基因位点等位基因 A 的频率数据表

| 品 种 | 位点1 | 位点2 | 位点3 | 位点4 |
|---|---|---|---|---|
| A | 0.625 0 | 0.001 0 | 0.949 0 | 0.996 0 |
| B | 0.269 6 | 0.439 1 | 0.613 0 | 0.560 9 |
| C | 0.508 0 | 0.229 0 | 0.725 0 | 0.578 0 |
| D | 0.500 0 | 0.078 0 | 0.995 0 | 0.739 0 |
| E | 0.922 2 | 0.022 2 | 0.988 9 | 0.977 8 |
| F | 0.490 0 | 0.036 0 | 0.969 0 | 0.454 0 |

SAS 程序如图9.5 所示。

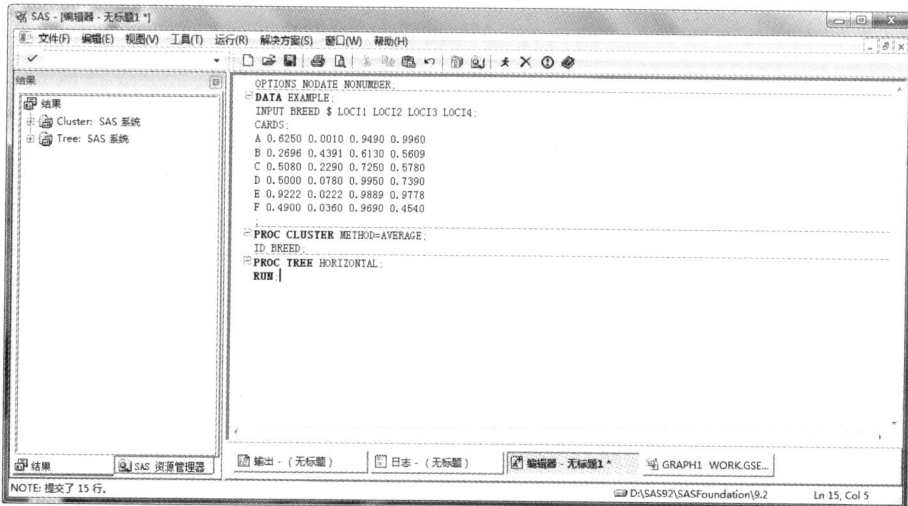

图9.5 例9.2SAS程序图（1）

169

输出结果为：

1. 协方差(相关)矩阵的特征值

本部分结果:第一特征值为 0.116 7,占总方差的比例为 0.760 4;第二特征值为 0.026 0,占总方差的比例为 0.169 3;第三特征值为 0.009 7,占总方差的比例为 0.063 1;第四特征值为 0.001 1,占总方差的比例为 0.007 3,第一、二个特征值占总方差的累计比例为 0.929 7。

SAS 程序如图9.6 所示。

The CLUSTER Procedure
Average Linkage Cluster Analysis

Eigenvalues of the Covariance Matrix

| | Eigenvalue | Difference | Proportion | Cumulative |
|---|---|---|---|---|
| 1 | 0.11674338 | 0.09075632 | 0.7604 | 0.7604 |
| 2 | 0.02598707 | 0.01629987 | 0.1693 | 0.9296 |
| 3 | 0.00968720 | 0.00857340 | 0.0631 | 0.9927 |
| 4 | 0.00111380 | | 0.0073 | 1.0000 |

Root-Mean-Square Total-Sample Standard Deviation    0.195915

Root-Mean-Square Distance Between Observations    0.554133

图9.6　例9.2SAS 程序图（2）

2. 系统聚类过程

本部分给出了数据的聚类结果,从聚类过程可以看出,6 个品系绵羊聚为 5 类,根据平均距离最短的原则首先将品种 D 和品种 F 聚类为 CL5,品种 A 和品种 E 聚类为 CL4,品种 B 和品种 C 聚类为 CL3,CL3 和 CL5 聚为一类,CL4 和 CL2 聚为一类,随着类别的合并,其平局距离逐渐增大。

SAS 程序如图9.7 所示。

Cluster History

| NCL | --Clusters Joined--- | | FREQ | Norm RMS Dist | Tie |
|---|---|---|---|---|---|
| 5 | D | F | 2 | 0.5223 | |
| 4 | A | E | 2 | 0.5435 | |
| 3 | B | C | 2 | 0.6088 | |
| 2 | CL3 | CL5 | 4 | 0.8769 | |
| 1 | CL4 | CL2 | 6 | 1.1718 | |

图9.7　例9.2SAS 程序图（3）

3. 系统聚类图

本部分根据上述聚类过程绘制出系统聚类图,从聚类结果可知,6 个品系绵羊被聚为 3 类,其中品系 A 和品系 E 聚为第一类,品系 B 和品系 C 聚为第二类,品系 D 和品系 F 聚为第三类,如图9.8 所示。

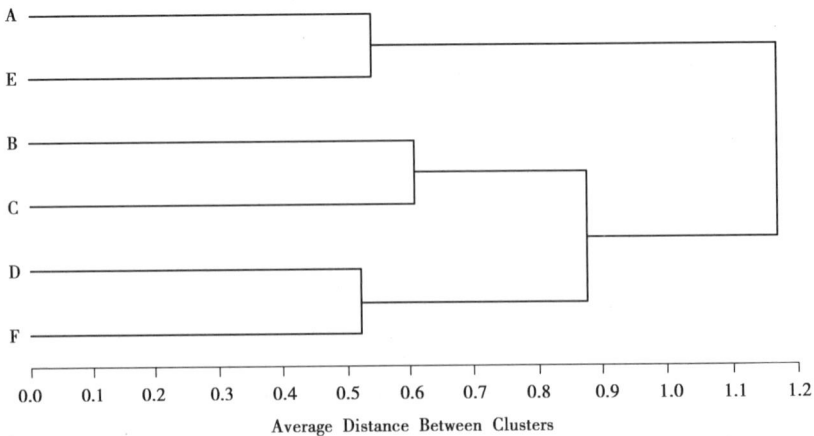

图9.8　例9.2SAS 程序图（4）

## 二、指标型聚类分析(R 型聚类)实例应用

**例9.3**　测定10头牦牛的背最长肌常规数据反映牦牛的肉品质,指标有失水率(%)、熟肉率(%)、贮存损失(%)、干物质(%)、粗蛋白(%)和粗脂肪(%)6项,具体数据见表9.3,试利用该数据进行 R 型聚类分析。

表9.3　10头牦牛的背最长肌常规数据表

| 牛号 | 失水率/% | 熟肉率/% | 贮存损失/% | 干物质/% | 粗蛋白/% | 粗脂肪/% |
|------|----------|----------|------------|----------|----------|----------|
| 1 | 17.12 | 66.46 | 1.74 | 30.98 | 22.72 | 5.41 |
| 2 | 24.60 | 64.80 | 1.81 | 27.61 | 20.20 | 4.54 |
| 3 | 24.69 | 63.68 | 2.32 | 26.98 | 20.84 | 5.21 |
| 4 | 16.93 | 64.17 | 1.96 | 28.06 | 22.20 | 3.06 |
| 5 | 19.18 | 65.15 | 1.49 | 31.65 | 22.02 | 5.82 |
| 6 | 23.65 | 68.39 | 2.06 | 26.18 | 21.74 | 2.98 |
| 7 | 15.03 | 71.64 | 1.53 | 34.30 | 15.17 | 5.37 |
| 8 | 24.50 | 67.54 | 1.24 | 27.59 | 22.55 | 3.83 |
| 9 | 15.40 | 65.37 | 1.41 | 28.78 | 21.22 | 6.25 |
| 10 | 14.95 | 70.35 | 1.38 | 28.88 | 22.97 | 4.72 |

SAS 程序如图9.9所示。

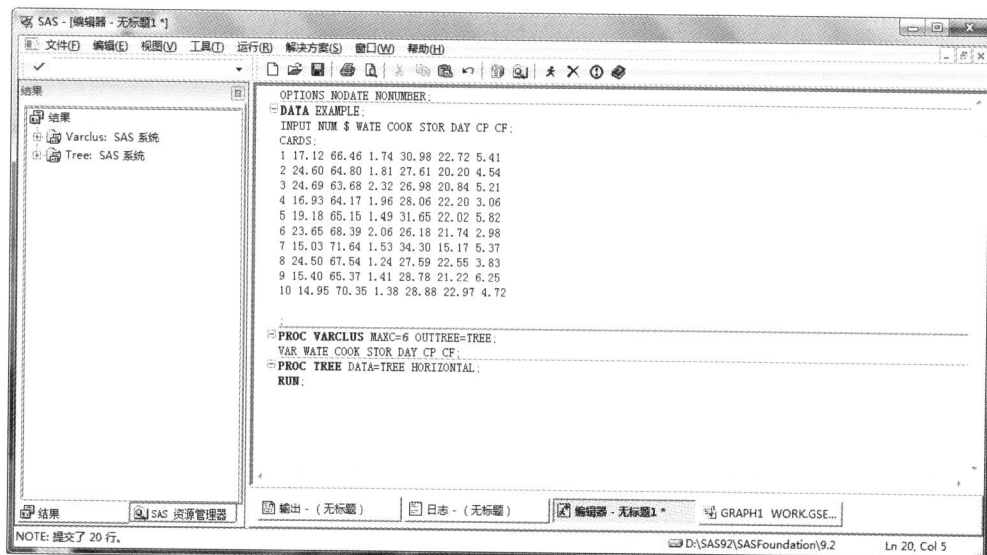

图9.9　例9.3SAS 程序图(1)

输出结果为:

1.聚类分析的具体过程:

①先将所有指标作为1类。此时总方差6,由类分量所解释的方差为2.874 9,占总方差

的 0.479 1。第二特征值为 1.102 3,大于系统默认的 1,因而需要再进行分类。

SAS 程序如图 9.10 所示。

```
            Oblique Principal Component Cluster Analysis

      Observations          10   Proportion          1
      Variables              6   Maxeigen            0


Clustering algorithm converged.


                    Cluster Summary for 1 Cluster

                          Cluster   Variation   Proportion      Second
   Cluster   Members    Variation    Explained    Explained   Eigenvalue
   ----------------------------------------------------------------------
      1         6           6       2.874859      0.4791       1.1023

          Total variation explained = 2.874859 Proportion = 0.4791

Cluster 1 will be split because it has the largest second eigenvalue, 1.102288, which is greater than the MAXEIGEN=0
value.
```

图 9.10  例 9.3SAS 程序图(2)

②将所有指标分成两类。同样,也计算了每一类的由类分量所解释的方差及其占总方差的比例和第二特征值。所能解释的方差总和为 3.819 5,占总方差的比例为 0.636 6。

SAS 程序如图 9.11 所示。

```
                    Cluster Summary for 2 Clusters

                          Cluster   Variation   Proportion      Second
   Cluster   Members    Variation    Explained    Explained   Eigenvalue
   ----------------------------------------------------------------------
      1         4           4       2.41055       0.8026       0.7013
      2         2           2       1.408938      0.7045       0.5911

          Total variation explained = 3.819488 Proportion = 0.6366
```

图 9.11  例 9.3SAS 程序图(3)

本部分列出了两类所包含的变量名,第 1 类包括失水率(WATE)、贮存损失率(STOR)、干物质(DAY)、粗脂肪(CF)。其中,第二列为某变量与所在类的相关系数($R^2$),反映了该变量与同类变量间的相关程度;第三列为某变量与邻近类相关系数,反映了该变量与最相邻类的相关程度,最后一列为 $1-R^2$ 的比率,其值为 $(1-$本类 $R^2)/(1-$临类 $R^2)$,它综合了前两个统计量,该值越小表明分类效果越好。

SAS 程序如图 9.12 所示。

```
                              R-squared with
                          -------------------
  2 Clusters                  Own      Next    1-R**2
  Cluster     Variable     Cluster   Closest    Ratio
  ----------------------------------------------------
  Cluster 1    WATE        0.8535    0.1076    0.3883
               STOR        0.4588    0.0679    0.5807
               DAY         0.7596    0.3651    0.3786
               CF          0.5387    0.0143    0.4680
  ----------------------------------------------------
  Cluster 2    COOK        0.7045    0.1631    0.3531
               CP          0.7045    0.1099    0.3320
```

图 9.12  例 9.3SAS 程序图(4)

本部分标准得分系数、聚类结构及类分量间的相关系数。其中,标准得分系数为第 1 类分量和第 2 类分量与标准化原始变量间的线性组合系数,即由原始变量预测类分量的标准回归系数;聚类结构则是每个变量与类分量间的相关系数。

SAS 程序如图 9.13 所示。

```
        Standardized Scoring Coefficients

        Cluster              1              2
        -------------------------------------------
        WATE            -.335353        0.000000
        COOK             0.000000       0.595716
        STOR            -.280978        0.000000
        DAY              0.361558       0.000000
        CP               0.000000      -.595716
        CF               0.304480       0.000000


        Oblique Principal Component Cluster Analysis

                        Cluster Structure

        Cluster              1              2
        -------------------------------------------
        WATE            -.808386        -.328047
        COOK             0.403910       0.839327
        STOR            -.677313        -.260638
        DAY              0.871554       0.604199
        CP              -.331555        -.839327
        CF               0.733964       0.119647


                    Inter-Cluster Correlations

        Cluster              1              2

        1                1.00000        0.43813
        2                0.43813        1.00000
```

Cluster 1 will be split because it has the largest second eigenvalue, 0.701317, which is greater than the MAXEIGEN=0 value.

图9.13 例9.3SAS程序图（5）

③将第2类分为两类。此时，所有变量分为3类。所解释的方差总和为4.488 3，占总方差的比例为0.748 1。其中第3类所解释的方差比例已达到1.000 0，故不再进行分类，而第1、2两类则需进一步分类。

SAS程序如图9.14所示。

```
                    Cluster Summary for 3 Clusters

                          Cluster    Variation    Proportion       Second
    Cluster   Members    Variation   Explained    Explained     Eigenvalue
    ------------------------------------------------------------------------
       1         3           3        2.079396      0.6931         0.6119
       2         2           2        1.408938      0.7045         0.5911
       3         1           1        1.000000      1.0000

    Total variation explained = 4.488334  Proportion = 0.7481
```

```
                                   R-squared with
    3 Clusters                  ------------------
                                  Own      Next      1-R**2
    Cluster       Variable      Cluster   Closest    Ratio
    -----------------------------------------------------------
    Cluster 1      WATE          0.6702    0.1840     0.4041
                   DAY           0.8089    0.3651     0.3009
                   CF            0.6002    0.1046     0.4465
    -----------------------------------------------------------
    Cluster 2      COOK          0.7045    0.2118     0.3750
                   CP            0.7045    0.1641     0.3536
    -----------------------------------------------------------
    Cluster 3      STOR          1.0000    0.2243     0.0000
```

```
                    Standardized Scoring Coefficients

        Cluster          1            2            3
        ------------------------------------------------------
        WATE         -0.39371      0.00000      0.00000
        COOK          0.00000      0.59572      0.00000
        STOR          0.00000      0.00000      1.00000
        DAY           0.43253      0.00000      0.00000
        CP            0.00000     -0.59572      0.00000
        CF            0.37258      0.00000      0.00000
```

（a）

173

```
                Oblique Principal Component Cluster Analysis
                            Cluster Structure

            Cluster            1             2             3
            ------------------------------------------------------
            WATE          -0.81869      -0.32805       0.42896
            COOK           0.32519       0.83933      -0.46027
            STOR          -0.47362      -0.26064       1.00000
            DAY            0.89941       0.60420      -0.42598
            CP            -0.40514      -0.83933      -0.02275
            CF             0.77474       0.11965      -0.32338


                        Inter-Cluster Correlations

            Cluster            1             2             3

            1              1.00000       0.43507      -0.47362
            2              0.43507       1.00000      -0.26064
            3             -0.47362      -0.26064       1.00000
```

Cluster 1 will be split because it has the largest second eigenvalue, 0.61191, which is greater than the MAXEIGEN=0 value.

(b)

图 9.14　例 9.3SAS 程序图（6）

④再将第 1 类分为两类：此时，所有变量分为 4 类。所解释的方差综合为 5.053 2，占总方差的比例为 0.842 2。其中，第 3、4 两类所解释的方差比例都达到了 1.000 0，故也无须再进行分类。

SAS 程序如图 9.15 所示。

```
                        Cluster Summary for 4 Clusters

                                Cluster      Variation    Proportion      Second
        Cluster    Members      Variation    Explained    Explained     Eigenvalue
        --------------------------------------------------------------------------
           1          2            2          1.644242      0.8221         0.3558
           2          2            2          1.408938      0.7045         0.5911
           3          1            1                        1.0000
           4          1            1                        1.0000

              Total variation explained = 5.05318 Proportion = 0.8422


                                      R-squared with
                                 ---------------------------
            4 Clusters                   Own      Next       1-R**2
            Cluster      Variable     Cluster    Closest      Ratio
            ------------------------------------------------------------
            Cluster 1    WATE          0.8221     0.1840      0.2180
                         DAY           0.8221     0.3651      0.2801
            ------------------------------------------------------------
            Cluster 2    COOK          0.7045     0.2118      0.3750
                         CP            0.7045     0.1649      0.3539
            ------------------------------------------------------------
            Cluster 3    STOR          1.0000     0.2223      0.0000
            ------------------------------------------------------------
            Cluster 4    CF            1.0000     0.2832      0.0000
                Oblique Principal Component Cluster Analysis
                        Standardized Scoring Coefficients

            Cluster          1           2           3           4
            --------------------------------------------------------------
            WATE          0.55144     0.00000     0.00000     0.00000
            COOK          0.00000     0.59572     0.00000     0.00000
            STOR          0.00000     0.00000     1.00000     0.00000
            DAY          -0.55144     0.00000     0.00000     0.00000
            CP            0.00000    -0.59572     0.00000     0.00000
            CF            0.00000     0.00000     0.00000     1.00000


                                Cluster Structure

            Cluster          1           2           3           4
            --------------------------------------------------------------
            WATE          0.90671    -0.32805     0.42896    -0.39271
            COOK         -0.45692     0.83933    -0.46027    -0.04886
            STOR          0.47145    -0.26064     1.00000    -0.32338
            DAY          -0.90671     0.60420    -0.42598     0.57231
            CP            0.40604    -0.83933    -0.02275    -0.24971
            CF           -0.53216     0.11965    -0.32338     1.00000


                        Inter-Cluster Correlations

            Cluster          1           2           3           4
            --------------------------------------------------------------
            1             1.00000    -0.51408     0.47145    -0.53216
            2            -0.51408     1.00000    -0.26064     0.11965
            3             0.47145    -0.26064     1.00000    -0.32338
            4            -0.53216     0.11965    -0.32338     1.00000
```

图 9.15　例 9.3SAS 程序图（7）

⑤再将第 1 类分为两类：此时，所有变量分为 5 类。所解释的方差总和为 5.644 2，占总方差的比例为 0.940 7。其中，第 2 至 5 类所解释的方差比例已达到 1.000 0，故无须再进行分类。

SAS 程序如图 9.16 所示。

```
                          Cluster Summary for 5 Clusters

                                  Cluster    Variation    Proportion      Second
           Cluster    Members    Variation   Explained     Explained    Eigenvalue

              1          2           2        1.644242      0.8221         0.3558
              2          1           1           1          1.0000
              3          1           1           1          1.0000
              4          1           1           1          1.0000
              5          1           1           1          1.0000

           Total variation explained = 5.644242 Proportion = 0.9407


                                              R-squared with
                                          -------------------
           5 Clusters                         Own       Next      1-R**2
           Cluster         Variable        Cluster    Closest      Ratio
           -----------------------------------------------------------------
           Cluster 1         WATE           0.8221     0.1840      0.2180
                             DAY            0.8221     0.3275      0.2645
           -----------------------------------------------------------------
           Cluster 2         COOK           1.0000     0.2118      0.0000

                    Oblique Principal Component Cluster Analysis

                                              R-squared with
                                          -------------------
           5 Clusters                         Own       Next      1-R**2
           Cluster         Variable        Cluster    Closest      Ratio
           -----------------------------------------------------------------
           Cluster 3         STOR           1.0000     0.2223      0.0000
           -----------------------------------------------------------------
           Cluster 4         CF             1.0000     0.2832      0.0000
           -----------------------------------------------------------------
           Cluster 5         CP             1.0000     0.1672      0.0000


                         Standardized Scoring Coefficients

       Cluster        1          2          3          4          5
       -----------------------------------------------------------------------
       WATE        0.55144    0.00000    0.00000    0.00000    0.00000
       COOK        0.00000    1.00000    0.00000    0.00000    0.00000
       STOR        0.00000    0.00000    1.00000    0.00000    0.00000
       DAY        -0.55144    0.00000    0.00000    0.00000    0.00000
       CP          0.00000    0.00000    0.00000    0.00000    1.00000
       CF          0.00000    0.00000    0.00000    1.00000    0.00000


                                  Cluster Structure

       Cluster        1          2          3          4          5
       -----------------------------------------------------------------------
       WATE        0.90671   -0.38626    0.42896   -0.39271    0.16441
       COOK       -0.45692    1.00000   -0.46027   -0.04886   -0.40894
       STOR        0.47145   -0.46027    1.00000   -0.32338   -0.02275
       DAY        -0.90671    0.44233   -0.42598    0.57231   -0.57191
       CP          0.40604   -0.40894   -0.02275   -0.24971    1.00000
       CF         -0.53216   -0.04886   -0.32338    1.00000   -0.24971


                              Inter-Cluster Correlations

       Cluster        1          2          3          4          5
       -----------------------------------------------------------------------
       1           1.00000   -0.45692    0.47145   -0.53216    0.40604
       2          -0.45692    1.00000   -0.46027   -0.04886   -0.40894
       3           0.47145   -0.46027    1.00000   -0.32338   -0.02275
       4          -0.53216   -0.04886   -0.32338    1.00000   -0.24971
       5           0.40604   -0.40894   -0.02275   -0.24971    1.00000
```

图 9.16　例 9.3SAS 程序图（8）

⑥继续将第 1 类分类两类。此时，所有变量分为 6 类，每一类只包含 1 个指标。所解释的方差总和为 6，占总方差比例为 1.000 0。所有 6 类所揭示的比例都达到了 1，停止分类，给出聚类分析过程的汇总表。其主要包括偏斜主成分聚类分析 6 类聚类摘要、相关系数、标准得分系数、偏斜主成分聚类分析聚类结构、类分量间的相关系数、偏斜主成分聚类分析。

SAS 程序如图9.17 所示。

Cluster Summary for 6 Clusters

| Cluster | Members | Cluster Variation | Variation Explained | Proportion Explained | Second Eigenvalue |
|---------|---------|-------------------|---------------------|----------------------|-------------------|
| 1 | 1 | 1 | 1 | 1.0000 | |
| 2 | 1 | 1 | 1 | 1.0000 | |
| 3 | 1 | 1 | 1 | 1.0000 | |
| 4 | 1 | 1 | 1 | 1.0000 | |
| 5 | 1 | 1 | 1 | 1.0000 | |
| 6 | 1 | 1 | 1 | 1.0000 | |

(a)

Oblique Principal Component Cluster Analysis

Total variation explained = 6 Proportion = 1.0000

| 6 Clusters Cluster | Variable | R-squared with Own Cluster | R-squared with Next Closest | 1-R**2 Ratio |
|---------|----------|-------------|--------------|-------------|
| Cluster 1 | WATE | 1.0000 | 0.4150 | 0.0000 |
| Cluster 2 | COOK | 1.0000 | 0.2118 | 0.0000 |
| Cluster 3 | STOR | 1.0000 | 0.2118 | 0.0000 |
| Cluster 4 | CF | 1.0000 | 0.3275 | 0.0000 |
| Cluster 5 | CP | 1.0000 | 0.3271 | 0.0000 |
| Cluster 6 | DAY | 1.0000 | 0.4150 | 0.0000 |

(b)

Standardized Scoring Coefficients

| Cluster | 1 | 2 | 3 | 4 | 5 | 6 |
|---------|---|---|---|---|---|---|
| WATE | 1.00000 | 0.00000 | 0.00000 | 0.00000 | 0.00000 | 0.00000 |
| COOK | 0.00000 | 1.00000 | 0.00000 | 0.00000 | 0.00000 | 0.00000 |
| STOR | 0.00000 | 0.00000 | 1.00000 | 0.00000 | 0.00000 | 0.00000 |
| DAY | 0.00000 | 0.00000 | 0.00000 | 0.00000 | 0.00000 | 1.00000 |
| CP | 0.00000 | 0.00000 | 0.00000 | 0.00000 | 1.00000 | 0.00000 |
| CF | 0.00000 | 0.00000 | 0.00000 | 1.00000 | 0.00000 | 0.00000 |

(c)

Cluster Structure

| Cluster | 1 | 2 | 3 | 4 | 5 | 6 |
|---------|---|---|---|---|---|---|
| WATE | 1.00000 | -0.38626 | 0.42896 | -0.39271 | 0.16441 | -0.64424 |
| COOK | -0.38626 | 1.00000 | -0.46027 | -0.04886 | -0.40894 | 0.44233 |
| STOR | 0.42896 | -0.46027 | 1.00000 | -0.32338 | -0.02275 | -0.42598 |
| DAY | -0.64424 | 0.44233 | -0.42598 | 0.57231 | -0.57191 | 1.00000 |
| CP | 0.16441 | -0.40894 | -0.02275 | -0.24971 | 1.00000 | -0.57191 |
| CF | -0.39271 | -0.04886 | -0.32338 | 1.00000 | -0.24971 | 0.57231 |

(d)

Inter-Cluster Correlations

| Cluster | 1 | 2 | 3 | 4 | 5 | 6 |
|---------|---|---|---|---|---|---|
| 1 | 1.00000 | -0.38626 | 0.42896 | -0.39271 | 0.16441 | -0.64424 |
| 2 | -0.38626 | 1.00000 | -0.46027 | -0.04886 | -0.40894 | 0.44233 |
| 3 | 0.42896 | -0.46027 | 1.00000 | -0.32338 | -0.02275 | -0.42598 |
| 4 | -0.39271 | -0.04886 | -0.32338 | 1.00000 | -0.24971 | 0.57231 |
| 5 | 0.16441 | -0.40894 | -0.02275 | -0.24971 | 1.00000 | -0.57191 |
| 6 | -0.64424 | 0.44233 | -0.42598 | 0.57231 | -0.57191 | 1.00000 |

| Number of Clusters | Total Variation Explained by Clusters | Proportion of Variation Explained by Clusters | Minimum Proportion Explained by a Cluster | Maximum Second Eigenvalue in a Cluster | Minimum R-squared for a Variable | Maximum 1-R**2 Ratio for a Variable |
|---------|---------|---------|---------|---------|---------|---------|
| 1 | 2.874859 | 0.4791 | 0.4791 | 1.102288 | 0.3071 | |
| 2 | 3.819488 | 0.6366 | 0.6026 | 0.701317 | 0.4588 | 0.5807 |

(e)

```
                      Oblique Principal Component Cluster Analysis

                 Total        Proportion     Minimum       Maximum        Minimum      Maximum
     Number     Variation    of Variation   Proportion      Second       R-squared    1-R**2 Ratio
       of       Explained      Explained    Explained    Eigenvalue       for a         for a
     Clusters   by Clusters   by Clusters  by a Cluster   in a Cluster    Variable     Variable
     --------   -----------   -----------  ------------  ------------    ---------    -----------
        3        4.488334       0.7481        0.6931        0.611910       0.6002        0.4465
        4        5.053180       0.8422        0.7045        0.591062       0.7045        0.3750
        5        5.644242       0.9407        0.8221        0.355758       0.8221        0.2645
        6        6.000000       1.0000        1.0000        0.000000       1.0000        0.0000
```

(f)

图9.17　例9.3SAS程序图（9）

**2. 聚类图**

根据聚类图的结果可将6个肉品质指标分为两类：第1类包括失水率、干物质、粗脂肪和贮存损失，反映了肌肉的营养品质；第2类包括熟肉率和粗纤维，反映了肌肉的持水力。

**例9.4**　已知青海互助八眉猪初产仔猪数（LSF）、经产仔猪数（LSL）、乳头数（TEAT）、日增重（GAIN）、屠宰率（DRE）和腿臀比例（HAM）6个性状间的相关系数（表9.4），试进行各指标的聚类分析。

表9.4　青海互助八眉猪6个性状相关系数数据表

|  | LSF | LSL | TEAT | GAIN | DRE | HAM |
|---|---|---|---|---|---|---|
| LSF | 1.000 0 |  |  |  |  |  |
| LSL | 0.733 8 | 1.000 0 |  |  |  |  |
| TEAT | 0.609 7 | 0.779 1 | 1.000 0 |  |  |  |
| GAIN | 0.386 3 | 0.266 2 | 0.345 5 | 1.000 0 |  |  |
| DRE | 0.114 1 | 0.201 8 | 0.410 7 | 0.055 9 | 1.000 0 |  |
| HAM | 0.071 4 | 0.195 9 | 0.177 2 | −0.267 8 | 0.217 3 | 1.000 0 |

SAS程序如图9.18所示。

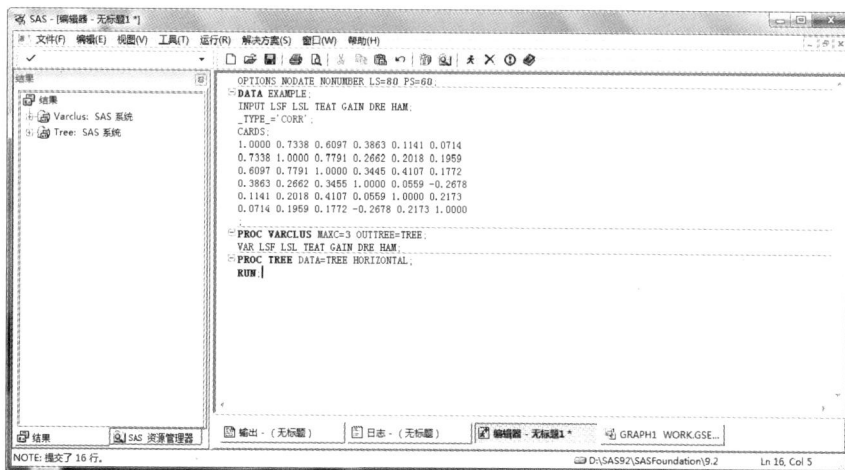

图9.18　例9.4SAS程序图（1）

输出结果为：

**1. 聚类分析的具体过程**

①先将所有的指标聚类为1类。此时，总方差为6，由类分量所解释的方差为3.223 0，占

总方差比例的 0.537 2、第二特征值为 1.508 4,大于系统默认的 1,需要继续进行分类。

SAS 程序如图9.19 所示。

```
              Oblique Principal Component Cluster Analysis

     Observations              6    Proportion           1
     Variables                 6    Maxeigen             0


Clustering algorithm converged.


                    Cluster Summary for 1 Cluster

                          Cluster    Variation   Proportion      Second
    Cluster   Members    Variation   Explained    Explained   Eigenvalue
    ----------------------------------------------------------------------
       1         6           6       3.223009      0.5372       1.5084

        Total variation explained = 3.223009 Proportion = 0.5372
```

图9.19  例9.4SAS 程序图(2)

②将所有指标分成两类。此时,所解释的方差总和为4.629 7,占总方差比例的0.771 6。
SAS 程序如图9.20 所示。

```
                    Cluster Summary for 2 Clusters

                          Cluster    Variation   Proportion      Second
    Cluster   Members    Variation   Explained    Explained   Eigenvalue
    ----------------------------------------------------------------------
       1         3           3       2.58829       0.8628       0.3285
       2         3           3       2.041451      0.6805       0.9222

        Total variation explained = 4.629741 Proportion = 0.7716
```

图9.20  例9.4SAS 程序图(3)

以下部分列出了两类所包含的变量名,第1类包括 LSF、LSL 和 TEAT,第2类包括 GAIN、
DRE 和 HAM。同样也计算了相应的统计量。

SAS 程序如图9.21 所示。

```
                                  R-squared with
                                ------------------
  2 Clusters                       Own      Next      1-R**2
  Cluster     Variable          Cluster   Closest      Ratio
  ------------------------------------------------------------
  Cluster 1   LSF               0.8153    0.2670      0.2520
              LSL               0.9471    0.0634      0.0565
              TEAT              0.8259    0.0629      0.1857
  ------------------------------------------------------------
  Cluster 2   GAIN              0.9768    0.0637      0.0248
              DRE               0.2332    0.0842      0.8373
              HAM               0.8315    0.1485      0.1979

        Oblique Principal Component Cluster Analysis

              Standardized Scoring Coefficients

        Cluster          1              2
        --------------------------------------
        LSF         0.348845       0.000000
        LSL         0.375998       0.000000
        TEAT        0.351124       0.000000
        GAIN        0.000000       -.484129
        DRE         0.000000       0.236555
        HAM         0.000000       0.446663


                    Cluster Structure

        Cluster          1              2
        --------------------------------------
        LSF         0.902912       -.516721
        LSL         0.973191       -.251782
        TEAT        0.908812       -.250702
        GAIN        0.252336       -.988326
        DRE         -.290174       0.482916
        HAM         -.385407       0.911841


                 Inter-Cluster Correlations

        Cluster          1              2
        --------------------------------------
        1           1.00000        -0.36295
        2           -0.36295       1.00000
```

图9.21  例9.4SAS 程序图(4)

③将第 2 类进一步分为两类。此时,所有变量共分为 3 类。所解释的方差总和为 5.498 4,占总方差的比例为 0.916 4。由于在程序中规定了最大分类数为 3(MAXC=3),因而不再继续分类。

SAS 程序如图 9.22 所示。

```
                Cluster Summary for 3 Clusters

                        Cluster    Variation    Proportion       Second
  Cluster    Members    Variation  Explained    Explained    Eigenvalue
  ------------------------------------------------------------------------
     1          3           3        2.58829       0.8628       0.3285
     2          2           2        1.91008       0.9550       0.0899
     3          1           1        1             1.0000
```

Total variation explained = 5.49837 Proportion = 0.9164

Oblique Principal Component Cluster Analysis

| 3 Clusters | | R-squared with | | |
|---|---|---|---|---|
| Cluster | Variable | Own Cluster | Next Closest | 1-R**2 Ratio |
| Cluster 1 | LSF | 0.8153 | 0.2365 | 0.2420 |
| | LSL | 0.9471 | 0.1013 | 0.0589 |
| | TEAT | 0.8259 | 0.0775 | 0.1887 |
| Cluster 2 | GAIN | 0.9550 | 0.1706 | 0.0542 |
| | HAM | 0.9550 | 0.1485 | 0.0528 |
| Cluster 3 | DRE | 1.0000 | 0.0842 | 0.0000 |

Standardized Scoring Coefficients

| Cluster | 1 | 2 | 3 |
|---|---|---|---|
| LSF | 0.34885 | 0.00000 | 0.00000 |
| LSL | 0.37600 | 0.00000 | 0.00000 |
| TEAT | 0.35112 | 0.00000 | 0.00000 |
| GAIN | 0.00000 | 0.51163 | 0.00000 |
| DRE | 0.00000 | 0.00000 | 1.00000 |
| HAM | 0.00000 | -0.51163 | 0.00000 |

Standardized Scoring Coefficients

| Cluster | 1 | 2 | 3 |
|---|---|---|---|
| LSF | 0.34885 | 0.00000 | 0.00000 |
| LSL | 0.37600 | 0.00000 | 0.00000 |
| TEAT | 0.35112 | 0.00000 | 0.00000 |
| GAIN | 0.00000 | 0.51163 | 0.00000 |
| DRE | 0.00000 | 0.00000 | 1.00000 |
| HAM | 0.00000 | -0.51163 | 0.00000 |

Cluster Structure

| Cluster | 1 | 2 | 3 |
|---|---|---|---|
| LSF | 0.90291 | 0.44336 | -0.48634 |
| LSL | 0.97319 | 0.19646 | -0.31826 |
| TEAT | 0.90881 | 0.27841 | -0.00243 |
| GAIN | 0.25234 | 0.97726 | -0.41300 |
| DRE | -0.29017 | -0.26447 | 1.00000 |
| HAM | -0.38541 | -0.97726 | 0.10392 |

Inter-Cluster Correlations

| Cluster | 1 | 2 | 3 |
|---|---|---|---|
| 1 | 1.00000 | 0.32629 | -0.29017 |
| 2 | 0.32629 | 1.00000 | -0.26447 |
| 3 | -0.29017 | -0.26447 | 1.00000 |

图 9.22　例 9.4SAS 程序图(5)

2. 聚类图

根据聚类图的结构,可将 6 个性状分为两类:第 1 类包括 GAIN、HAM 和 DRE 性状,反映了猪的育肥和屠宰性能;第 2 类包括 LSF、LSL 和 TEAT,反映了猪的繁殖性状。

SAS 程序如图 9.23 所示。

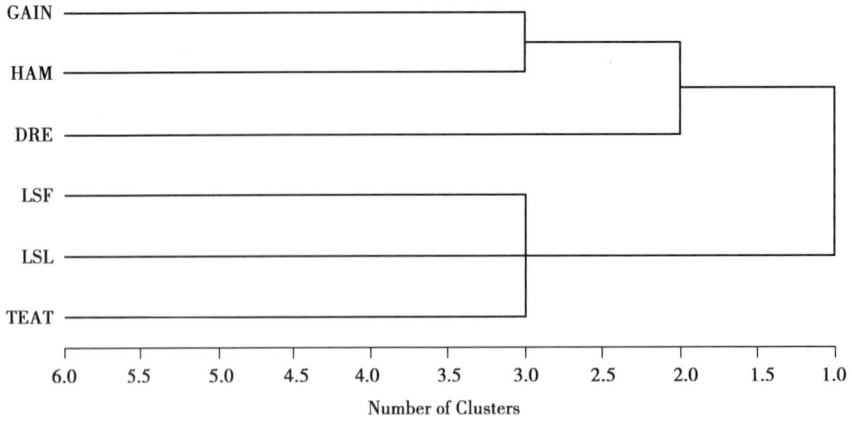

图 9.23　例 9.4SAS 程序图（6）

# 第十章

## 主成分分析和因子分析

### 第一节 主成分分析简介

#### 一、主成分分析基本概念

主成分分析也称主分量分析,是利用降低工作量的主旨思想,把多变量转化为少数几个综合变量。在实际问题研究中,为了全面、系统地分析问题,人们必须考虑众多影响因素。每个变量都不同程度地反映了所研究问题的某些信息,并且指标之间有一定的相关性。在统计方法研究多变量问题时,变量太多会增加计算量和增加分析问题的复杂性,因而人们往往希望在进行定量分析的过程中,涉及的变量较少,得到的信息量较多。

在大部分动物科学研究实际问题中,变量之间是有一定的相关性的。科研工作者希望找到少数几个彼此不相关的综合指标来尽可能多地反映原来众多变量的信息。比如在描述牦牛生长发育指标中,体高、体长和体重这3项指标可能是相关的,而胸围、管围和胸宽这3个围度指标也会有一定的相关性。如果分别用每一个指标对牦牛生长发育作出评价,那么这种评价就是孤立、片面的,而不是综合的。仅选用几个"重要的"或"有代表性"的指标来评价,就可能失去许多有用的信息,容易得出片面的结论。所以人们需要一种综合性的分析方法,既可减少指标变量的个数,又尽量不损失原指标变量所包含的信息,对资料进行全面的综合分析。主成分分析(Principal Components Analysis)正是为适应这一要求而产生的,是解决这类问题的理想工具。

主成分分析就是研究如何将多指标问题转化为较少的新指标的问题,并且这些新的指标既是彼此互不相关,又能综合反映原来多个指标的信息,是原来多个指标的线性组合。综合后的新指标就称为原来指标的主成分或主分量。

主成分分析的主要用途就是通过分析,找出结构简单、相互独立的少数几个综合指标来解释原指标间的复杂关系以及原指标所反映的研究对象的特征,并在一定程度上可用于样品的分类。同时,在对多个自变量进行主成分分析的基础上,再对因变量和主成分之间作线性回归分析,即所谓的主成分回归,再把各主成分用原自变量的线性组合代入回归方程,就可以得出因变量与原多个自变量的回归方程。

## 二、主成分分析的统计原理

设有 $p$ 个指标 $X_1, X_2, \cdots, X_p$，若能找到 $m$ 个综合指标 $Z_1, Z_2, \cdots, Z_m$，且 $m \leqslant p$，$Z_1, Z_2, \cdots,$ $Z_m$ 是 $X_1, X_2, \cdots, X_p$ 的线性函数，即：

$$\begin{cases} Z_1 = b_{11}X_1 + b_{12}X_2 + \cdots + b_{1p}X_p \\ Z_2 = b_{21}X_1 + b_{22}X_2 + \cdots + b_{2p}X_p \\ \quad\quad\quad\quad\quad \vdots \\ Z_m = b_{m1}X_1 + b_{m2}X_2 + \cdots + b_{mp}X_p \end{cases}$$

上述 $m$ 个综合指标保留了原 $p$ 个指标 $X_1, X_2, \cdots, X_p$ 的绝大部分信息。其中，$Z_1$ 包含的信息最多，称为 $X_1, X_2, \cdots, X_p$ 的第 1 主成分；$Z_2$ 包含的信息第二多，称为 $X_1, X_2, \cdots, X_p$ 的第 2 主成分；以此类推，$Z_i$ 就称为 $X_1, X_2, \cdots, X_p$ 的第 $i$ 主成分。

对于上面假设的 $p$ 个指标 $X_1, X_2, \cdots, X_p$，其相关系数矩阵记为 $R$，假定 $X_i$ 经标准化后，找综合指标（主成分）$Z_1$，$Z_1 = b_{11}X_1 + b_{12}X_2 + \cdots + b_{1p}X_p$，当 $b_{11}, b_{12}, \cdots, b_{1p}$ 的值给定后，将每一个个体的变量值代入上式后就可以求出 $Z_1$。$n$ 个个体的变量有 $n$ 个 $Z_1$ 值，其方差记为 $\mathrm{Var}(Z_1)$。

主成分分析求参数 $b' = (b_{11}, b_{12}, \cdots, b_{1p})$ 的思想就是找出使 $Z_1$ 的方差最大的一组参数。通常情况下，一个综合指标（主成分）往往不足以说明问题，需要找第 2、第 3、第 $i$ 个综合指标，但综合指标间是互不相关的。从理论上可以证明，对相关系数矩阵 $R$ 求特征值（Eigenvalue）和特征向量（Eigenvector）时，其特征值就是 $Z_i$ 的方差 $\mathrm{Var}(Z_i)$，记为 $\lambda_i$，而特征向量就是所要估计的参数向量 $b$。

# 第二节 主成分分析的应用

## 一、主成分分析的 SAS 过程

在 SAS 统计分析中，主成分分析是用 PROC PRINCOMP 过程来进行的。用该过程进行主成分分析时，可以从原始数据开始，也可以直接从方差—协方差矩阵或相关系数矩阵开始。分析结果还可以存储到数据集中，以供其他过程调用。

（一）调用格式

PROC PRINCOMP 选项；

VAR 变量名列表；

PARTIAL 变量名列表；

FREQ 变量名列表；

WEIGHT 变量名列表；

BY 变量名列表

上述语句中，除了 PROC PRINCOMP 语句为必需语句外，只有 VAR 语句经常使用，其他语句都是供选择使用的语句。

（二）语句说明

1. PROC PRINCOMP 语句

PROC PRINCOMP 语句调用 PRINCOMP 过程进行主成分分析,识别输入的数据集和输出数据集,规定分析的细节或限制打印输出。其选项主要有:

①DATA = SAS 数据集,给出用于分析的 SAS 数据集的名字。该数据集可以是原始 SAS 数据集,或相关系数矩阵(TYPE = CORR),协方差矩阵(TYPE = COV)等。如果该选项缺省,则使用最近创建的数据集。

②OUT = SAS 数据集,规定一个包含原始数据和主成分得分的输出数据集。

③OUTSTAT = SAS 数据集,生成一个包含平均值、标准差、观察值个数、相关矩阵或协方差矩阵、特征值和特征向量的输出 SAS 数据集。

2. VAR 语句

用于指明分析的数值变量,如果缺省,则默认对其他语句没有规定的所有数值变量进行分析。

3. PARTIAL 语句

当对偏相关或协方差矩阵进行分析时,需指明分析的数值变量。

4. FREQ 语句

规定一个变量的频数。

5. WEIGHT 语句

规定分析时的加权变量。

(三)结果输出

PROCPRINCOMP 过程执行后,会输出每一分析变量的简单统计量(平均数、标准差),相关系数矩阵(若规定了选项 COV,则输出方差—协方差矩阵)以及相应的特征值和特征向量等。

## 二、主成分分析实例应用

例10.1　某兽医研究所通过10只藏羊的4项高原低氧适应性指标:SOD、GSH、MDA 和 TAOC,分别用 A 至 D 表示,数据见表10.1,试进行主成分分析。

表10.1　10只藏羊的4项高原低氧适应性指标数据

| 羊　号 | SOD(A) | GSH(B) | MDA(C) | TAOC(D) |
|--------|--------|--------|--------|---------|
| 1 | 40 | 2.0 | 5 | 20 |
| 2 | 10 | 1.5 | 5 | 30 |
| 3 | 250 | 4.5 | 18 | 50 |
| 4 | 180 | 3.5 | 14 | 40 |
| 5 | 130 | 2.0 | 30 | 50 |
| 6 | 40 | 1.0 | 10 | 20 |
| 7 | 20 | 1.0 | 12 | 0 |
| 8 | 220 | 2.5 | 14 | 30 |
| 9 | 280 | 3.5 | 11 | 60 |
| 10 | 160 | 1.5 | 35 | 10 |

SAS 程序如图 10.1 所示。

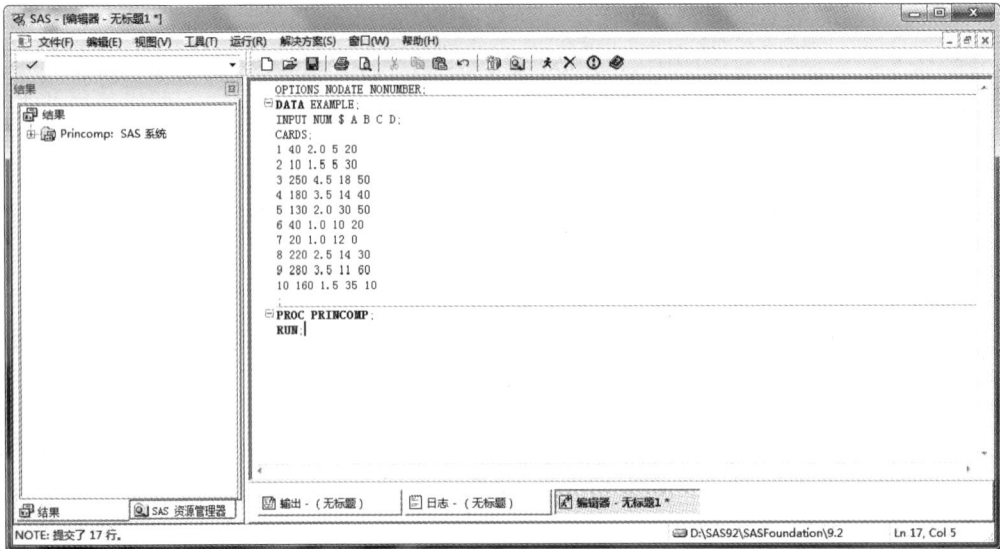

图 10.1　例 10.1SAS 程序图（1）

输出结果为：

1. 分析变量的简单统计量

本部分结果分别计算每一个分析变量的平均数和标准差。例如，10 只藏羊血液指标 SOD 的平均数和标准差分别为 133.000 0 和 100.559 5。

SAS 程序如图 10.2 所示。

```
                    The PRINCOMP Procedure

            Observations          10
            Variables              4


                    Simple Statistics

                 A              B              C              D
Mean    133.0000000    2.300000000    15.40000000    31.00000000
StD     100.5595457    1.183215957     9.91295449    19.11950720
```

图 10.2　例 10.1SAS 程序图（2）

2. 所有分析变量间的相关系数矩阵

该部分结果给出了所有 4 个分析变量彼此间的相关系数。其中，A 和 B 间的相关系数最大（0.822 7），而 B 和 C 间的相关系数最小（0.012 3）。

SAS 程序如图 10.3 所示。

```
                    Correlation Matrix

              A        B        C        D
   A     1.0000   0.8227   0.3442   0.6860
   B     0.8227   1.0000   0.0123   0.7711
   C     0.3442   0.0123   1.0000   0.0387
   D     0.6860   0.7711   0.0387   1.0000
```

图 10.3　例 10.1SAS 程序图（3）

3. 相关系数矩阵的特征值、贡献率（每个特征值所解释的方差的比例）及累计贡献率（所解释的方差累计比例）

本部分结果可得,所有主成分的方差(特征值)分别为:2.555 0,1.050 1,0.285 4 和 0.109 4;贡献率分别为 0.638 8,0.262 5,0.071 4 和 0.027 4,前 2 个主成分的累计贡献率达到了 0.901 3,表明这两个主成分包含了原来 4 个指标的 90.13% 的信息量。

SAS 程序如图 10.4 所示。

```
Eigenvalues of the Correlation Matrix

      Eigenvalue    Difference    Proportion    Cumulative

1     2.55500825    1.50487557      0.6388        0.6388
2     1.05013268    0.76471624      0.2625        0.9013
3     0.28541644    0.17597381      0.0714        0.9726
4     0.10944263                    0.0274        1.0000
```

图 10.4　例 10.1SAS 程序图(4)

4.特征向量

该部分结果给出的是所有 4 个主成分相应的特征向量。每个变量所对应的特征向量值实际上就是用这些变量预测某一主成分的回归系数。

SAS 程序如图 10.5 所示。

```
                  Eigenvectors

          Prin1        Prin2        Prin3        Prin4

A       0.582298     0.167854     -.444905     -.659403
B       0.581411     -.210021     -.356539      0.700523
C       0.147152     0.940506      0.177006     0.249928
D       0.548851     -.207761      0.802252     -.109501
```

图 10.5　例 10.1SAS 程序图(5)

根据计算出的特征向量,可写出由标准化变量所表达的前两个主成分的关系式:

第 1 主成分:$Z_1 = 0.582\ 3A + 0.581\ 4B + 0.147\ 1C + 0.548\ 9D$

第 2 主成分:$Z_2 = 0.167\ 9A - 0.210\ 0B + 0.940\ 5C - 0.207\ 8D$

在第 1 主成分中,相关系数从大到小依次为 SOD(A),GSH(B),TAOC(D)和 DMA(C),因此,第 1 主成分反映了当该主成分的值较大时,4 个指标的数值均会增大,增大的程度与相关系数大小趋势相同。

在第 2 主成分中,DMA(C)的系数最大,其次为 SOD(A);而 GSH(B)和 TAOC(D)的系数均为负值。因此,第 2 主成分反映了当该主成分较大时,DMA 和 SOD 的值会增大,GSH 和 TAOC 的值会变小。

例10.2　某猪场测定了 20 头互助八眉猪后备猪的 7 项生长发育指标:2 月龄体重(W2M,kg)、4 月龄体重(W4M,kg)、6 月龄体重(W6M,kg)、6 月龄体长(LEN6M,cm)、6 月龄体高(HEI6M,cm)、6 月龄胸围(CHE6M,cm)和 6 月龄管围(CAN6M,cm),数据见表 10.2,使用该数据进行主成分分析,并建立用其他性状估计后备猪体重的最优回归方程。

表 10.2　20 头互助八眉猪后备猪的 7 项生长发育指标数据表

| 猪　号 | W2M | W4M | W6M | LEN6M | HEI6M | CHE6M | CAN6M |
|---|---|---|---|---|---|---|---|
| 1 | 19.96 | 37 | 65 | 110 | 62 | 95 | 18 |
| 2 | 17.60 | 28 | 53 | 106 | 54 | 83 | 20 |
| 3 | 18.44 | 45 | 66 | 112 | 54 | 98 | 17 |

续表

| 猪　号 | W2M | W4M | W6M | LEN6M | HEI6M | CHE6M | CAN6M |
|---|---|---|---|---|---|---|---|
| 4 | 23.16 | 45 | 65 | 105 | 58 | 88 | 15 |
| 5 | 15.30 | 42 | 62 | 111 | 54 | 92 | 17 |
| 6 | 17.00 | 39 | 58 | 104 | 52 | 86 | 25 |
| 7 | 16.68 | 40 | 62 | 104 | 54 | 97 | 17 |
| 8 | 13.86 | 36 | 57 | 102 | 52 | 89 | 15 |
| 9 | 15.10 | 40 | 59 | 101 | 48 | 89 | 15 |
| 10 | 22.80 | 45 | 66 | 111 | 53 | 97 | 16 |
| 11 | 22.80 | 40 | 59 | 101 | 48 | 89 | 15 |
| 12 | 16.57 | 50 | 68 | 118 | 58 | 97 | 18 |
| 13 | 15.39 | 36 | 53 | 109 | 56 | 82 | 26 |
| 14 | 12.16 | 43 | 66 | 105 | 46 | 91 | 16 |
| 15 | 15.02 | 39 | 61 | 101 | 49 | 90 | 16 |
| 16 | 14.96 | 40 | 52 | 106 | 55 | 80 | 17 |
| 17 | 15.06 | 37 | 58 | 105 | 53 | 88 | 15 |
| 18 | 19.62 | 29 | 56 | 106 | 56 | 88 | 16 |
| 19 | 18.56 | 36 | 63 | 104 | 53 | 87 | 15 |
| 20 | 13.02 | 35 | 64 | 101 | 53 | 102 | 16 |

SAS 程序如图 10.6 所示。

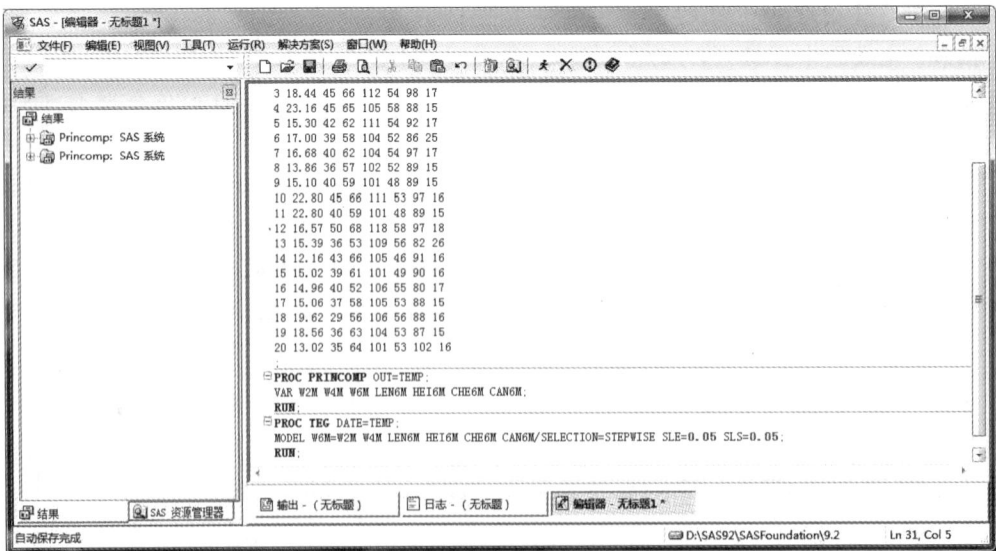

图 10.6　例 10.2SAS 程序图（1）

结果输出为:

1. 分析变量的简单统计量(平均数、标准差)

本部分给出了所有 7 个变量的平均值和标准差。如 W2M 的平均数为 17.153 0,标准差为 3.208 6。

SAS 程序如图 10.7 所示。

```
                        The PRINCOMP Procedure

                 Observations           20
                 Variables               7


                        Simple Statistics

              W2M            W4M            W6M          LEN6M          HEI6M          CHE6M          CAN6M

Mean    17.15300000    39.10000000    60.65000000    106.1000000    53.40000000    90.40000000    17.25000000
StD      3.20855124     5.28055021     4.83708264     4.5061362     3.77526576     5.78018393     3.10983161
```

图 10.7 例 10.2SAS 程序图(2)

2. 变量间的相关系数矩阵

从各变量间的相关系数可以看出,除了 6 月龄管围与 2 月龄体重、4 月龄体重、6 月龄体重、6 月龄胸围以及 4 月龄体重与 6 月龄体高间呈负相关外,其余变量间都为正相关关系,其中以 6 月龄体重与 6 月龄胸围间的相关程度最高(0.807 2)。

SAS 程序如图 10.8 所示。

```
                            Correlation Matrix

            W2M        W4M        W6M       LEN6M      HEI6M      CHE6M      CAN6M

W2M      1.0000     0.1339     0.2022     0.1881     0.3410     0.0409    -.1141
W4M      0.1339     1.0000     0.6732     0.4729    -.0180     0.4107    -.1522
W6M      0.2022     0.6732     1.0000     0.3663     0.0801     0.8072    -.3683
LEN6M    0.1881     0.4729     0.3663     1.0000     0.5915     0.2611     0.2573
HEI6M    0.3410    -.0180     0.0801     0.5915     1.0000     0.0839     0.2421
CHE6M    0.0409     0.4107     0.8072     0.2611     0.0839     1.0000    -.3309
CAN6M   -.1141    -.1522    -.3683     0.2573     0.2421    -.3309     1.0000
```

图 10.8 例 10.2SAS 程序图(3)

3. 相关系数矩阵的特征值、贡献率及累计贡献率

主成分分析结果,前 4 个主成分的方差(特征值)分别为 2.724 1,1.765 1,1.037 38 和 0.701 1;贡献率分别为 0.389 2,0.252 2,0.148 2 和 0.100 2,累计贡献率达到了 0.889 7,表示这 4 个主成分包含了原来 7 个指标 88.97% 的信息量。

SAS 程序如图 10.9 所示。

```
              Eigenvalues of the Correlation Matrix

         Eigenvalue    Difference    Proportion    Cumulative

1        2.72409464    0.95903695      0.3892        0.3892
2        1.76505769    0.72767596      0.2522        0.6413
3        1.03738174    0.33623784      0.1482        0.7895
4        0.70114390    0.25112177      0.1002        0.8897
5        0.45002213    0.24258547      0.0643        0.9540
6        0.20743666    0.09257342      0.0296        0.9836
7        0.11486324                    0.0164        1.0000
```

图 10.9 例 10.2SAS 程序图(4)

4. 特征向量

根据计算出来的特征向量,可写出由标准化变量所表达的前 4 个主成分的关系式:

PRIN1 = 0.2025W2M + 0.4631W4M + 0.5549W6M + 0.3765LEN6M + 0.1879HEI6M + 0.4759CHE6M − 0.1816CAN6M

PRIN2 $= 0.2312\text{W2M} - 0.0693\text{W4M} - 0.1928\text{W6M} + 0.4804\text{LEN6M} + 0.5956\text{HEI6M} -$ $0.2233\text{CHE6M} + 0.5187\text{CAN6M}$

PRIN3 $= -0.7842\text{W2M} + 0.2627\text{W4M} + 0.0379\text{W6M} + 0.2438\text{LEN6M} - 0.2066\text{HEI6M} +$ $0.0947\text{CHE6M} + 0.451\text{CAN6M}$

PRIN4 $= 0.3659\text{W2M} + 0.622\text{W4M} - 0.0588\text{W6M} + 0.0518\text{LEN6M} - 0.4486\text{HEI6M} -$ $0.4991\text{CHE6M} + 0.1503\text{CAN6M}$

SAS 程序如图 10.10 所示。

```
                              Eigenvectors

              Prin1       Prin2       Prin3       Prin4       Prin5       Prin6       Prin7

W2M         0.202575    0.231243   -.784240    0.365972    0.352381   -.157628    0.086615
W4M         0.463131   -.069330    0.262680    0.622074   -.185786    0.408519    0.351172
W6M         0.554925   -.192814    0.037933   -.058784    0.209653    0.154521   -.762991
LEN6M       0.376469    0.480441    0.243821    0.051823   -.327899   -.673384   -.065948
HEI6M       0.187868    0.595607   -.206617   -.448594   -.261688    0.543317    0.048539
CHE6M       0.475948   -.223341    0.094746   -.499111    0.406673   -.147074    0.527722
CAN6M      -.181606    0.518739    0.451011    0.150328    0.675260    0.118821   -.042721
```

图 10.10　例 10.2SAS 程序图（5）

5. 逐步回归分析（STEPWISE）

本部分结果为采用逐步回归分析方法建立由其他变量估计 6 月龄体重的最优方程的输出结果。

$\text{W6M} = -2.3637 + 0.3765\text{W4M} + 0.5342\text{CHE6M}$

所估计的回归系数都达到了显著水平（$P < 0.01$），决定系数 $R^2 = 0.792\,0$，表明所建立的回归方程具有较高的可靠性。从方程的变量来看，与第 1 主成分的意义一致，即 4 月龄体重和 6 月龄胸围较大的八眉猪，其 6 月龄体重也更大。

SAS 程序如图 10.11 所示。

```
                        The REG Procedure
                          Model: MODEL1
                      Dependent Variable: W6M

              Number of Observations Read        20
              Number of Observations Used        20

                    Stepwise Selection: Step 1


       Variable CHE6M Entered: R-Square = 0.6516 and C(p) = 8.5579


                          Analysis of Variance

                                  Sum of        Mean
       Source            DF      Squares       Square    F Value    Pr > F

       Model              1     289.64940    289.64940     33.66    <.0001
       Error             18     154.90060      8.60559
       Corrected Total   19     444.55000


                   Parameter    Standard
       Variable     Estimate      Error    Type II SS   F Value   Pr > F

       Intercept    -0.41415    10.54586      0.01327      0.00    0.9691
       CHE6M         0.67549     0.11643    289.64940     33.66    <.0001

                 Bounds on condition number: 1, 1
```

（a）

```
                    Stepwise Selection: Step 2

        Variable W4M Entered: R-Square = 0.7920 and C(p) = 0.6625

                        Analysis of Variance

                                Sum of          Mean
    Source              DF      Squares        Square    F Value    Pr > F

    Model                2    352.06546     176.03273      32.36    <.0001
    Error               17     92.48454       5.44027
    Corrected Total     19    444.55000


                     Parameter      Standard
        Variable      Estimate         Error    Type II SS  F Value  Pr > F

        Intercept     -2.36368       8.40471       0.43028     0.08  0.7819
        W4M            0.37646       0.11114      62.41606    11.47  0.0035
        CHE6M          0.53423       0.10153     150.60663    27.68  <.0001

           Bounds on condition number: 1.2029, 4.8118

                        The REG Procedure
                         Model: MODEL1
                    Dependent Variable: W6M


                    Summary of Stepwise Selection

        Variable    Variable   Number   Partial    Model
   Step  Entered    Removed   Vars In  R-Square  R-Square    C(p)    F Value   Pr > F

    1    CHE6M                    1      0.6516    0.6516   8.5579     33.66    <.0001
    2    W4M                      2      0.1404    0.7920   0.6625     11.47    0.0035
```

(b)

图 10.11　例 10.2SAS 程序图（6）

# 第十一章

<hr>

# 动物科学常用模型分析

## 第一节　近交系数与加性遗传相关分析

　　在畜禽育种中,进行种畜(禽)个体选配时通常要考虑交配双方的亲缘关系以及不同个体交配所生后代的近交系数(Inbreeding coefficient)。因此,近交程度分析是家畜育种中的一项经常性工作,其内容主要是进行个体近交系数的计算及不同个体交配所生后代的近交系数计算。在对畜禽近交程度进行分析时,还需要计算出整个群体的平均近交系数。在利用最佳线性无偏预测(Best linear prediction,BLUP)方法估计个体育种值时,一个重要的步骤就是需要计算所有个体间的加性遗传相关(Additive genetic relationship),构建出加性遗传相关矩阵(Additive genetic relationship matrix)。SAS 统计系统提供了一个可用于计算大群体近交系数和加性遗传的相关过程——INBREED 过程,它不仅可以计算出群体中每个个体的近交系数,还可以计算出每一个性别或整个群体的平均近交系数,以及每一交配组合所产生后代的近交系数,同时还可计算出群体内所有个体间的加性遗传相关。

### 一、PROC INBREED 过程

(一)调用格式

PROC INBREED 选项;

VAR 个体　亲本 1　亲本 2;

BY 变量名列表;

CLASS 变量名列表;

GENDER 变量名列表;

MATINGS 个体名表/与配个体名表[,…]。

(二)语句说明

1. PROC INBREED 语句

该语句调用 INBREED 过程进行相应的分析。其常用的选项主要有:

①DATA＝SAS 数据集,给出 PROC INBREED 过程使用的 SAS 数据集。如果省略,则使用新建的数据集进行分析。

②OUTCOV＝SAS 数据集,生成包含近交系数的输出数据集。如果使用了选项 COVAR,则输出协方差系数。

③COVAR,规定了所有的系数输出由协方差系数组成而不是近交系数。

④AVERAGE,产生每个个体的近交系数,如果与 GENDER 语句一起使用,则可求出性别内近交系数或协方差系数的平均值。

⑤IND,输出每个个体的近交系数,如果同时选择了 COVAR 选项,则同时输出个体的协方差系数。

⑥MATRIX,输出个体近交系数矩阵。如果同时使用了 COVAR 选项,则输出协方差矩阵而非近交系数矩阵。

2. VAR 语句

VAR 语句必须包含的变量有 3 个:第 1 个变量用于存储个体的号,第 2、3 个变量为个体双亲号。3 个变量既可以是数值型的,也可以是字符型的,但如果是字符型变量则系统识别前12 个字符。

3. CLASS 语句

当要分析几个不重叠世代的群体时,必须用该语句指定世代数的变量。世代变量的值必须为整数,且假定各代出现的顺序是按照其被输入的顺序。每一代要求有一个唯一代码,且每一个个体号在其世代内必须是唯一的。

4. GENDER 语句

该语句规定一个给出个体性别的变量。性别变量必须是以 M 或 F 开头的字符。只有在使用选项 AVERAGE 是计算各性别的平均近交系数或协方差系数时才被要求使用该语句。

INBREED 过程考虑个体性别时,一般做如下假定:①总是假定第一个亲本为父本,第二个亲本为母本;②如果一个个体的性别缺失或无效,则系统将其默认为 F。

5. BY 语句

BY 语句与 PROC INBREED 一起使用,得到 BY 变量定义的分组中观测值的单独分析值,用 BY 语句时,过程要求输入的 DATA＝SAS 数据集已按照 BY 变量的顺序进行了排序。

6. MATINGS 语句

MATINGS 语句用于规定所选个体的配偶,在个体列表中给出每个个体与"与配个体"列表的每个个体配对。在一个 MATINGS 语句中可以写多个配对说明,只需要用逗号将各配对隔开即可。对于每一配对,系统将会输出相应的近交系数或协方差。

(三)INBREED 过程对数据输入格式的要求

用 INBREED 过程进行分析时,其数据的输入格式不像其他 SAS 过程那样自由、灵活,而是有一定的要求,如果输入数据与其所要求的格式不相符,则会出现错误的结果。

①在输入的数据中,必须保证每一个个体在用作其他个体的亲本之前都已经被定义过了,否则个体间的系谱关系将无法确定。

②在输入每条记录的顺序上,老的个体必须放在年轻个体的前面,在实际分析中,可按个体的出生顺序进行排序。

（四）结果输出

根据输出选项的不同,INBREED 过程执行后将会输出近交系数或协方差矩阵,特定配对后代的近交系数、个体的近交系数以及群体的平均近交系数等内容。

## 二、实例应用

例 11.1　现有 7 个个体组成的群体,其系谱记录见表 11.1,试运用 INBREED 过程计算每个个体的近交系数和个体间的加性遗传相关。

表 11.1　7 个个体的系谱数据表

| 个　体 | 性　别 | 父　亲 | 母　亲 |
|:---:|:---:|:---:|:---:|
| 1 | M | — | — |
| 2 | F | — | — |
| 3 | M | 1 | — |
| 4 | F | 1 | 2 |
| 5 | M | 3 | 4 |
| 6 | F | 1 | 4 |
| 7 | M | 5 | 6 |

SAS 程序如图 11.1 所示。

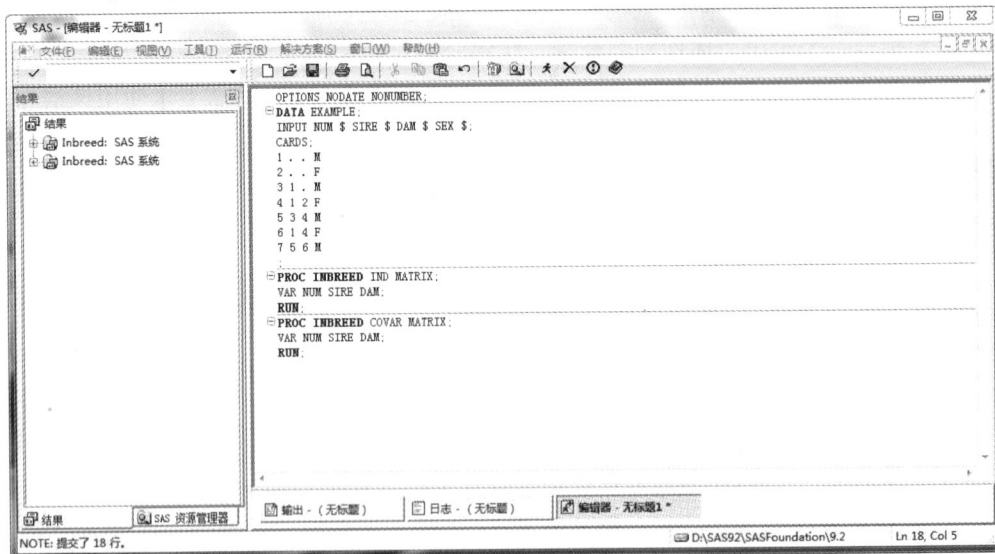

```
OPTIONS NODATE NONUMBER;
DATA EXAMPLE;
INPUT NUM $ SIRE $ DAM $ SEX $;
CARDS;
1 . . M
2 . . F
3 1 . M
4 1 2 F
5 3 4 M
6 1 4 F
7 5 6 M

PROC INBREED IND MATRIX;
VAR NUM SIRE DAM;
RUN;
PROC INBREED COVAR MATRIX;
VAR NUM SIRE DAM;
RUN;
```

图 11.1　例 11.1SAS 程序图（1）

输出结果为:

1. 个体近交系数

本部分结果输出了近交系数矩阵,然后再给出群体中每个个体的近交系数。近交系数矩阵中对角线上的第 $i$ 个元素为 $i$ 的近交系数,非对角线上第 $i$ 行第 $j$ 列的元素为个体 $i$ 和个体 $j$

潜后代的近交系数。例11.1中,5号个体的近交系数为0.125,3号和4号个体潜在后代的近交系数为0.125。从系谱结构中可以看出,5号个体就是3号和4号个体的后代。

从个体近交系数的结果中可以看出,1—4号个体的近交系数都为0(即为非近交个体),5—7号个体的近交系数分别为0.125、0.2500和0.2813。

SAS程序如图11.2所示。

```
                        The INBREED Procedure
                       Inbreeding Coefficients

NUM      SIRE     DAM         1          2          3          4          5          6          7
1                                               0.2500     0.2500     0.2500     0.3750     0.3125
2                                                          0.2500     0.1250     0.1250     0.1250
3         1        2       0.2500                0.1250     0.1250     0.3125     0.1875     0.2500
4         1        2       0.2500     0.2500     0.1250                0.3125     0.3750     0.3438
5         3        4       0.2500     0.1250     0.3125     0.3125     0.1250     0.2813     0.4219
6         1        4       0.3750     0.1250     0.1875     0.3750     0.2813     0.2500     0.4531
7         5        6       0.3125     0.1250     0.2500     0.3438     0.4219     0.4531     0.2813

                  Inbreeding Coefficients of Individuals

           NUM      SIRE     DAM      Coefficient
            1                                  .
            2                                  .
            3         1        2               .
            4         1        2               .
            5         3        4            0.1250
            6         1        4            0.2500
            7         5        6            0.2813

           Number of Individuals   7
```

图11.2 例11.1SAS程序图(2)

2.个体间的加性遗传相关系数

本部分结果输出了个体间的加性遗传相关系数,1号和3号的加性遗传相关系数为0.5,1号和4号的加性遗传相关系数为0.5,1号和5号的加性遗传相关系数为0.5,1号和6号的加性遗传相关系数为0.75,1号和7号的加性遗传相关系数为0.625,以此类推。

SAS程序如图11.3所示。

```
                        Covariance Coefficients

NUM      SIRE     DAM         1          2          3          4          5          6          7
1                         1.0000                0.5000     0.5000     0.5000     0.7500     0.6250
2                                    1.0000                0.5000     0.2500     0.2500     0.2500
3         1        2       0.5000                1.0000     0.2500     0.6250     0.3750     0.5000
4         1        2       0.5000     0.5000     0.2500     1.0000     0.6250     0.7500     0.6875
5         3        4       0.5000     0.2500     0.6250     0.6250     1.1250     0.5625     0.8438
6         1        4       0.7500     0.2500     0.3750     0.7500     0.5625     1.2500     0.9063
7         5        6       0.6250     0.2500     0.5000     0.6875     0.8438     0.9063     1.2813

           Number of Individuals    7
```

图11.3 例11.1SAS程序图(3)

# 第二节 生存分析

生存分析是研究生存时间的分布规律,以及生存时间和相关因素之间关系的一种统计分析方法。生存分析在动物医学及动物科学的试验动物模型研究及细胞培养研究中具有广泛而重要的应用价值。在动物科学研究中,常常采用连续观察的方法来研究事物发展的规律,如了解某兽药对动物治疗的效果、了解某仪器设备的使用规律、了解某一功能性氨基酸对细胞生存的影响等。这种研究的特点是追踪研究的对象都要经过一定的时间,统计学上将这段时间称为生存时间。生存分析是研究生存时间的分布规律以及生存时间和相关因素之间关系的一种统计分析方法。

生存分析与普通统计分析一样,有一套完整的方法。

①统计描述,包括求生存时间的分位数、中数生存期、平均数、生存函数的估计、判断生存时间的图示法,不对所分析的数据做出任何统计推断的结论(描述统计)。

②非参数检验,检验分组变量各水平所对应的生存曲线是否一致,对生存时间的分布没有要求,并且检验危险因素对生存时间的影响。

③半参数模型回归分析,在特定的假设之下,建立生存时间随多个危险因素变化的回归方程。

④参数模型回归分析,已知生存时间服从特定的参数模型时,拟合相应的参数模型,更准确地分析确定变量之间的变化规律。生存时间服从的分布有指数分布、Weibull 分布、对数正态分布、对数 Logistic 回归和 Gamma 分布等。

## 一、寿命表示法

在 SAS 统计系统中,PROC LIFETEST 过程提供有非参数分析方法,可以用乘积极限法和寿命表法估计生存率和中位生存时间等,用对数秩检验(Log-rank test)、Wilcoxon 检验和似然比检验等做分组比较。该过程主要用于估计生存率及进行单因素分析。

(一)调用格式

PROC LIFETEST 选项;

TIME 生存时间变量 * 截尾指示变量(数字);

TEST 分组变量名列表;

STRATA 分组变量名列表;

FREQ 变量名列表;

BY 变量名列表。

(二)语句说明

(1)PROC LIFETEST 语句

①DATA = SAS 数据集,规定 PROC FREQ 语句使用的数据集。

②METHOD = SAS 方法,指定估计生存率所用的方法。

a. PL,要求用乘积极限法(即 Kaplam-Meier 法)估计生存率并计算中位生存时间等,为缺省方法。

b. LT,要求用寿命表法估计生存率等。

c. INTERVALS =(初始值 TO 终止值 BY 步长)只能在指定分析方法为寿命表法时使用,用寿命表法分析时,程序会自动给定生存时间的区别。如果规定生存时间的分组区间,则需要指定该选项。步长的缺省值为 1。

③WIDTH = 宽度,指定用 LT 法的生存时间区间的宽度。

④PLOTS = 绘图类型,要求输出生存分析图。可供输出的图形有:

a. S,对生存函数 $S_{(t)}$ 作图,横、纵坐标分别为 $t$、$S_{(t)}$。

b. LS,对-LOG $S_{(t)}$ 作图,横、纵坐标分别为 $t$、-LOG $S_{(t)}$。

c. LLS,对 LOG( -LOG $S_{(t)}$ )作图,横、纵坐标分别为-LOG $S_{(t)}$ 和 LOG( -LOG $S_{(t)}$ )。

d. H,对风险函数作图,横、纵坐标分别为 $t$、$H_{(t)}$ 。

e. NOTABLE,指令不输出生存函数估计结果,只输出生存时间的截尾数据和完全数据的个数以及散点图和检验结果。

（2）TIME 语句

用于定义生存时间和截尾指示变量。对截尾指示变量可以指定发生失效时间的数值,默认失效事件用 0 来表示,截尾事件用 1 来表示。

（3）STRATA 语句

定义生存率比较的分组变量,TEST 语句定义生存率比较的分组变量或协变量。STRATA 语句在这里的作用和 BY 语句类似,都是要求按分量变量名列进行分析,在计算生存率时各组分开计算。

（4）TEST 语句

定义需检验的变量,即生存时间与该变量是否有关,如果它后面定义的变量为数值变量,则把该变量当作协变量检验与生存时间的关系。

（三）实例应用

**例 11.2** 某兽医院检测某抗生素对犬某疾病进行治疗,治疗后收集 35 只犬疾病治疗后的生存时间为 $t$（周）,培养观察后发现这些病犬中有一部分出现了白细胞（WBC）增加的现象。先将 35 只犬按是否出现 WBC 倍增分成两组如下（注：负值代表缺失数据）,使用寿命表法分析白细胞有无倍增对其生存时间长短有无显著影响。

A 组（倍增）:2 -2.5 3.5 4 4 -5 6 -6 7 -7 8 -9 10.5 12.5 19;

B 组（未增）:2.5 5 7 -8.5 9 -10 11 -11 12 13 -14 15 -16 17 -18 19 -20 21 24 32。

SAS 程序如图 11.4 所示。

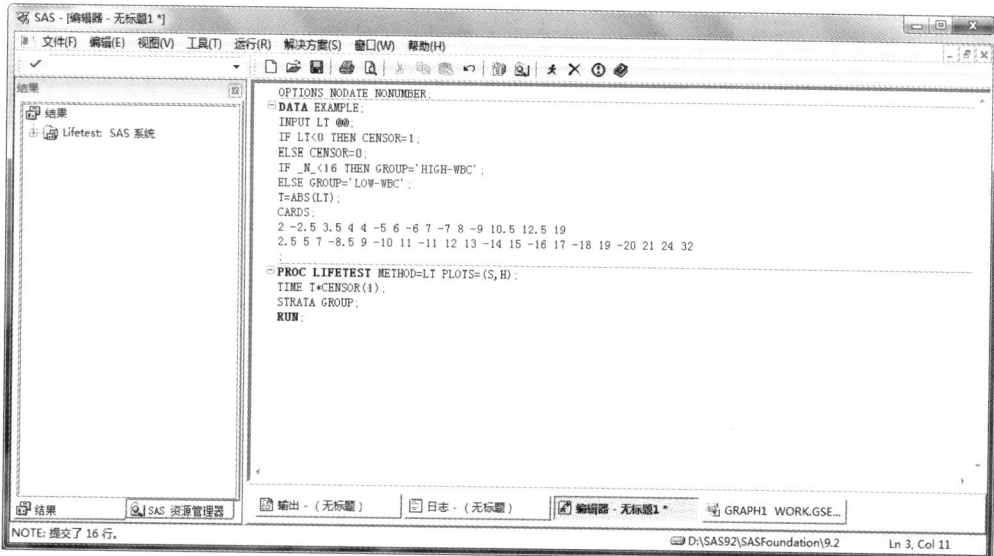

```
OPTIONS NODATE NONUMBER;
DATA EXAMPLE;
  INPUT LT @@;
  IF LT<0 THEN CENSOR=1;
  ELSE CENSOR=0;
  IF _N_<16 THEN GROUP='HIGH-WBC';
  ELSE GROUP='LOW-WBC';
  T=ABS(LT);
  CARDS;
2 -2.5 3.5 4 4 -5 6 -6 7 -7 8 -9 10.5 12.5 19
2.5 5 7 -8.5 9 -10 11 -11 12 13 -14 15 -16 17 -18 19 -20 21 24 32

PROC LIFETEST METHOD=LT PLOTS=(S,H);
  TIME T*CENSOR(4);
  STRATA GROUP;
RUN;
```

图 11.4

输出结果为：

①本部分结果显示 LT 法对第 1 组资料进行统计描述。Life table 表给出了生存时间区间的下限和上限、死亡数、截尾数、有效样本大小、条件死亡概率、条件死亡概率的标准误、生存概率、死亡概率、死亡概率的标准误、中位数剩余生存寿命（即在时刻 $t_i$ 或者犬有一般可望生存到的时间）、中位数的标准误、区间中点概率密度函数的估计值 PDF、PDF 的标准误、风险函数、风险函数的标准误等。

SAS 程序如图 11.5 所示。

The LIFETEST Procedure

Stratum 1: GROUP = HIGH-WBC

Life Table Survival Estimates

| Interval [Lower, | Upper) | Number Failed | Number Censored | Effective Sample Size | Conditional Probability of Failure | Conditional Probability Standard Error | Survival | Failure | Survival Standard Error | Median Residual Lifetime |
|---|---|---|---|---|---|---|---|---|---|---|
| 0 | 5 | 4 | 1 | 14.5 | 0.2759 | 0.1174 | 1.0000 | 0 | 0 | 9.1270 |
| 5 | 10 | 3 | 4 | 8.0 | 0.3750 | 0.1712 | 0.7241 | 0.2759 | 0.1174 | 6.5000 |
| 10 | 15 | 2 | 0 | 3.0 | 0.6667 | 0.2722 | 0.4526 | 0.5474 | 0.1440 | 3.7500 |
| 15 | 20 | 1 | 0 | 1.0 | 1.0000 | 0 | 0.1509 | 0.8491 | 0.1322 | 2.5000 |
| 20 | . | 0 | 0 | 0.0 | . | . | 0 | 1.0000 | | |

Evaluated at the Midpoint of the Interval

| Interval [Lower, | Upper) | Median Standard Error | PDF | PDF Standard Error | Hazard | Hazard Standard Error |
|---|---|---|---|---|---|---|
| 0 | 5 | 2.4177 | 0.0552 | 0.0235 | 0.064 | 0.031588 |
| 5 | 10 | 2.1213 | 0.0543 | 0.0263 | 0.092308 | 0.051855 |
| 10 | 15 | 2.1651 | 0.0603 | 0.0312 | 0.2 | 0.122474 |
| 15 | 20 | 2.5000 | 0.0302 | 0.0264 | 0.4 | 0 |
| 20 | . | | | | | |

图 11.5　例 11.2SAS 程序图（1）

②本部分结果显示 LT 法对第 2 组资料进行统计描述的结果，同①，在此不再赘述。

SAS 程序如图 11.6 所示。

Stratum 2: GROUP = LOW-WBC

Life Table Survival Estimates

| Interval [Lower, | Upper) | Number Failed | Number Censored | Effective Sample Size | Conditional Probability of Failure | Conditional Probability Standard Error | Survival | Failure | Survival Standard Error | Median Residual Lifetime |
|---|---|---|---|---|---|---|---|---|---|---|
| 0 | 5 | 1 | 0 | 20.0 | 0.0500 | 0.0487 | 1.0000 | 0 | 0 | 17.5645 |
| 5 | 10 | 3 | 1 | 18.5 | 0.1622 | 0.0857 | 0.9500 | 0.0500 | 0.0487 | 13.1029 |
| 10 | 15 | 3 | 3 | 13.5 | 0.2222 | 0.1132 | 0.7959 | 0.2041 | 0.0911 | 9.7619 |
| 15 | 20 | 3 | 2 | 8.0 | 0.3750 | 0.1712 | 0.6191 | 0.3809 | 0.1146 | 6.7500 |
| 20 | 25 | 2 | 1 | 3.5 | 0.5714 | 0.2645 | 0.3869 | 0.6131 | 0.1279 | 4.3750 |
| 25 | 30 | 0 | 0 | 1.0 | 0 | 0 | 0.1658 | 0.8342 | 0.1161 | 7.5000 |
| 30 | 35 | 1 | 0 | 1.0 | 1.0000 | 0 | 0.1658 | 0.8342 | 0.1161 | 2.5000 |
| 35 | . | 0 | 0 | 0.0 | . | . | 0 | 1.0000 | | |

Evaluated at the Midpoint of the Interval

| Interval [Lower, | Upper) | Median Standard Error | PDF | PDF Standard Error | Hazard | Hazard Standard Error |
|---|---|---|---|---|---|---|
| 0 | 5 | 2.4080 | 0.0100 | 0.00975 | 0.010256 | 0.010253 |
| 5 | 10 | 2.3785 | 0.0308 | 0.0164 | 0.035294 | 0.020298 |
| 10 | 15 | 2.3328 | 0.0354 | 0.0185 | 0.05 | 0.028641 |
| 15 | 20 | 2.4724 | 0.0464 | 0.0229 | 0.092308 | 0.051855 |
| 20 | 25 | 2.3385 | 0.0442 | 0.0252 | 0.16 | 0.103692 |
| 25 | 30 | 2.5000 | 0 | . | 0 | . |
| 30 | 35 | 2.5000 | 0.0332 | 0.0232 | 0.4 | 0 |
| 35 | . | | | | | |

图 11.6　例 11.2SAS 程序图（2）

③两组病犬的总数、死亡数、截尾数和截尾百分比。如倍增组总数为 15，死亡数为 10，截尾数为 5，截尾百分比为 33.33%。

SAS 程序如图 11.7 所示。

```
Summary of the Number of Censored and Uncensored Values

                                                  Percent
Stratum    GROUP      Total  Failed   Censored   Censored
      1    HIGH-WBC      15      10          5      33.33
      2    LOW-WBC       20      13          7      35.00
----------------------------------------------------------
   Total                 35      23         12      34.29
```

图 11.7　例 11.2SAS 程序图（3）

④两组病犬的生存分布函数曲线。A 组(倍增)在第 20 个周终止,B 组(未增)在第 35 个周终止,A 组生存率下降速度显著快于 B 组,说明 B 组病犬比 A 组病犬的生存时间长。

SAS 程序如图 11.8 所示。

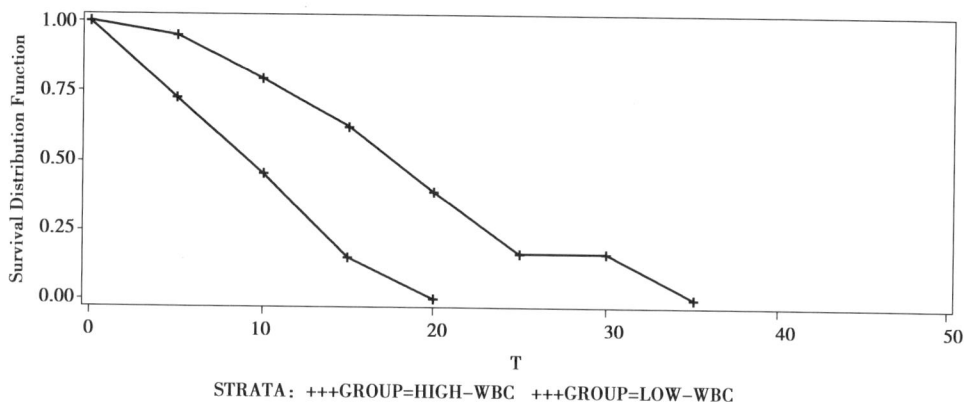

图 11.8　例 11.2SAS 程序图（4）

⑤给出生存时间 $T$ 对应的死亡风险函数。A 组死亡风险率较高,尤其是在 0~18 周内,B 组死亡风险率在 0~22 周较为平缓,增长不显著,在 23~28 周有下降的趋势,但在 28 周以后死亡风险率直线上升。

SAS 程序如图 11.9 所示。

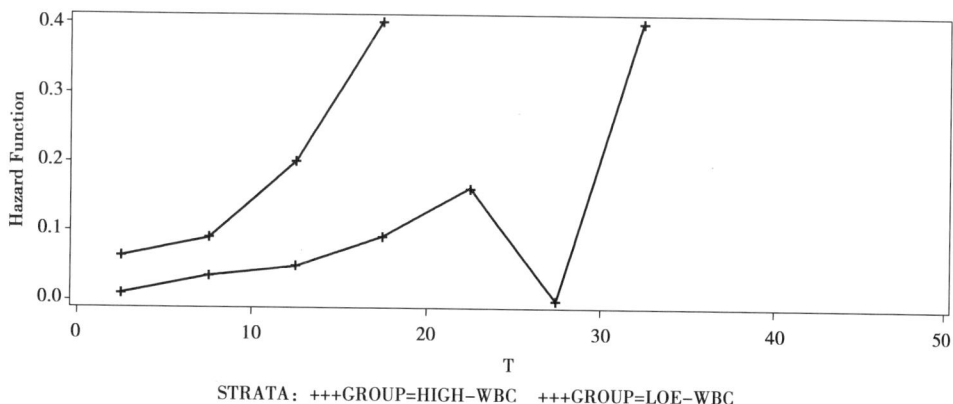

图 11.9　例 11.2SAS 程序图（5）

⑥各组生存函数曲线齐性检验。依次给出秩次统计量、Log-rank 统计量的协方差矩阵、Wilcoxon 统计量的协方差矩阵、各组生存函数一致性检验结果等。本实验结果表明,此资料不服从指数分布,近似服从 Weibull 分布,故选用 Log-rank 法或 Wilcoxon 法检验的结果,两条

生存曲线分布有显著性差异($P<0.05$)。因此,无 WBC 倍增的病犬时间显著长于有 WBC 倍增的病犬。

SAS 程序如图 11.10 所示。

```
                        The LIFETEST Procedure
            Testing Homogeneity of Survival Curves for T over Strata

                            Rank Statistics

                    GROUP      Log-Rank      Wilcoxon

                    HIGH-WBC    5.0739        117.00
                    LOW-WBC    -5.0739       -117.00

        Covariance Matrix for the Log-Rank Statistics
                    GROUP       HIGH-WBC      LOW-WBC

                    HIGH-WBC    3.36249      -3.36249
                    LOW-WBC    -3.36249       3.36249

        Covariance Matrix for the Wilcoxon Statistics
                    GROUP       HIGH-WBC      LOW-WBC

                    HIGH-WBC    2161.30      -2161.30
                    LOW-WBC    -2161.30       2161.30

                    Test of Equality over Strata

                                            Pr >
            Test       Chi-Square    DF    Chi-Square

            Log-Rank     7.6565      1      0.0057
            Wilcoxon     6.3337      1      0.0118
            -2Log(LR)    2.8347      1      0.0922
```

图 11.10  例 11.2SAS 程序图(6)

## 二、COX 回归分析

COX 模型是目前生存分析多因素预后评价中较好的统计方法。在动物科学中经常会遇到"时间—反应"类型资料,如细胞生长期、狂犬病等疾病的潜伏期、药物试验的生效时间等,对这种类型的资料可用各种参数或非参数方法进行分析,但都有一定的局限性。COX 模型以半参数方式出现,适用于许多分布未知的资料和多因素分析,可以在众多预后因素共存的情况下,排除混杂因子的影响,提高预后分析的质量,并能处理截尾数据。

在 SAS 统计系统中,可以利用 PROC PHREG 过程对生存数据进行回归分析,因变量为生存时间,可以处理有截尾数据的生存时间。模型中的自变量可以是连续性变量、分类变量、时间依存的自变量。可以对比例风险模型是否成立作出检验,利用最大似然法迭代求出模型的参数估计,对模型的参数做似然比、比分和 Wald 等检验。

(一)调用格式

PROC HPREG DATA = 选项列表;

MODEL 生存时间变量 * 截尾指示变量(数值) = 自变量名/选项列表;

STRATA 分组变量名列表;

FREQ 变量名列表;

BY 变量名列表。

(二)语句说明

1. MODEL 语句

定义生存时间和截尾指示变量及说明变量:NOPRINT,不打印输出;NOSUMMARY,不打印输出事件和截尾数值;SIMPLE,输出 MODEL 语句中每一个说明变量的简单统计量。

①TISE = 方法,指定估计生存率所用的方法:BRESLOW,使用 Breslow 的近似似然估计,为默认的选项;DISCRETE,用离散 Logistic 模型替代比例风险模型,多用于 m:n 的 Logistic 回归;EFRON,使用 Efron 的近似似然。

②EXACT,计算在比例危险假定下所有失效事件发生在具有相同值缺失事件或较大值时间之前的精确条件概率。

③ENTRYTIME = 变量名列,规定一个替代左截断时间的变量名。

④SELECTION = method,方法可以选择以下几种:FORWARD(或 F),按照规定的 P 值 SLE 从无到有依次选一个变量进入模型;BACKWARD,按照规定的 P 值 SLS 从含有全部变量的模型开始,依次剔除一个变量;SCORE,采用最优子集选择法,其中 SLE 选择项用于指定协变量进入模型的显著水平,SLS 选项用于指定协变量停留在模型中的显著水平,缺省值皆为0.05。

2.STRATA 语句

比例风险的假设可能不会对所有的层都成立,此时需要作分层分析。STRATA 语句要求按照分层变量名列的水平数拟合一个多层的 COX 模型。与 BY 语句不同,后者是要求按分组变量名估计模型及参数。

(三)实例应用

例11.3 连续监控25 只分别以 A、B 两种不同兽药治疗藏系绵羊某种疾病肺脏细胞培养情况,观察细胞膜存活时间,资料见表11.2,+ 为截尾值,1:细胞膜破损,0:细胞膜无破损,请试做 COX 回归分析。

表11.2 25 只藏系绵羊肺脏细胞培养情况数据表

| A 方法 | | | B 方法 | | |
|---|---|---|---|---|---|
| 羊 号 | 细胞膜破损 | 生存时间 | 羊 号 | 细胞膜破损 | 生存时间 |
| 1 | 1 | 8 | 13 | 1 | 13 |
| 12 | 0 | 52 | 16 | 1 | 18 |
| 5 | 1 | 58 | 25 | 1 | 23 |
| 6 | 1 | 63 | 11 | 0 | 70 |
| 21 | 1 | 63 | 10 | 0 | 76 |
| 7 | 0 | 220 | 2 | 0 | 180 |
| 24 | 0 | 365 | 9 | 0 | 195 |
| 4 | 0 | 452 | 20 | 0 | 210 |
| 18 | 0 | 496 | 3 | 0 | 232 |
| 22 | 0 | 528[+] | 17 | 0 | 300 |
| 19 | 0 | 560[+] | 23 | 0 | 396 |
| 15 | 0 | 676[+] | 14 | 0 | 490[+] |
| | | | 6 | 0 | 540[+] |

SAS 程序如图 11.11 所示。

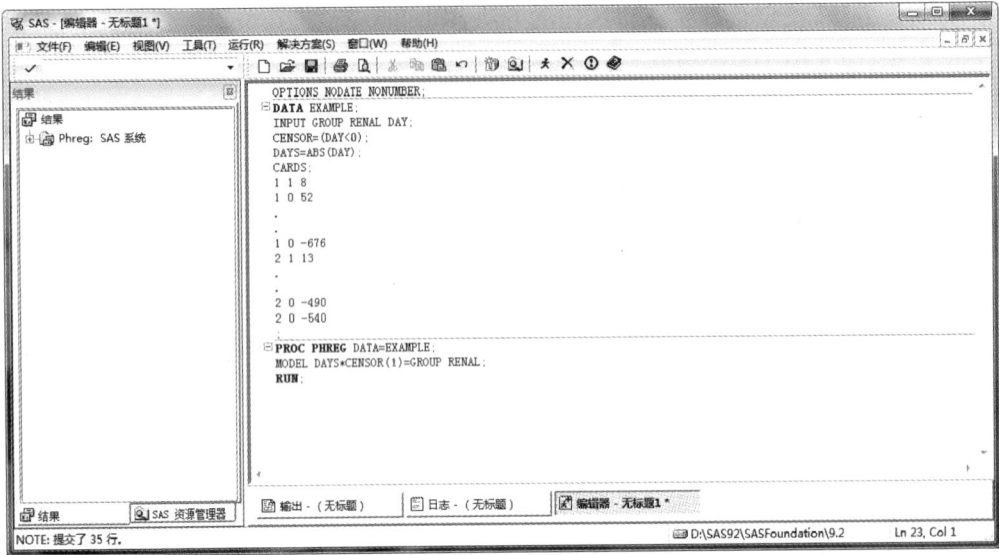

图 11.11　例 11.3SAS 程序图（1）

结果输出为：

1. 输入数据信息

本部分输出结果为截尾事件和终点事件。本题中截尾数据 5 例（20%）,SAS 程序如图 11.12 所示。

```
                        The PHREG Procedure

                        Model Information

           Data Set                   WORK.EXAMPLE
           Dependent Variable         DAYS
           Censoring Variable         CENSOR
           Censoring Value(s)         1
           Ties Handling              BRESLOW


           Number of Observations Read          25
           Number of Observations Used          25

   Summary of the Number of Event and Censored Values

                                            Percent
           Total      Event    Censored    Censored
            25         20          5         20.00
```

图 11.12　例 11.3SAS 程序图（2）

2. 模型检验结果

本部分结果表明,模型较好地拟合了研究数据,有统计学意义（$P < 0.01$）,SAS 程序如图 11.13 所示。

3. 参数检验结果及统计量描述

本部分结果包括参数估计值、标准误、Wald 卡方值、P 值、相对危险比。变量 RENAL 在统计学上有显著性差异（$P = 0.000\ 3$）。HR = 36.852,可以认为有细胞破裂损坏的概率是没有细胞破裂损坏的 61.081 倍。变量 GROUP 在统计学意义上没有显著性差异（$P = 0.058\ 7$）,尚不能认为 A、B 两种兽药对研究对象的生存时间的影响有显著性差异,但有显著性变化趋势。

```
                  Convergence Status
      Convergence criterion (GCONV=1E-8) satisfied.

                 Model Fit Statistics
                         Without           With
      Criterion         Covariates       Covariates

      -2 LOG L          106.176           83.260
      AIC               106.176           87.260
      SBC               106.176           89.251


      Testing Global Null Hypothesis: BETA=0

      Test              Chi-Square     DF     Pr > ChiSq

      Likelihood Ratio   22.9158        2       <.0001
      Score              29.7149        2       <.0001
      Wald               13.8627        2       0.0010
```

图 11.13　例 11.3SAS 程序图（3）

根据参数估计值，可以写出以下 COX 回归方程：

$$h_{(t,x)} = h_0(t)\exp(0.989\,73 * group + 4.112 * renal)$$

由此可得，不同的兽药和细胞膜破裂的相对危害度分别为 2.690 和 61.081，说明 B 兽药死亡的危险是 A 兽药的 2.690 倍（$P = 0.057\,8$，有显著性差异趋势），而有细胞破裂的死亡危险为无细胞破裂损害的 61.081 倍。

SAS 程序如图 11.14 所示。

```
            Analysis of Maximum Likelihood Estimates

                        Parameter      Standard                              Hazard
      Parameter    DF   Estimate       Error      Chi-Square   Pr > ChiSq     Ratio

      GROUP        1    0.98973        0.52355      3.5736       0.0587        2.690
      RENAL        1    4.11220        1.13854     13.0453       0.0003       61.081
```

图 11.14　例 11.3SAS 程序图（4）

# 第三节　因子分析

近年来，随着计算机科学的发展，高速计算机已经运用到了生物科学的各个领域，因子分析已广泛应用于医学、兽医学、生物学、心理学、气象学、动物科学等领域。因子分析是一种旨在寻找隐藏在多变量数据中、无法直接观察到却影响或支配可测变量的潜在因子，并估计潜在因子对可测变量的影响程度以及潜在因子之间的相关性的一种多元统计分析方法。其基本思想是从分析多变量数据的相关关系入手，找到支配这种相关关系的少数几个相关独立的潜在因子，并通过建立起这些潜在因子与原变量之间的数量关系来预测潜在因子的状态，帮助发现隐藏在原变量之间的某种客观规律性。因子分析和主成分分析都能够起到厘清多个原始变量内在结构关系的作用，但主成分分析重在综合原始变量的信息，而因子分析重在解释原始变量间的关系，是比主成分分析更深入的一种多元统计方法。因此可说，因子分析是主成分分析的推广，也是一种把多个变量化为少数几个综合变量的多变量分析方法，其目的是用有限个不可观测的隐变量来解释原始变量之间的关系。

对于一个问题可以综合运用多种统计方法进行分析，例如一个畜牧科学模型的建立，可先根据有关生物学、生态学原理，确定理论模型和实验设计，再根据试验结果，收集试验材料，对资料进行初步提炼，然后应用统计分析方法（如相关分析、逐步回归分析、主成分分析等）研究各个变量之间的相关性,选择最佳的变量子集合。并在此基础上构造模型,最后对模型进行诊断和优化处理后用于实际生产。SAS 统计分析中可利用 PROC FACTOR 过程对数据进行因子分析。

PROC FACTOR 过程如下所述。

（一）格式调用

PROC FACTOR DATA = N = OUT = OUTSTAT = METHOD = ROTATE = MAXITER = RECORDER HEY 选项列表;

VAR 变量名列表;

PARTIAL 变量名列表。

（二）语句说明

（1）PROC FACTOR 选项

①DATA 语句指定要分析的数据集名及一些选项,它可以是原始 SAS 数据集,也可以是 CORR、COV、UCORR、UCOV 等矩阵。

②N 用来确定潜在因子个数,该选项缺省时,系统会自动根据"特征值大于 1"的原则确定潜在因子个数。

③OUT 选项用来保存原变量和因子得分变量,变量名为 factor1,factor2 等,只有使用了 N 选项,OUT 选项才能起作用。

④OUTSTAT 选项指定输出结果的 SAS 数据集名,该数据集保存的是每一个指标的均值、标准差、样本数、相关系数矩阵或方差协方差矩阵、特征值和特征向量、事前共性方差、事后共性方差、未旋转因子载荷、旋转线性变换、旋转后的因子载荷以及因子得分系数等。

⑤METHOD 选项用来确定因子分析的方法,可选用的有主成分分析法（PRIN）、最大似然分析法（ML）、主因子分析法（PRINIT）等,缺省时默认为 PRIN 法。

⑥ROTATE 选项用来指定因子旋转的方法,可选用的最大方差旋转法（VARIMAX）、正交最大方差旋转法（ORTHOMAX）、相等最大方差旋转法（EQUAMAX）、比例最大方差旋转法（PROMAX）等,缺省时默认为 NONE（不旋转）。

⑦MAXITER 选项给出最大迭代次数,缺省时默认为 30。

⑧RECORDER 指令系统将指标变量按每一个潜在因子载荷的绝对值从大到小重新排序。

⑨HEY 表示大于 1 的共性方差的值设定为 1。

（2）VAR 选项

用于列出要分析的原始变量。如果该语句缺省,系统则分析其他语句中未涉及的所有指标变量。

（3）PARTIAL 语句

用于列出混杂变量,指定系统使用偏相关系数或偏方差、协方差来计算主成分。例如 PARTIAL X,它表示偏相关系数或偏方差、协方差是以变量 X 为混杂变量的,即所有的相关系数都表示的是在 X 不变的情况下,两个变量之间的关联程度。但是,该语句列出的变量不能出现在 VAR 语句中。

（三）实例应用

例11.4 在青海省12个地区标准化羊场进行关于羊场结构是否合理调查,有5个调查指标,分别为羔羊数(A)、6岁以上羊只比例(B)、可繁母羊总数(C)、公羊总数(D)和总羊只数(E),数据见表11.3,试做因子分析。

表11.3 5个调查指标数据表

| 羊场编号 | A | B | C | D | E |
|---|---|---|---|---|---|
| 1 | 5 700 | 12.8 | 2 500 | 270 | 25 000 |
| 2 | 1 000 | 10.9 | 600 | 10 | 10 000 |
| 3 | 3 400 | 8.8 | 1 000 | 10 | 9 000 |
| 4 | 3 800 | 13.6 | 1 700 | 140 | 25 000 |
| 5 | 4 000 | 12.8 | 1 600 | 140 | 25 000 |
| 6 | 8 200 | 8.3 | 2 600 | 60 | 12 000 |
| 7 | 1 200 | 11.4 | 400 | 10 | 16 000 |
| 8 | 9 100 | 11.5 | 3 300 | 60 | 14 000 |
| 9 | 9 900 | 12.5 | 3 400 | 180 | 18 000 |
| 10 | 9 600 | 13.7 | 3 600 | 390 | 25 000 |
| 11 | 9 600 | 9.6 | 3 300 | 80 | 12 000 |
| 12 | 9 400 | 11.4 | 4 000 | 100 | 13 000 |

SAS 程序如图 11.15 所示。

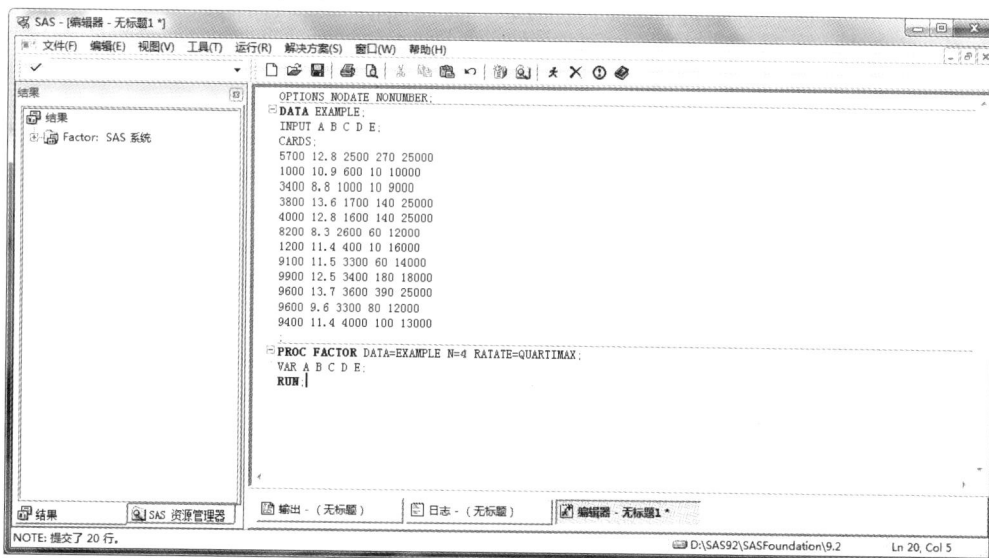

图11.15 例11.4SAS程序图（1）

结果输出为:

1. 旋转前的分析结果

①相关系数矩阵计算出来的全部特征值总共 5 个,均值为 1,即特征值、相邻两个特征值的差异,每个因子的贡献率和累计贡献率。在初始模型分析中,算出有两个特征根大于 1,其和占总特征根之和的 93.40%,即大约 93.40% 的总方差(5 指标变量的总变异)可以由两个潜在因子解释。

SAS 程序如图 11.16 所示。

The FACTOR Procedure
Initial Factor Method: Principal Components

Prior Communality Estimates: ONE

Eigenvalues of the Correlation Matrix: Total = 5   Average = 1

| | Eigenvalue | Difference | Proportion | Cumulative |
|---|---|---|---|---|
| 1 | 2.87331359 | 1.07665350 | 0.5747 | 0.5747 |
| 2 | 1.79666009 | 1.58182321 | 0.3593 | 0.9340 |
| 3 | 0.21483689 | 0.11490283 | 0.0430 | 0.9770 |
| 4 | 0.09993405 | 0.08467868 | 0.0200 | 0.9969 |
| 5 | 0.01525537 | | 0.0031 | 1.0000 |

4 factors will be retained by the NFACTOR criterion.

图 11.16　例 11.4SAS 程序图(2)

②所有指标变量在 4 个因子上的因子载荷。通过所提供的因子载荷矩阵,可以看到因子 1 在多数原始指标上都有较大的载荷;因子 2 在 A 指标上有较大的载荷,在 B 指标和 E 指标上有较大的负载荷,其余两个因子的意义不明显。

SAS 程序如图 11.17 所示。

Factor Pattern

| | Factor1 | Factor2 | Factor3 | Factor4 |
|---|---|---|---|---|
| A | 0.58096 | 0.80642 | 0.02759 | 0.06450 |
| B | 0.76704 | -0.54476 | 0.31927 | -0.11177 |
| C | 0.67243 | 0.72605 | 0.11493 | 0.00725 |
| D | 0.93239 | -0.10431 | -0.30780 | -0.15818 |
| E | 0.79116 | -0.55818 | -0.06473 | 0.24126 |

图 11.17　例 11.4SAS 程序图(3)

③每个因子所解释的方差,SAS 程序如图 11.18 所示。

Variance Explained by Each Factor

| Factor1 | Factor2 | Factor3 | Factor4 |
|---|---|---|---|
| 2.8733136 | 1.7966601 | 0.2148369 | 0.0999341 |

图 11.18　例 11.4SAS 程序图(4)

④最终共性方差,包括总体和每一个指标变量的最终共性方差。从输出结果可知,各共性方差均超过 90%,说明这 4 个潜在的因子已经能够较好地反映各指标所包含的大部分信息。但是从因子载荷上看,却很难看出每一个潜在因子主要支配哪些指标。

SAS 程序如图 11.19 所示。

Final Communality Estimates: Total = 4.984745

| A | B | C | D | E |
|---|---|---|---|---|
| 0.9927475 | 0.9995335 | 0.9925672 | 1.0000000 | 0.9998964 |

图 11.19　例 11.4SAS 程序图(5)

2. 旋转后的分析结果

①坐标系旋转方法：4 次方最大旋转法，正交转换矩阵，SAS 程序如图 11.20 所示。

```
                      The FACTOR Procedure
                   Rotation Method: Quartimax

                  Orthogonal Transformation Matrix

                    1           2           3           4

       1        0.82098     0.56488     0.08299     0.00367
       2       -0.56884     0.82163     0.03520    -0.01045
       3        0.03617     0.06795    -0.84381     0.53109
       4        0.03325     0.03491    -0.52902    -0.84724
```

图 11.20　例 11.4SAS 程序图（6）

②旋转后的因子载荷。通过最大方差正交旋转后，得到了 5 个指标在 4 个因子上的新的因子载荷。对旋转后的因子载荷矩阵进行分析，可以看出：因子 1 在 B、D 和 E 等 3 个指标上有较大的因子载荷，可能为基本羊场结构因子；因子 2 在 A、C 和 D 指标上的载荷较大，反映了羊场的 A 和 C 与 E 的对比值，可称为羊场潜力因子。

SAS 程序如图 11.21 所示。

```
                    Rotated Factor Pattern

             Factor1     Factor2     Factor3     Factor4

    A        0.02138     0.99488     0.01920    -0.04629
    B        0.94743     0.00349    -0.16580     0.27277
    C        0.14345     0.98445    -0.01945     0.04978
    D        0.80842     0.41455     0.41712    -0.02494
    E        0.97272    -0.00768    -0.02700    -0.23004
```

图 11.21　例 11.4SAS 程序图（7）

③旋转后每个因子所解释的方差，SAS 程序如图 11.22 所示。

```
              Variance Explained by Each Factor

        Factor1       Factor2       Factor3       Factor4

       2.5183931     2.1308340     0.2029512     0.1325663
```

图 11.22　例 11.4SAS 程序图（8）

④为旋转后最终共性方差，包括总体和每一个指标变量的最终共性方差。各指标的共性方差均较为理想（均接近或超过 90%），这说明 4 个潜在因子已经能够较好地反映各指标所包含的大部分信息，SAS 程序如图 11.23 所示。

```
        Final Communality Estimates: Total = 4.984745

       A           B           C           D           E

  0.9927475   0.9995335   0.9925672   1.0000000   0.9998964
```

图 11.23　例 11.4SAS 程序图（9）

# 第四节　判别分析

在医学、兽医学、畜牧学研究中，常常会遇到需要根据观测到的资料对所研究的对象进行分类的问题。例如，需要根据病畜的各项症状、体征及血液生化指标，作出病畜是否患有某种疾病或某种疾病的哪一类型的诊断；又如在环境监测过程中，需要根据对某地区的环境污染的总和测定结果,来判断该地区属于哪一种污染类型等。判别分析是一种根据观测变量判断研究样本如何分类的多变量统计方法,它对于需要根据对样本中每个个体的观测来建立一个分组预测模式的情况是非常适用的。判别分析的任务是根据已掌握的一批分类明确的样品建立判别函数,使产生错判的事例最少,进而对给定的一个新样品,判断它来自哪个总体。判别分析是对样本个体进行分类的另一种统计分析方法。分析过程基于对预测变量的线性组合产生一系列判别函数,但是这些预测变量应该能够充分体现各个类别之间的差异。判别函数是从每一个个体所属的类别已经确定的样本中拟合出来的,并且生成的函数能够运用于同样进行了预测变量观测的新的样本点,以判断其类别归属。

在 SAS 统计系统中,用来进行判别分析的过程步骤有 PROC DISCRIM、PROC STEPDISC 和 PROC CANDISC。PROC DISCRIM 可以筛选指标,适用于各种数据,PROC STEPDISC 可以用来筛选指标变量,且仅适用于类内为多元正态分布,具有相同协方差矩阵的数据。一般来说,当指标变量较多时,可以首先用 PROC STEPDISC 过程筛选指标变量,然后用 PROC DIS-CRIM 过程为筛选出来的指标变量建立判别函数。PROC CANDISC 过程用来进行正交判别分析,正交判别分析是一种减少指标个数的判别分析,作用类似于主成分分析。

本书中,以 PROC STEPDISC 过程进行分析。SAS 系统中的 STEPDISC 过程用于完成逐步判别分析。STEPDISC 过程定义了 3 种筛选指标变量进入判别函数的方法,它们分别为向前选择法、向后选择法和逐步选择法。

(一)调用格式

PROC STEPDISC DATA = METHOD = FORWARD|BACKWARD|STEPWISE SLE = SLS = 选项名列表;

CLASS 变量名列表;

VAR 变量名列表/选项列表。

(二)语句说明

①PROC STEPDISC 语句。

a. DATA 语句指定要分析的数据集名及一些选项,可以是原 SAS 数据集,也可以是 CORR、COV、UCORR、UCOV 等。

b. METHOD = 语句用来确定逐步选择指标变量的方法,缺省时默认为 STEPWISE。

c. SLE 和 SLS 分别给出进入水平和停留水平,缺省时默认为 0.15。

②CLASS 语句用来指定分类变量,这个分类变量可以是数值型变量,也可以是字符型变量。

③VAR 语句列出用来建立判别函数的指标变量,它们必须是连续型数值变量。

(三)实例应用

**例** 11.5 为了研究湖羊在青藏高原高海拔地区的适应性,某科研所研究了高低海拔地区关于高寒低氧相关的 10 多项指标,先取其 6 项指标 TC(总胆固醇)、TG(甘油三酯)、HDLC(高密度脂蛋白胆固醇)、LDLC(低密度脂蛋白胆固醇)、APOA(载脂蛋白 AI)和 APOB(载脂蛋白 B)。指标的测定结果见表 11.4,试做判别分析。

表 11.4 高低海拔湖羊 6 项指标测定数据

| 高海拔地区湖羊 | | | | | | 低海拔地区湖羊 | | | | | |
|---|---|---|---|---|---|---|---|---|---|---|---|
| TC | TG | HDLC | LDLC | APOA | APOB | TC | TG | HDLC | LDLC | APOA | APOB |
| 245 | 157 | 38 | 168 | 1.10 | 1.01 | 174 | 140 | 47 | 120 | 0.84 | 0.57 |
| 236 | 275 | 40 | 125 | 1.22 | 1.12 | 106 | 110 | 52 | 40 | 1.08 | 0.87 |
| 238 | 354 | 38 | 126 | 0.90 | 1.06 | 173 | 82 | 53 | 103 | 0.97 | 0.66 |
| 233 | 250 | 31 | 150 | 1.02 | 0.98 | 178 | 100 | 43 | 117 | 0.98 | 0.65 |
| 240 | 149 | 35 | 170 | 1.26 | 1.13 | 198 | 112 | 53 | 123 | 0.98 | 0.72 |
| 235 | 166 | 40 | 164 | 1.30 | 1.15 | 180 | 114 | 48 | 110 | 1.02 | 0.80 |
| 204 | 365 | 38 | 90 | 1.33 | 1.15 | 180 | 114 | 48 | 110 | 1.02 | 0.80 |
| 200 | 95 | 43 | 100 | 124 | 0.98 | 204 | 118 | 63 | 119 | 1.02 | 0.84 |
| 297 | 240 | 38 | 207 | 1.14 | 1.51 | 168 | 80 | 52 | 90 | 1.07 | 0.80 |
| 177 | 97 | 49 | 108 | 1.49 | 1.02 | 219 | 157 | 28 | 142 | 1.02 | 0.83 |
| 200 | 172 | 43 | 116 | 1.25 | 1.03 | 189 | 158 | 43 | 115 | 0.92 | 0.80 |
| 195 | 211 | 47 | 106 | 1.22 | 0.94 | 180 | 90 | 59 | 102 | 1.32 | 0.90 |
| 166 | 217 | 33 | 86 | 1.10 | 0.74 | 177 | 227 | 75 | 64 | 1.40 | 0.99 |
| 144 | 111 | 28 | 46 | 0.71 | 0.65 | 172 | 55 | 51 | 102 | 1.31 | 0.97 |
| 233 | 107 | 42 | 156 | 0.95 | 0.77 | 166 | 110 | 40 | 96 | 1.18 | 0.99 |
| 143 | 91 | 24 | 108 | 0.67 | 0.65 | 210 | 166 | 42 | 130 | 1.28 | 1.02 |
| 228 | 223 | 34 | 136 | 1.05 | 0.84 | 166 | 217 | 33 | 86 | 1.10 | 0.74 |
| 264 | 186 | 41 | 183 | 1.22 | 0.92 | 223 | 186 | 73 | 113 | 1.62 | 0.98 |
| 178 | 131 | 49 | 98 | 1.18 | 1.27 | 136 | 72 | 67 | 46 | 1.45 | 0.84 |
| 240 | 127 | 33 | 174 | 0.78 | 0.90 | 156 | 107 | 45 | 106 | 0.93 | 0.74 |
| 180 | 211 | 27 | 106 | 0.85 | 0.69 | 201 | 117 | 45 | 147 | 1.06 | 0.85 |
| 161 | 91 | 39 | 88 | 0.94 | 0.52 | 134 | 58 | 60 | 65 | 1.03 | 0.54 |
| 236 | 95 | 38 | 171 | 1.01 | 0.83 | 195 | 93 | 51 | 141 | 1.22 | 0.72 |
| 168 | 106 | 36 | 104 | 0.87 | 0.58 | 262 | 257 | 62 | 142 | 1.56 | 0.80 |
| 174 | 141 | 28 | 103 | 0.81 | 0.73 | 194 | 171 | 42 | 114 | 1.11 | 0.71 |
| 215 | 168 | 38 | 134 | 0.88 | 0.87 | 165 | 70 | 36 | 110 | 1.22 | 0.96 |
| 268 | 185 | 28 | 203 | 0.75 | 0.97 | 183 | 249 | 44 | 88 | 1.12 | 0.57 |
| 213 | 387 | 22 | 141 | 0.80 | 0.78 | 200 | 191 | 58 | 100 | 1.61 | 0.77 |
| 285 | 154 | 39 | 210 | 1.17 | 1.37 | 171 | 309 | 52 | 51 | 1.37 | 0.69 |
| 193 | 123 | 42 | 121 | 1.12 | 1.00 | 222 | 350 | 13 | 57 | 0.36 | 1.39 |

SAS 程序如图 11.24 所示。

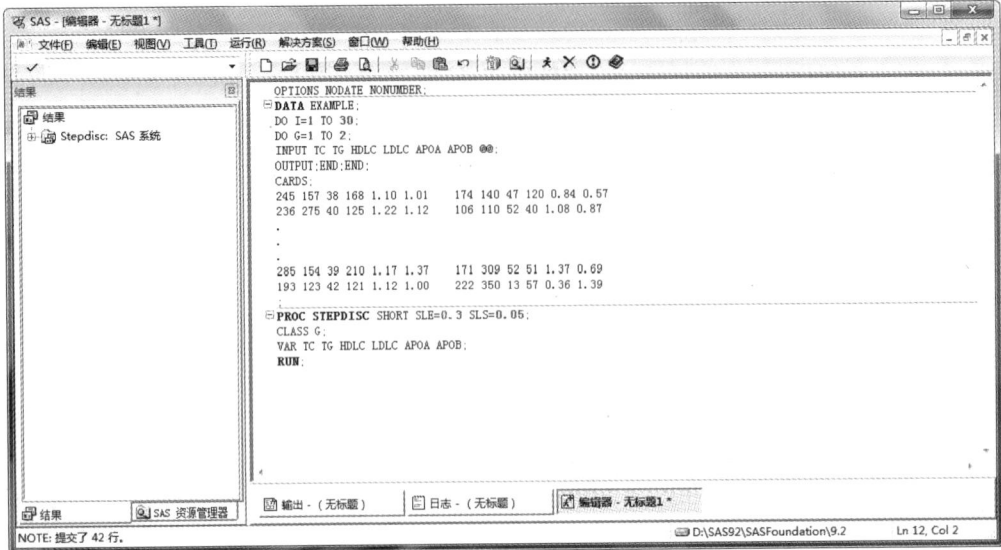

图 11.24　例 11.5SAS 程序图（1）

输出结果为：

①分组变量的基本信息，包括频数、权重以及所占的百分比。本例中，两组变量的频数为 30，权重为 30.000 0，所占比例为 50.000 0%。

SAS 程序如图 11.25 所示。

The STEPDISC Procedure

The Method for Selecting Variables is STEPWISE

| Total Sample Size | 60 | Variable(s) in the Analysis | 6 |
| Class Levels | 2 | Variable(s) Will Be Included | 0 |
| | | Significance Level to Enter | 0.3 |
| | | Significance Level to Stay | 0.05 |

Number of Observations Read　60
Number of Observations Used　60

Class Level Information

| G | Variable Name | Frequency | Weight | Proportion |
|---|---|---|---|---|
| 1 | _1 | 30 | 30.0000 | 0.500000 |
| 2 | _2 | 30 | 30.0000 | 0.500000 |

图 11.25　例 11.5SAS 程序图（2）

②根据 F 统计量，用逐波法筛选变量。

前两个步骤选入了 HDLC 和 TC 两个变量，第三步在 $\alpha=0.3$ 的水准上选入变量 APOA，接着又在 $\alpha=0.05$ 水准上别除了 APOA。至此，既无变量可剔除，又无变量可选入，筛选过程至此结束。

这也是每一步选入变量后检验模型中全部变量的鉴别能力是否显著的结果。仅含 HDLC、同时含 HDLC 与 TC、同时含 3 个变量时的 Wilks' Lambda 统计量的值分别为 0.722 2、0.636 9 和 0.620 2，所对应的概率值均为 $P<0.000\ 1$。增加变量 APOA 后，倒数第 2 列上的平均典型相关系数的数值增加很少，故在逐步筛选过程中，APOA 最后又被别除了。

根据统计结果可得,6个血液指标中筛选出两个有显著性意义的指标,用它们建立判别函数比较合适。SAS 程序输出如图 11.26 所示。

Stepwise Selection Summary

| Step | Number In | Entered | Removed | Partial R-Square | F Value | Pr > F | Wilks' Lambda | Pr < Lambda | Average Squared Canonical Correlation | Pr > ASCC |
|---|---|---|---|---|---|---|---|---|---|---|
| 1 | 1 | HDLC | | 0.2778 | 22.31 | <.0001 | 0.72219757 | <.0001 | 0.27780243 | <.0001 |
| 2 | 2 | TC | | 0.1181 | 7.63 | 0.0077 | 0.63693089 | <.0001 | 0.36306911 | <.0001 |
| 3 | 3 | APOA | | 0.0263 | 1.51 | 0.2242 | 0.62020027 | <.0001 | 0.37979973 | <.0001 |
| 4 | 2 | | APOA | 0.0263 | 1.51 | 0.2242 | 0.00000000 | <.0001 | 0.00000000 | <.0001 |

图 11.26 例 11.5SAS 程序图（3）

# 参考文献

[1] 明道绪. 生物统计附实验设计[M]. 5 版. 北京:中国农业出版社,2016.

[2] 李春喜. 生物统计学[M]. 5 版. 北京:科学出版社,2016.

[3] 张吴平. 食品试验设计与统计分析[M]. 3 版. 北京:中国农业大学出版社,2017.

[4] 胡良平. SAS 统计分析教程[M]. 2 版. 北京:电子工业出版社,2015.

[5] 盛骤. 概率论与数理统计[M]. 4 版. 北京:高等教育出版社,2008.

[6] Alan Agresti. Categorical data analysis[M]. Wiley inter science,2002.

[7] 李航. 统计学习方法[M]. 2 版. 北京:清华大学出版社,2019.

[8] 方积乾. 生物医学研究的统计方法[M]. 2 版. 北京:高等教育出版社,2019.

[9] 杜荣骞. 生物统计学[M]. 4 版. 天津:南开大学出版社,2014.

[10] 张勤. 生物统计学[M]. 3 版. 北京:中国农业出版社,2018.

[11] 朱世武. SAS 编程技术教程[M]. 2 版. 北京:清华大学出版社,2013.

[12] 姚鑫锋. SAS 统计分析实用宝典[M]. 2 版. 北京:清华大学出版社,2014.

[13] 夏坤庄. 深入解析 SAS 数据处理、分析优化与商业应用[M]. 2 版. 北京:机械工业出版社,2015.